STAR TREK

Libro de oro

© Adolfo Pérez Agustí (2017)

© Ediciones Masters

Adolfo Pérez Agustí

Fernán Caballero, 4-1º dcha.

28019 Madrid (Spain)

www.edicionesmasters.com

email: edicionesmasters@gmail.com

ÍNDICE

LA SERIE ORIGINAL. 13
Los capítulos de la serie 23
Actores y personajes 33

STAR TREK: LA NUEVA GENERACIÓN. 87
Los capítulos de la serie 92
Actores y personajes 101

ESPACIO PROFUNDO NUEVE. 149
Los capítulos de la serie 156
Actores y personajes 161

STAR TREK: VOYAGER. 185
Los capítulos de la serie 190
Actores y personajes 194

ENTERPRISE. 235
Actores y personajes 240

LAS PELÍCULAS. 255

EL UNIVERSO DE STAR TREK. 287
Gene Roddenberry 287
Naves 293
Razas 318

MISCELÁNEA. 340

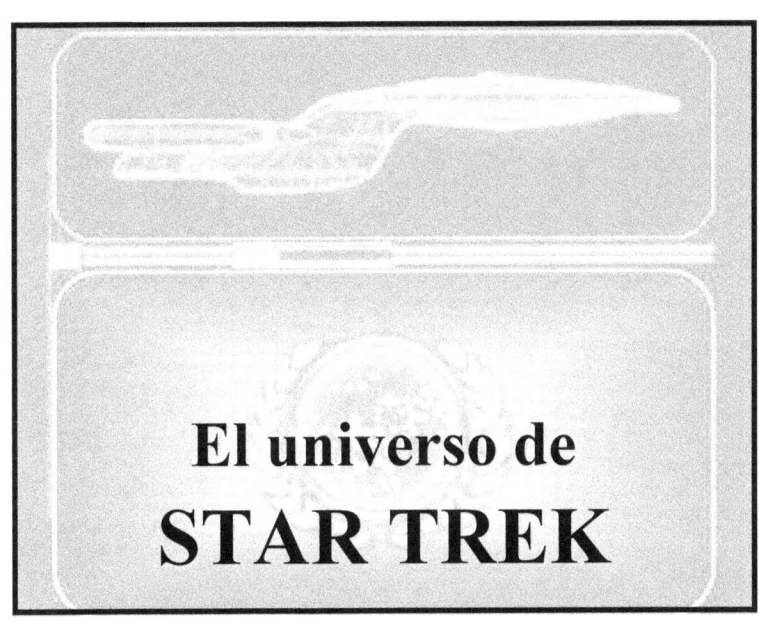

El universo de STAR TREK

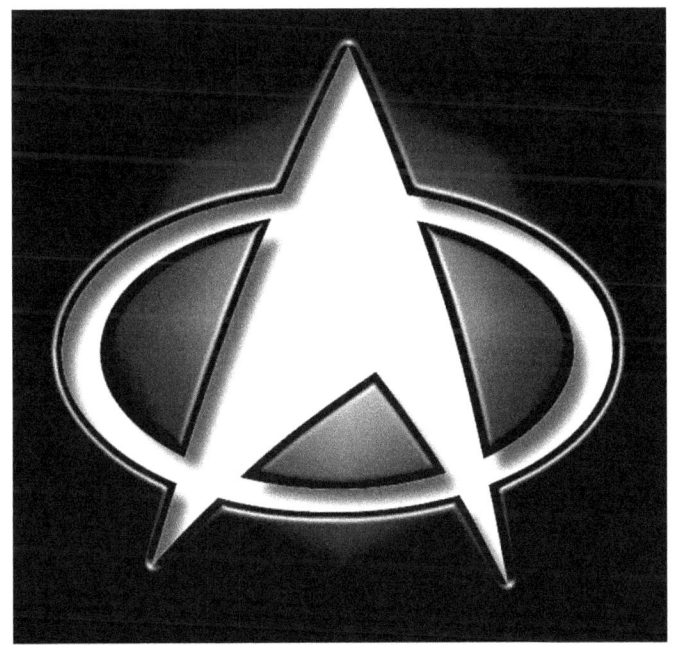

"El espacio, la última frontera. Estos son los viajes de la nave estelar Enterprise que continúa su misión de exploración de mundos desconocidos, descubrimiento de nuevas vidas, de nuevas civilizaciones; hasta alcanzar lugares donde nadie ha podido llegar"

Fueron los pioneros en acaparar el entusiasmo de los espectadores de televisión y los primeros también que lograron crear numerosos clubes de fans por todo el mundo, cada uno organizando sus propios festivales y convenciones. Compitieron después con "Star Wars", una película técnicamente muy brillante y aunque se parecía a otras películas de aventuras similares, resultaba totalmente nueva y con un estilo diferente. Gracias a estas historias, llegaba un momento en el cual el espectador se creía el mundo del futuro que le estaban mostrando y, además, con un gran sentido del humor. Incluir elementos cómicos le suele dar un aspecto inocente, a lo que debemos sumar el hecho de que los personajes principales tienen cierta ética en su comportamiento. Básicamente, estas películas "del espacio" muestran una historia sencilla de caballeros galácticos, contada con magia, con tanta magia que muchos espectadores sienten la necesidad de ponerse de nuevo en la cola del cine para volverlas a ver. Después viene el coleccionismo, la asociación de admiradores, el merchandising y, en suma, la pasión por un mundo que ninguno de nosotros conseguirá vivir personalmente. Aunque no es fácil entender la admiración por un género cinematográfico, posiblemente en esta ocasión este interés está ligado a que todas las noches las estrellas nos muestran los mundos lejanos que nos rodean desde la creación del universo.

En las películas de "Star Trek" hay, además, todos los ingredientes de las clásicas películas juveniles, con un capitán (Kirk, Picard), un mago (Spock, Data), una princesa (Uhura, Deanna), algunos guapos chicos, con frecuencia monstruos y un malvado en cada capítulo. Lógicamente, les tiene que gustar. También hay mucha acción y poco romance (casi siempre platónico), navíos estelerares con gran potencia militar y toda una tecnología que nos avisa de lo que está próximo; sin olvidar su ampliación al mundo del videojuego, en donde el protagonista es el propio aficionado, lo que hasta hace poco era una quimera.

Aunque "Star Trek" nació en los años 60 mediante un serial televisivo con mucha imaginación pero parco en recursos económicos, no sería hasta los años 70 cuando alcanzaría la categoría de mito indiscutible, y eso que llegaba en una época en la cual las películas de ciencia-ficción no vivían su mejor momento. No obstante, sabemos que "2001, una odisea del espacio" había recaudado 24 millones de dólares y toda la saga de "El planeta de los simios" un total de 17 millones, sin olvidar "Star Wars", la cual recaudó más de 300 millones en el momento de su estreno, y también recibió un oscar a la mejor dirección artística, al mejor vestuario, montaje, sonido, música y efectos especiales. Indudablemente este éxito cogió desprevenidos a todos, especialmente a George Lucas, quien confesó que nunca pensó que tendría tanto éxito en el mundo entero, ya que su intención era hacer una película para niños, de esos que acuden un sábado por la tarde al cine con sus palomitas, y que pretendía seguir la senda marcada por "Buck Rogers" una aventura espacial que le había gustado mucho desde pequeño. Obviamente, Lucas no quería mencionar para nada a "Star Trek", y eso que había cogido parte del nombre y se apoyada sin reparos en la popular serie de televisión. Cuando consiguió el inesperado triunfo mundial tampoco quiso rendir homenaje alguno al Enterprise, ni mucho menos a sus emblemáticos personajes Kirk y Spock, aunque no se olvidó de mencionar a "Ultimátum a la Tierra" y copiar descaradamente al androide de "Metrópolis", al que denominó ahora como C3PO, y a los robots de "Naves silenciosas" cuando diseñó a R2D2.

Y volviendo a "Star Trek", la continuidad de la serie después de "Enterprise" está ahora en entredicho y eso que el entusiasmo por ella no decae y sus clubes de fans son cada vez más abundantes, lo mismo que las numerosas direcciones en Internet. De momento, lo único que podemos hacer es comprar toda la remasterizada serie de televisión en formato DVD, desde "La Serie Original" hasta "La Nueva Generación", pasando por "Voyager" y "Espacio Profundo Nueve", sin olvidar las películas para la gran pantalla. Indudablemente la oferta es enorme, quizá demasiado para el bolsillo del aficionado, pero el éxito de ventas avala que las nuevas generaciones también están interesadas en esta epopeya galáctica. Respecto al cine, después del relativo pero merecido fracaso de "Star Trek: Némesis", ningún productor parece interesado en su continuidad, pero como esto ya es una constante en "Star Trek" y reiteradamente nos han hablado de su abandono, seguro que dentro de poco ya tendremos una nueva película en las carteleras. En concreto, y según Rick Berman, la saga tendrá una undécima película en el futuro: *"Puedo asegurar que haremos otra película. Nunca hubo una película de Star Trek que no haya sido rentable para la Paramount. Hay muy poco riesgo involucrado en estas películas, así que creo que estamos lejos de ver el final"*. Sin embargo, parece ser que tanto Stewart como Brent Spiner (Data) han dicho que no quieren volver para una quinta película de La Nueva Generación, por lo que el elenco protagonista pudiera extraerse de "Enterprise".

Finalmente, no se olviden ver el filme "Héroes fuera de órbita", una parodia extraordinaria sobre el presente y futuro de los personajes de "Star Trek", con una Sigourney Weaver más sexy que nunca.

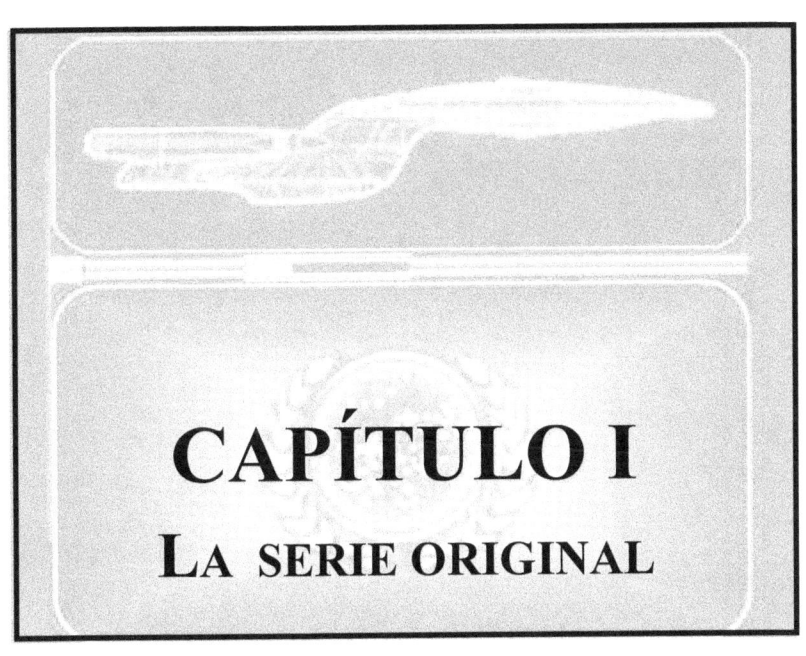

CAPÍTULO I
LA SERIE ORIGINAL

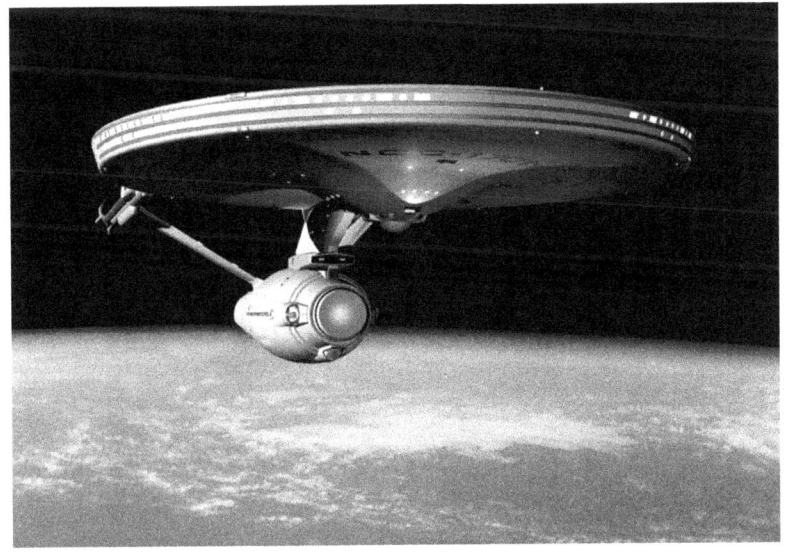

El nacimiento de una leyenda

No se crean que la primera película televisiva de la serie Star Trek fue acogida con entusiasmo por los estudios NBC, ya que si bien la consideran muy lograda, la rechazaron por ser poco infantil. Según los directivos, el primer capítulo tenía demasiadas connotaciones filosóficas, pocos alienígenas destructivos y ni siquiera había niños en acción. El argumento era demasiado complejo para el público infantil al que debía ir dirigida y, además, carecía de peleas, disparos con rayos destructores y, por si fuera poco, las mujeres aparecían con minifalda. También salía un personaje llamado Spock, con orejas parecidas al diablo, que podía confundir a los niños católicos. Ese personaje tenebroso no tenía razón de ser y había que suprimirlo. *"Recuerden que en nuestro país hay un sector religioso muy importante y esas orejas en punta le puede recordar demasiado al diablo"* –dijo un ejecutivo.

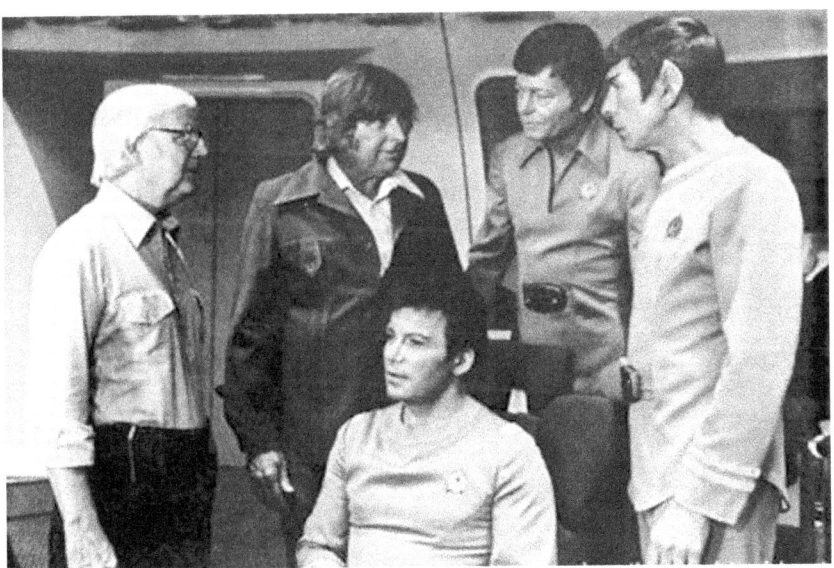

Gene Roddenberry

Nota: Este episodio no ha sido emitido por TV, pero una gran parte de él ha sido recuperada en el episodio doble *"La colección de fieras"* que forma parte de la primera temporada de la Serie Original, ahora reeditada en DVD.

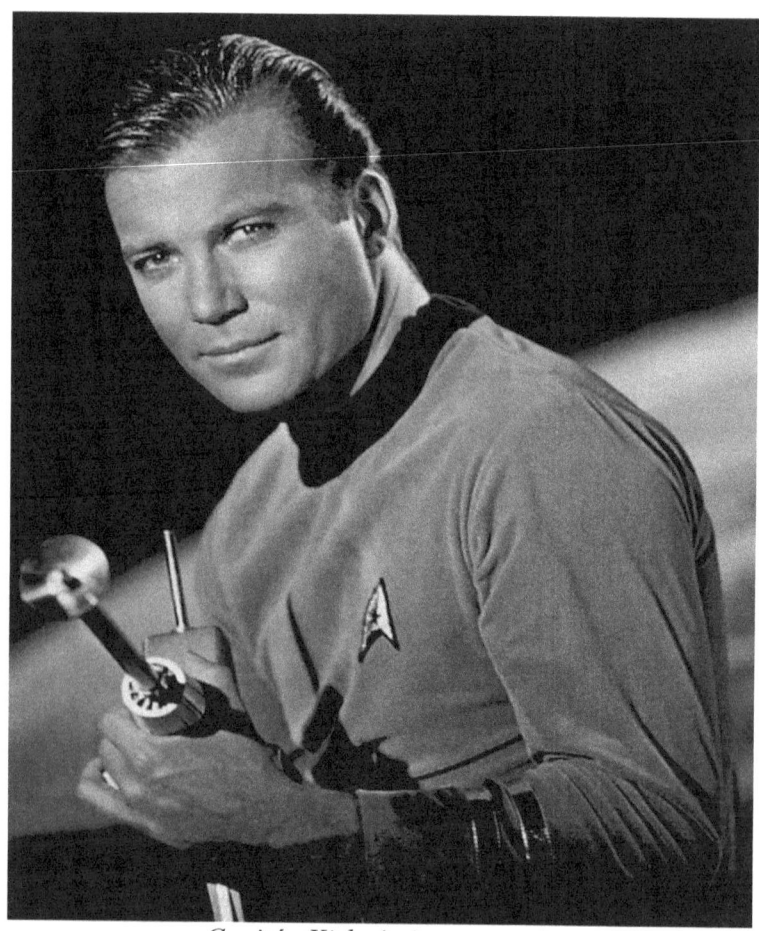

Capitán Kirk (primera serie)

Pero Roddenberry no estaba dispuesto a cambiar tanto su idea espacial, y amenazó con vender la serie a otra cadena y la única concesión fue elaborar un nuevo episodio piloto más al gusto de todos. *"Un lugar jamás visitado por el hombre"* fue el primer episodio aprobado por la NBC y mostrado al público. Por supuesto, el señor Spock fue relegado a un segundo plano, e incluso se eliminó a una mujer que tenía un protagonismo preponderante. Cuando todo estuvo aclarado comenzó el rodaje, precisamente el 5 de julio de 1965, saliendo en antena el 8 de septiembre de 1966.

La visión del futuro de Star Trek fue una creación del escritor y productor Gene Roddenberry, anteriormente un escritor de historias del Far West, aunque afortunadamente en la década de los 60 comenzó a desarrollar otros proyectos, incluyendo uno que describía "un viaje hacia las estrellas". En 1964 comenzó la filmación del episodio piloto de Star Trek titulado "The Cage", protagonizado por Jeffrey Hunter como el Capitán Christopher Pike al mando de la nave espacial Enterprise. Ahora ya sabemos que fue rechazado y que posteriormente se rodó "Where No Man Has Gone Before", protagonizado por William Shatner como el Capitán James Kirk y Leonard Nimoy como el Sr. Spock.

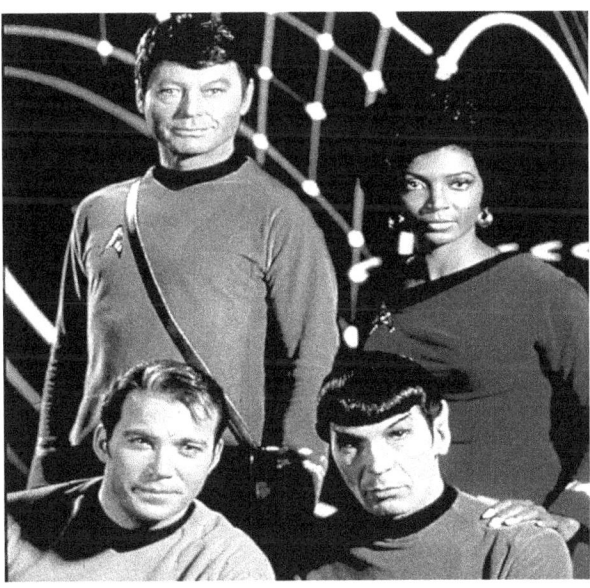

Kirk, Spock, McCoy, Uhura

Esta serie que se exhibió entre 1966 y 1969, estaba filmada en color y cada uno de los 79 episodios duraba 60 minutos.

La historia narraba los viajes a bordo de la nave estelar USS Enterprise durante el siglo XXIII, en un viaje que debía durar cinco años antes de retornar a la Tierra. La misión era explorar lugares donde antes no hubiera estado el Hombre, en busca de nuevas civilizaciones y tesoros. El capitán James T. Kirk que dirige la nave, es una persona osada y con frecuencia desobediente, pero está asistido por personas eficientes, como un gélido y lógico habitante del planeta Vulcano llamado Spock, además del temperamental doctor Leonard McCoy. El ingeniero jefe es un robusto personaje denominado Montgomery Scott, responsable de las máquinas de la nave, mientras que en el timón está un oriental que atiende al nombre de Sulu, y el equipo bélico es controlado por el ruso Pavel Checov. La teniente Uhura, que se encarga de las comunicaciones, y la enfermera Christine Chapel, completaban los asistentes directos del capitán.

Lo demás ya es historia, pues ahora sabemos que cuando finalizó la primera entrega la cadena de televisión decidió suspender el rodaje de nuevos capítulos y así lo hubiera hecho si miles de aficionados no hubieran colapsado la centralita telefónica de la emisora reclamando la continuidad de la serie. Este hecho se ha repetido varias veces, pero ha permitido que siga en antena después de casi cuarenta años, pues se calcula que hay al menos diez millones de entusiastas repartidos por todo el mundo.

.

GENE RODDENBERRY

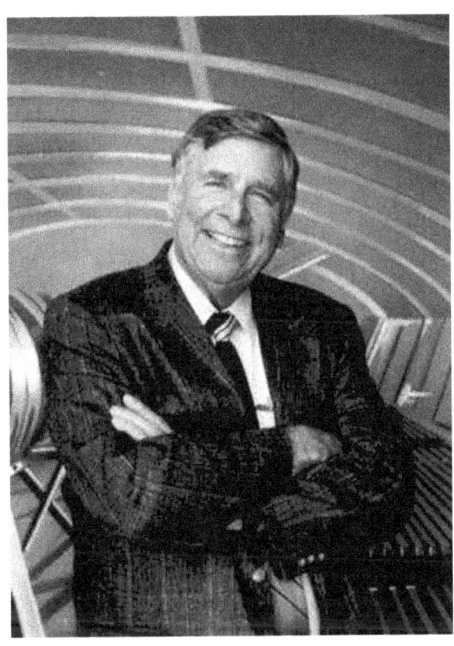

Gene Roddenberry creó una leyenda que continúa hoy, originando un fenómeno artístico en el cual pocas personas creían en sus comienzos. Él nos mostró que el espacio no es sólo para las batallas, sino para aprender nuevas ideas y maneras de pensar e, indirectamente, ha hecho más por los derechos civiles y el programa espacial que Martin Luther King y John F. Kennedy.

Gene Roddenberry no será ya noticia, pero no se le olvidará.

En septiembre de 1987, "Star Trek: La Nueva Generación" continuó la leyenda que Gene Roddenberry empezó hace 25 años. Como creador y productor de "La Serie Original" para la televisión, lanzó un fenómeno sin precedentes en el mundo del cine y proporcionó gran popularidad a todos los actores. Aunque falleció el 24 de octubre de 1991, su legado permanece en cualquiera de las modalidades de Star Trek y muy probablemente continuará así durante muchos años más, bien sea en el cine, la televisión o el DVD.

Mientras hacía Star Trek la reputación de Roddenberry como futurista empezó a crecer y sus trabajos y conferencias le proporcionaron un gran prestigio en ese campo.

Habló en diversas reuniones de la NASA, en la Smithsonian Institution y la Library of Congreso, así como en muchas universidades.

Como creador de la nave Enterprise y su tripulación, que incluían al impávido Capitán Kirk y el Vulcano lógico Sr. Spock, Roddenberry liberó inconscientemente un fenómeno en el que por primera vez los aficionados (conocidos como Trekkis), eran tan populares como la misma serie. Muchas personas se convirtieron en devotos, entre ellos físicos, ingenieros aeroespaciales, amas de casa, senadores, niños, maestros e intelectuales. Tal fue así que la serie fue premiada con el codiciado Hugo Award de ciencia-ficción. Gene Roddenberry llevó una vida vívida y excitante, tanto como los protagonistas de su historia.

Nació en el Paso, Texas, el 19 de agosto de 1921, viviendo durante su niñez en Los Ángeles, en donde estudió durante tres años en la Universidad de Derecho, continuando posteriormente con los estudios de ingeniería aeronáutica y logrando la licencia de piloto. También trabajó en las fuerzas aéreas norteamericanas durante el otoño de 1941. En Kelly Field, Texas, fue nombrado Segundo Lugarteniente y enviado al Pacífico Sur donde entró en combate en Guadalcanal con los bombarderos volantes B-17, estando a punto de ser capturado por los japoneses. También voló en misiones contra las fortalezas enemigas de Bougainville, llegando a tomar parte en 89 de ellas. Fue condecorado con la Cruz Distinguida y la Medalla Aérea.

Mientras estaba en el Pacífico Sur empezó a escribir y vendió sus historias a diversas revistas, e incluso logró que el New York Times le publicara sus poesías. En su retorno del ejército, se dedicó a investigar los accidentes aéreos y sus causas, continuando estudiando literatura en la Universidad de Columbia.

Durante muchos años continuó volando, hasta que vio la televisión y comprendió que allí estaba el futuro. Convencido de que ese medio necesitaba buenos escritores, lo mismo que los

estudios cinematográficos, buscó trabajo en la industria televisiva de Hollywood, en la cual había solamente escritores inexpertos. A sugerencia de un amigo, trabajó también en el departamento de policía de Los Ángeles para ver la vida real y plasmarla en el papel.

Con el grado de sargento, Roddenberry vendió sus escritos, "Goodyear Theatre" y "The Kaiser Aluminium Tour". Establecido ya como escritor libre, escribió los guiones de la serie "Have Gun, Will Travel" y su episodio" Helen of Abiginian" ganó el Premio del Gremio de Escritores, distribuyéndose a otros escritores como un guión ejemplar. Luego creó y produjo "El Lugarteniente", con Gary Lockwood y Robert Vaughn.

"Star Trek" (1966-1969) llegó pronto, aunque el primero de los dos episodios pilotos fue rechazado por ser "demasiado cerebral." Una vez en antena, sin embargo, "Star Trek" impactó fuertemente en unos aficionados fieles y se convirtió en la primera serie de la televisión que tuvo clubes de fans distribuidos por todo el mundo. Una réplica de la nave Enterprise se puede ver ahora en el museo de la aviación, junto al mismo avión original de los hermanos Wright y el Espíritu de San Luis de Lindbergh. Además, la NASA bautizó a su primer trasbordador espacial con el nombre de Enterprise, en contestación a la demanda de miles de cartas de fans.

Después de que "Star Trek" acabó, Roddenberry produjo la película "Pretty Maids All in a Row," interpretada por Rock Hudson, Angie Dickinson y Telly Savalas, y también intervino en varios episodios piloto para la televisión, entre ellos "Génesis II" para la CBS (1973), "The Wuestor Tapes" para la NBC (1974), la historia de un androide en busca de su creador, así como una continuación de "Génesis II". También co-escribió y produjo "Spectre" (1977), una película de horror de dos horas para la NBC.

Roddenberry sirvió como miembro del Gremio de Escritores y como Gobernador de la Academia de Artes y Ciencias de la Televisión. Tuvo tres grados de doctorado honorarios: Doctor en Humanidades por la Universidad de Emerson en Boston; Doctor en Literatura por la Universidad de Los Ángeles (1977), y doctor en Ciencias por la Universidad de Clarkson en Potsdam, Nueva York (1981).

El 4 de septiembre de 1986, los fans de Roddenberry le premiaron con una estrella en el Paseo hollywoodense de la Fama, el primer guionista/productor en ser honrado así.

"Star Trek: La Nueva Generación" en su primer año, ganó el Premio Peabody al mejor serial. Hasta la fecha, la serie ha almacenado un total de once premios Emmy, erigiéndose un monumento en su memoria en febrero de 1990.

El jueves 24 de octubre de 1991 Gene Roddenberry falleció y el mundo lamentó la pérdida de uno de los pioneros de la televisión. Le sobrevivió su esposa Majel Barreto, también actriz en Star Trek, y su hijo Gene, así como sus dos hijas, Darlene y Alba, de un matrimonio anterior, y dos nietos.

Finalmente, su novelización de "Star Trek: la película", vendió cerca de un millón de copias.

La serie Original

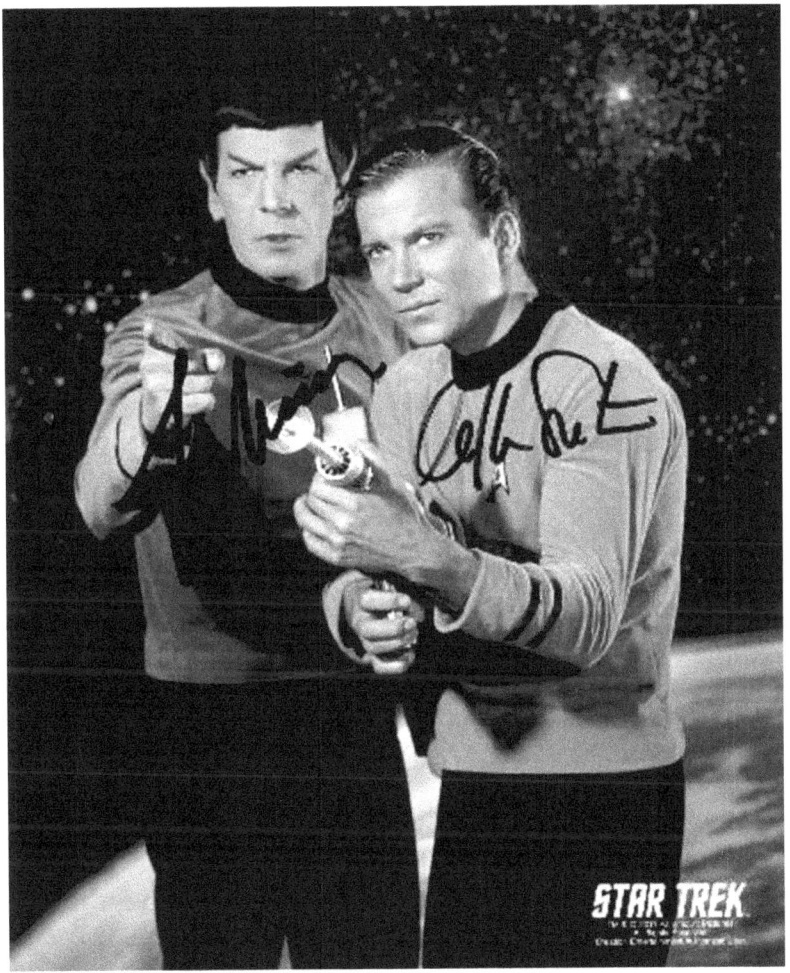

1ª Temporada

El jueves 8 de septiembre de 1966 a las 8:30 de la noche la NBC emitía una nueva serie de ciencia-ficción que significó el comienzo del mito.

La primera temporada contaba con estos 29 episodios:

0- The Cage
El Enterprise, en esta ocasión bajo el mando del capitán Pike, acude a una llamada de emergencia procedente de Talos 4 en donde se encuentra una mujer llamada Vina que les tiende una trampa. Pronto acaba preso de unos seres de la especie tolosiana, dotados de gran inteligencia, quienes recogen a diferentes especies de la galaxia para su zoo privado, donde serán analizados.

1-Un lugar jamás visitado por el hombre
Cuando el Enterprise se encuentra con una nave abandonada, descubren que sus últimos días fueron muy extraños, pues una misteriosa energía causó 9 bajas y 2 tripulantes resultaron conmocionados, aunque al recuperarse descubren que su inteligencia ha aumentado tanto como su agresividad y maldad.

2-Las maniobras de la carbonita
Un extraño objeto en el espacio es destruido por el Enterprise e inmediatamente una nave nodriza les amenaza con destruirles. Una estratagema de Kirk les engaña cuando les advierte que si lo hacen el Enterprise liberará una sustancia, la corbomita, que destruirá a toda nave que esté en su radio de acción. Cuando la nave agresora detiene su ofensiva la abordan, encontrándose con la sorpresa de que solamente hay un niño que busca compañía.

3- Las mujeres de Mudd
El Enterprise localiza una nave desconocida que huye a través del espacio encontrándose con Mudd, un mercenario que se dedica a capturar mujeres para los colonos mineros de Regal 3. La nave es apresada y las bellas mujeres liberadas, pero esa belleza es ficticia, fruto de una droga rejuvenecedora denominada como la droga de Venus. Cuando los efectos desaparecen, los mineros deben pagar más para conseguir dosis que prolonguen la belleza de sus recién adquiridas mujeres.

4-El propio enemigo

A causa de una avería en el transportador de materia, Kirk es dividido en dos personas similares, cada uno con una personalidad diferente: uno es bueno pero débil, el otro malo y violento. Como almas gemelas, ambas personalidades se necesitan una de la otra para controlarse, pues la buena es incapaz de adoptar decisiones y la mala sólo piensa en la guerra.

5-La trampa humana

Dos colonos del planeta M113, Richard y Nancy Crater, deben someterse a un reconocimiento médico por parte de McCoy; pura rutina si no fuera porque en el pasado el doctor tuvo un romance con Nancy. Las cosas se complican cuando nada más llegar el tripulante muere víctima de una misteriosa erupción cutánea y una extraña pérdida de sal de su organismo. Todas las sospechas recaen en Nancy, quien está controlada por un alien que necesita la sal para sobrevivir y que ha logrado infiltrarse en el Enterprise.

6-Horas desesperadas

Hacia un planeta helado se dirige el Enterprise, en donde está una colonia de humanos con los cuales se ha perdido todo contacto. Cuando llegan ven a los científicos congelados, como si un frío repentino les hubiera sorprendido sin darles tiempo a reaccionar. Al poco tiempo, toda la tripulación del Enterprise queda contagiada por un virus y enloquecen.

7-Charlie X

Un joven que ha sido criado por computadora, rodeado solamente por microcintas y fantasmas alienígenas en un lejano planeta, es subido a bordo del Enterprise. El problema es que Charlie se comporta como un niño caprichoso que no distingue entre el bien y el mal, hecho agravado porque posee ciertos poderes capaces de exterminar a la tripulación. Kirk intenta comportarse como un padre, aconsejando a Charlie sobre lo que es correcto.

8-El equilibrio del miedo

Un ataque de los romulanos a un destacamento de la Federación que estaba en zona neutral, ocasiona una respuesta por parte del Enterprise. Pero su enemigo es poderoso, generándose una batalla espectacular.

9-¿De qué están hechas las niñas pequeñas?

Acompañado por la enfermera Chapel y otros tripulantes, Kirk baja al planeta Exo 3 con la misión de encontrar al desaparecido doctor Korby. Pronto le encuentran viviendo en un laberinto de cuevas subterráneas, donde tiene su laboratorio, un lugar apropiado para reproducir androides con apariencia humana, pero de los que ha eliminado todos los defectos de carácter humanos.

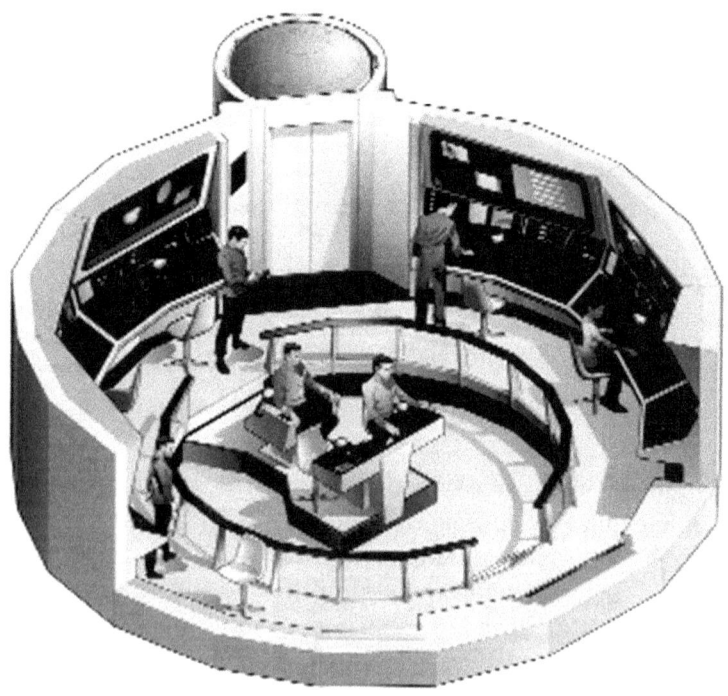

Puente de mando

10-La daga de la mente
Un polizón entra en el Enterprise. Se trata de un prisionero fugado de Tantalus 5 que es capturado por el cuerpo de seguridad, pero cuando su identidad es comprobada se dan cuenta que se trata de un ayudante del doctor Adams, el jefe de prisión. Desconcertado, Kirk acude hasta la prisión y allí descubre que los métodos de rehabilitación consisten en el borrado de la memoria a los presos.

11-Miri
Cuando el Enterprise llega a un planeta desolado, similar al que tendría la Tierra tras una explosión nuclear, descubre que todavía hay algunos supervivientes, unos niños sabios con aspecto de viejos, pues envejecen a un ritmo vertiginoso a causa de un virus que ahora afecta a la tripulación del Enterprise.

12-La conciencia del rey
Un asesino de masas se esconde tras la apariencia del director de una compañía de comediantes. Se trata de Kodos, un antiguo gobernante de Tarsus 4, desaparecido desde hace años. Todos los que le conocían hace años han muerto salvo Kirk, y ahora debe descubrir el misterio que oculta.

13-El Galileo 7
Arrastrado por una extraña fuerza mientras viajaba en su lanzadera, Spock llega hasta Taurus 2, un lugar habitado por gorilas, muy parecidos a los de la Tierra, pero mucho más hostiles. Kirk no sabe si debe acudir a salvar a su compañero, ya que debe cumplir su misión de suministros médicos a un planeta cercano.

14-Consejo de guerra
En un vuelo el Enterprise resulta seriamente dañado tras una tormenta de iones, y ello ocasiona la muerte de un tripulante. Kirk es considerado como responsable de ese fallecimiento, pues el ordenador de a bordo confirma los datos. Un consejo de guerra dictaminará su inocencia o culpabilidad.

15-16-La colección de fieras

Durante una misión para capturar al capitán Pike, antiguo superior del Enterprise, Spock llega hasta el planeta Talos 4, el único lugar prohibido por la Federación. Para evitar ser condenado por ello muestra una filmación en la cual se detallan las causas del secuestro, y donde se ve perfectamente lo que le pasó al capitán Pike en Talos 4.

17-El permiso

Cuando la tripulación del Enterprise se encuentra disfrutando de un merecido descanso en un planeta paradisíaco, similar a la Tierra, se dan cuenta que allí habitan unos pobladores muy extraños: los fantasmas del pasado.

18-El escudero de Gothos

Un alienígena de forma humana secuestra a parte de la tripulación del Enterprise, llevándolos a un castillo de su propiedad que está protegido de la letal atmósfera del planeta en que se encuentra. Su deseo es aprender de las reacciones de sus cautivos, sus miedos y valores.

19-Arena

Una base de la Federación es destruida por una nave desconocida, siendo el Enterprise el encargado de perseguirla hasta una galaxia desconocida. En la lucha, los capitanes de ambos bandos, Kirk y Gora, son castigados a luchar a muerte en un planeta despoblado, sin más armas que sus inteligencias, aunque quien pierda será el responsable también de la muerte de su tripulación.

20-El factor alternativo

El Enterprise encuentra un nuevo planeta poseedor de una extraña energía cósmica que anula el campo magnético del sistema galáctico. Una vez en tierra localizan a un hombre aparentemente loco, de nombre Lazarus, quien les advierte de que el universo se destruirá en breve. Su asombro es mayor cuando descubren que esa persona se mueve a través del tiempo y de universos paralelos con un clon opuesto.

21-El mañana es ayer

Un potente campo de energía empuja al Enterprise hasta el siglo XX y la nave es confundida con un OVNI, siendo persegui por varios aviones militares que se acercan a investigar. Mediante el transportador llevan hasta el Enterprise al piloto Chrisher, lo que indudablemente es un error pues alterará la historia. Por eso deben devolverlo a su avión y evitar al mismo tiempo que pueda recordar todo cuanto ha visto.

22-El retorno de los Arcontes

El Enterprise ha llegado hasta el planeta Beta 3, en donde encuentran a una sociedad primitiva que vive en equilibrio, y que parecen felices. El planeta es controlado por Landru, un bien programado y eficaz ordenador que sabe conseguir que sus habitantes sean felices y vivan en paz, aunque para ello les anula su voluntad. El resultado es un mundo aparentemente feliz, pero sin alma y subyugado por la máquina. Kirk comprende el problema y se enfrenta al ordenador.

23-El Apocalipsis

Con el fin de entablar relaciones diplomáticas, el Enterprise llega hasta Eminiar 7, pero el recibimiento es frío, pues en ese momento están inmersos en una guerra muy civilizada que no causa daños materiales. El secreto es que todo el proceso es controlado por ordenador, como un videojuego, el cual dicta cuántas bajas humanas hay cada día. Súbitamente, el ordenador ordena la muerte de Kirk y Spock.

24-Semilla espacial

Una nave terrestre de 1990, con 72 hombres hibernados, es hallada por el Enterprise. Uno de ellos despierta y Khan, miembro de una raza de superhombres, intenta apoderarse del Enterprise alegando que está más cualificado que Kirk. Para lograrlo, influirá en los hombres del Enterprise.

25-Esa cara del paraíso
La tripulación del Enterprise se encuentra, durante un viaje hasta Omicron Ceti 3, que a los habitantes no les afectan los rayos beta y, muy al contrario, parecen de gozar de buena salud. En realidad es una ficción, pues se comportan y viven como zombis a causa de las esporas de una planta que además de protegerles les elimina todas sus ilusiones.

26-El diablo en la oscuridad
Kirk y Spock acuden en ayuda de una colonia minera que está siendo víctima de ataques por parte de un monstruo. Los trabajadores están aterrados y dejan de extraer el pérgium, un mineral muy valioso, lo que ocasiona un grave problema. Cuando atacan al supuesto monstruo se dan cuenta de que en realidad se está defendiendo, pues esa explotación amenaza su supervivencia.

27-Tentativa de salvamento
Las hostilidades entre la Federación y el imperio Klingon aumentan cada día, y se teme un ataque muy pronto. Para evitar una masacre La Federación opta por enviar al Enterprise al planeta Organia, con el fin de afianzar un lugar donde hacerse fuertes. Sin embargo, los habitantes de este planeta que están aún en época medieval rechazan cualquier protección, y no comprenden el concepto de guerra. Cuando los klingons matan a miles de ciudadanos no les responden alegando que "todos somos hermanos".

28-La ciudad en el limite del tiempo
Una puerta que permite viajar a cualquier época se encuentra en el mismo planeta en el cual se hallan Kirk, Spock y McCoy. Allí está la Puerta del Tiempo, a través de la cual se puede acceder a cualquiera de los períodos de la historia de la

humanidad. El Dr. McCoy, víctima de un ataque de locura producido por la inyección de una sustancia venenosa, decide cruzar al otro lado y obliga a seguirle a Kirk y Spock para traerle de vuelta. La sorpresa es que se encuentran ahora en Nueva York y deben evitar que la historia se modifique.

29-Operación: aniquilación

El planeta Deneva, donde vive el hermano de Kirk con su familia, está siendo invadido por una extraña epidemia que se propaga por la galaxia. Aunque acude presuroso, cuando Kirk llega al planeta se encuentra conque ha llegado tarde y su hermano ha muerto. La epidemia es causada por unos parásitos, y su voracidad es tan alta que ataca incluso a Spock, el cual ve su sistema nervioso afectado y está a punto de morir.

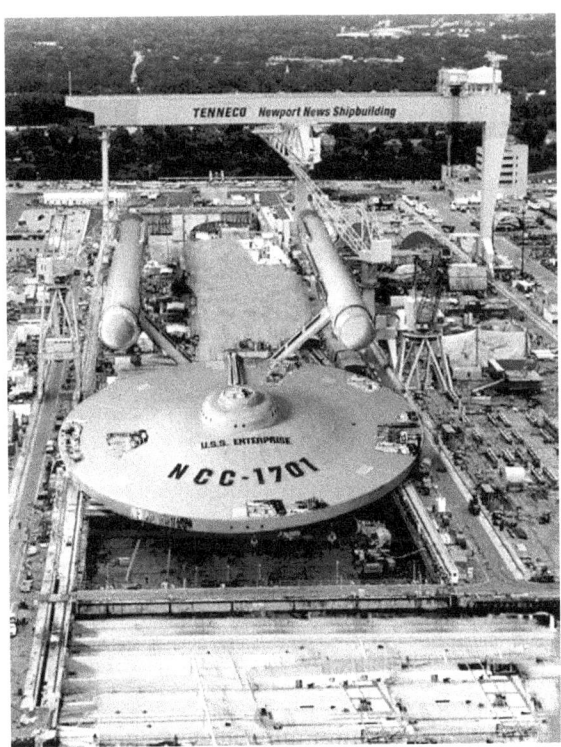

Actores y personajes de "La serie original"

WILLIAM SHATNER Capitán James T. Kirk

William Shatner nació el 22 de marzo de 1931 en Montreal, Canadá, y aunque aparentemente permanece alejado de las cámaras no es así, pues sus tra bajos en el cine siguen a buen ritmo. Controlada ya su aparatosa obesidad, dedica la mayor parte de su tiempo libre a montar a caballo en la gran finca que posee.
Divorciado de su primera esposa y casado en segundas nupcias con Gloria Rand, tiene tres hijos: Leslie (quien ha escrito una biografía sobre su padre), Lizabeth y Melanie, y un hijo, Daniel. Su hija Lisabeth Shatner ha sido Miss Globo d e Oro en 1985 y escribió en 1986 el guión del episodio de.J.Hooker "Partners in Death", mientras que Leslie apareció como extra en el episodio de Star Trek "Miri", y Melanie en "Star Trek V: La última frontera" que fue dirigida por su padre.

Cuando la serie original fue inicialmente cancelada, su primera esposa le abandonó al considerarle un fracasado, debiendo irse a vivir a un pequeño camión al que acopló una cama, malviviendo durante algunos meses hasta que intervino en "Fly Away Home".

Cuando el Capitán Kirk terminó su misión con "Star Trek VI", el hombre que ha puesto su carácter a las series de televisión y a las películas sobre Star Trek, nos deja no solamente su personaje, sino su propia vida.

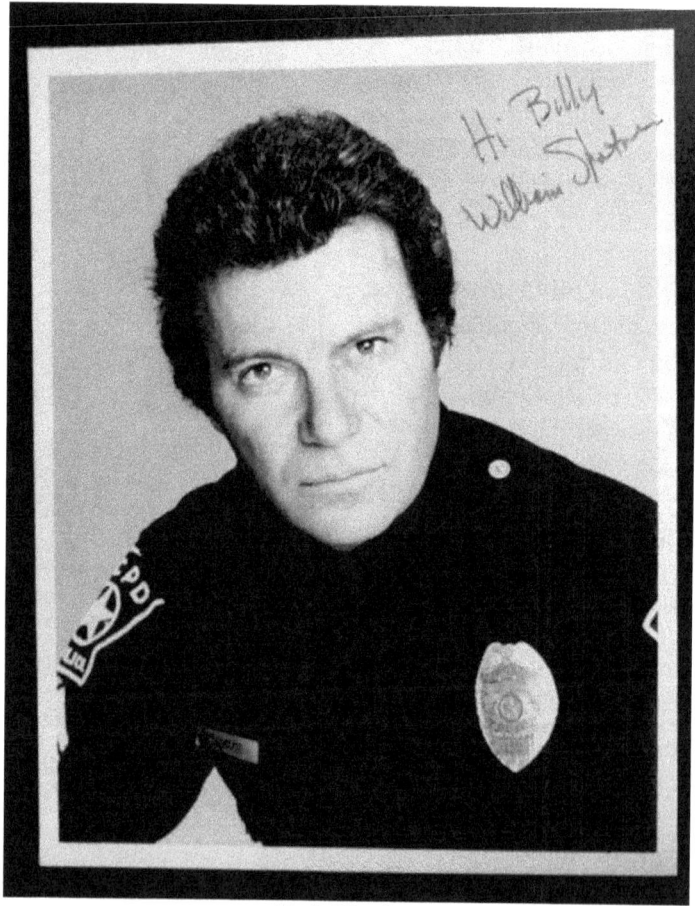

T. J. Hooker

Dice William Shatner:

"Fue una experiencia muy amena y llena de nostalgia cuan do realicé mi última película, aunque posteriormente fui invita do para La Nueva Generación. Probablemente no trabaje nunca más con esta gente, especialmente con Leonard Nimoy y DeForest Kelley (ya fallecido), mis más viejos amigos."

No es fácil echar el cerrojo después de 25 años de estar involucrado en una empresa tan popular ni tan monumental, especial mente porque no solamente ha sido identificado como el actor más importante de la serie, sino que su fuerza creativa ha dado soporte a las propias películas. Su contribución debía culminar con *Star Trek V: La Frontera Final*, que también dirigió, aunque los malos resultados obligaron a realizar una secuela que dejara buen sabor a los aficionados.

Afortunadamente y aunque el cine ha absorbido casi toda su vida, ha podido efectuar otros trabajos, especialmente como escritor de varias novelas publicadas sobre ciencia-ficción, estando prevista una adaptación de ellas para el cine.

Shatner es un hombre ambicioso, y su marcha de la serie no se ha demorado a través de los años. Tampoco es realmente una sorpresa que en su Montreal nativo siga siendo un hombre muy activo. Desde sus comienzos profesionales, en la Canadian Broadcasting Company cuando apenas era un niño, pasando por su graduación en la Universidad McGill como economista, hasta su empleo como gerente auxiliar en un famoso festival sobre Shakespeare en Ontario (donde estuvo hasta que se introdujo en Broadway y la TV), su capacidad polifacética es bien notoria.

Como actor trabajó en series de TV tales como *Playhouse 90, Twilingth Zone, The Outer Limits, Alfred Hitchcock Presenta, Estudio Uno y El Fugitivo*, mientras que en los teatros de Broadway aplaudieron su trabajo en *El Mundo de Suzie Wong, Un Tiro en la Oscuridad y El idiota*. Con tales créditos, Hollywood no podría dejar de considerarle y pronto consigue un pequeño papel en *Los Hermanos Karamazov* (1958), *El juicio de*

Nuremberg, de Stanley Kramer (1961) y *El intruso*, de Roger Corman (1962) un estudio sobre el racismo en el Sur.

Cuando interpretó los episodios semanales de Star Trek, entre 1966 y 1969, Shatner pudo entrar definitivamente en el mundo del cine, pues esta serie superó todas las predicciones y su popularidad aumentó hasta niveles nunca imaginados. No obstante, debemos recordar que anteriormente ya había alcanzado cierta notoriedad por su trabajo en la serie de televisión *T. J. Hooker*, en la cual hace un buen papel como policía, permitiéndole llegar con comodidad a su papel de Capitán Kirk.

"El papel que se hace en una película tiene mucho que ver con la popularidad, pues los que hacemos de justicieros y dirigentes buenos, siempre gozamos de más admiración que los malos. Mi personaje era bondadoso y fuerte a su manera. Me sentía muy a gusto con Kirk y el trabajo me divertía enormemente."

"Me gusta tener papeles en los cuales sea necesaria una actuación física. Yo soy un vaquero y un viajante y necesito cambiar muy a menudo de ambiente. Los primeros capítulos de la serie tenían una gran cantidad de escenas muy dinámicas, aun que luego alguien pensó que me estaba haciendo viejo para tanto esfuerzo y limitó mis actuaciones; una postura totalmente errónea. Quiero participar, no observar."

El amor del actor por el medio ambiente y la naturaleza es muy grande y considera que es el mayor desafío que tiene el hombre actual. En la mini serie de la televisión por cable *la Voz del Planeta*, que él mismo dirigió, expresa muy elocuentemente sus convicciones. Además, patrocinó la serie de la CBS *Rescate: 911*, con la cual cree que hizo un servicio muy útil a la sociedad. Ahora sabemos que al final de los años 60 grabó un LP titulado "The Transformed Man", que es considerado un clásico hoy y que fue uno de los primeros actores en aparecer en "Celebrity Secrets," programa que también ha recibido a Harrison Ford, Tom Hanks, y Patrick Stewart.

William Shatner ha sido un enamorado de la ciencia-ficción

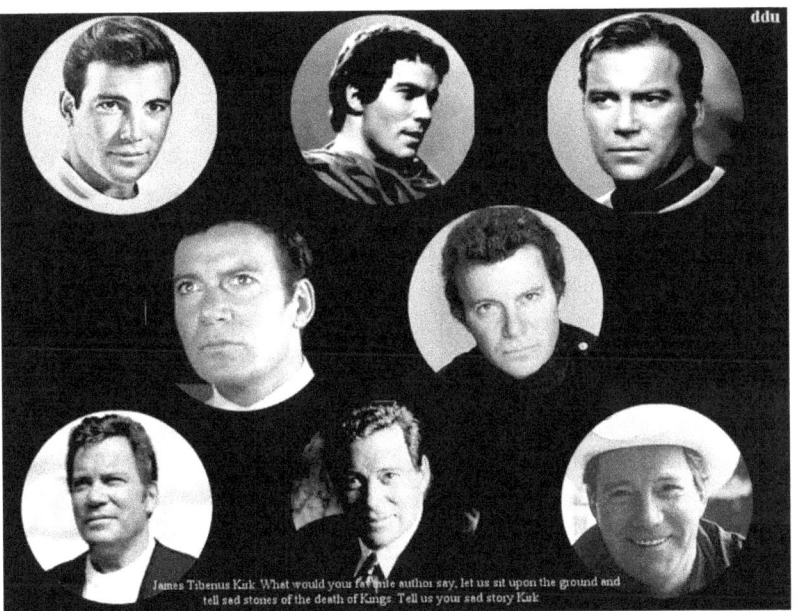

desde hace muchos años y su interés en este tema lo expresa por su trabajo y en la elección de los automóviles que posee, así como por su asistencia a los numerosos eventos que se celebran todos los años en todo el mundo. Aunque Shatner es un apasionado igualmente de la música sinfónica y las obras de teatro clásicas, su pasión sigue siendo el mundo de la fantasía.

"Se supone que ya no tengo nada más que hacer en la vida, ya que mi contribución en el cine ha sido muy interesante. He sido el Capitán Kirk para varias generaciones y esto es una contribución bastante importante y espero ser recordado por ella." "Fui el director de Star Trek V y puedo asegurar que me esforcé al máximo para hacerla bien. Quise mostrarme un profesional del cine y aunque el éxito en taquilla fue menor del esperado, la película resultó bastante correcta.

Parte del fracaso fue que coincidió en taquilla con películas de gran impacto como "Batman", y ese es un rival muy difícil de asimilar."

Otros datos biográficos: Autor del

libro "Tek-War".
Autor de las memorias de Star Trek.
Shatner es co-propietario de la empresa CEO de Toronto dedicada a los efectos digitales.
Domina perfectamente el francés y es autor de algunas novelas de ciencia-ficción, tales como "The Ashes of Eden", "The Return" y"Avenger".
En 2001 se casó con Elizabeth Martin, una entrenadora de caballos que había perdido a su marido en 1997 a causa de un cáncer.
Tiene una estrella en el Hollywood Walk of Fame desde 1983.
Su cara aparece en el First Aid del Consejo Nacional de Seguridad.
En 1999, fue nominado a un Emmy por su trabajo en "Third Rock From The Sun".
Escribió y dirigió una revista musical titulada "The Red, White and Blue Revue", además de trabajar con Christopher Plummer en "Henry V"

Dirección postal:

William Shatner
c/o William Shatner Connection PO
Box 7401725
Studio City, CA 91604, USA

Filmografía esencial:

Fanboys (2009)
Miss agente especial 2 (2005)
Osmosis Jones (2001)
Showtime (2001)
Miss agente especial (2000)
Tierra de libertad (1997) Trinity and Beyond (1995)
Atomic Bomb Movie, The (1995) **Star Trek: Generations** (1994) TekWar: TekJustice (1994) (TV)
"Kung-Fu: The Legend Continues" (1992) TV Series **Star Trek VI: The Undiscovered Country** (1991) "Rescue 911" (1989) TV Series
Star Trek V: The Final Frontier (1989) **Star Trek IV: The Voyage Home** (1986) **Star Trek III: The Search for Spock** (1984) **Star Trek II: The Wrath of Khan** (1982) **"T. J. Hooker"** (1982) TV Series
Airplane II: The Sequel (1982)
Star Trek: The Motion Picture (1979)
Third Walker, The (1978)
Tarántula (1977)
Columbo: diversas actuaciones en la serie de TV Una mamá sin freno (1974)
Impulso (1974)
"Police Story" (1973) TV Series
"Star Trek" (1973) TV Series "Star Trek" (1966) TV Series El juicio de **Nuremberg** (1961)
Los hermanos Karamazov (1958)

Capitán James Tiberius Kirk

Nº de serie: SC937-0176 CEC
Nació en Riverside, Iowa (USA), la Tierra.

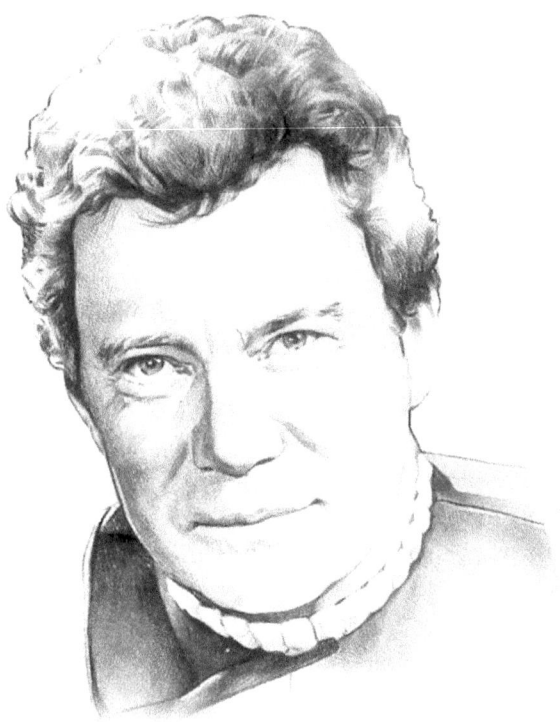

Kirk nació el 22 de marzo de 2233, y asistió como alumno de la Academia desde el 2250 al 2254, comenzando cuando tenía sólo 17 años, siendo considerado un estudiante brillante desde el momento de su llegada. Allí hizo amistad con el profesor John Gill, el cual se convirtió en una importante influencia para él, lo mismo que Ben Finney y Gary Mitchell, aunque años más tarde Kirk tendrá problemas con estos dos últimos instructores.

En la Academia tuvo que pasar pruebas muy duras, al igual que los demás cadetes, siendo la más notoria el escenario del Kobayashi Maru (el escenario imposible), donde Kirk debe reprogramar el simulador de combate para vencer fácilmente. Por su forma de pensar tan personal recibió elogios.

Un año después de su ingreso acudió en misión de paz a Axamar, en el USS Republic, donde obtiene tal éxito que es condecorado con la Hoja de Palma, el máximo premio del planeta. Todo esto le sirve para conseguir graduarse en 2254 con el rango de teniente con las mejores calificaciones y varias condecoraciones, siendo asignado como ayudante a la nave USS Farragut, al mando del capitán Garrowick, donde dejó constancia de su buen hacer.

La lista de condecoraciones durante su paso por la Academia es muy amplia: Hoja de Misión por la Paz, Gran Orden Táctica, Class Excelsior, Listón de Recomendación, Class Primero y Segundo. Más tarde y cuando había adquirido una gran experiencia en los vuelos espaciales, y en virtud a sus nuevos méritos, le conceden la Medalla de Honor, la Plateada contra el Racismo, Alumno con Gallardía Sobresaliente y la Orden del Heroísmo. Estos premios se mencionan en varios de los capítulos.

Con anterioridad a *"Donde ningún hombre ha ido antes,"* Kirk y Gary Mitchell estaban en el planeta Dimorus, donde ambos encontraron restos de vida y unos extraños habitantes que les tiraron dardos envenenados mortíferos. En un acto de heroísmo, sucedido en el 2260, Gary cogió uno de los dardos destinados a Kirk y murió por ello. Poco después, en 2263, es ascendido a capitán, y se le concede el mando del USS Enterprise, donde ocupa desde su llegada el alojamiento cubierta 5 cuarto 0195. Es pequeño y hay poco espacio para la expansión, pero constituye el mejor refugio para reflexionar.

Ese mismo año sufrió en Vegan el contagio de una extraña enfermedad denominada como criomeningitis, la cual ocasiona la muerte del enfermo si no es tratado antes de 24 horas. Aunque Kirk sobrevivió, su sangre continuaría albergando durante algún tiempo los gérmenes de la enfermedad, plaga que el consejo del planeta Gideon estaba intentado usar para el control de la superpoblación sobre su mundo.

Un año después, en 2264, parte hacia el espacio profundo en una misión de investigación que duraría cinco años, siendo la primera de tal envergadura que realiza la Federación. Los éxitos de esta misión son tantos que en 2269, antes de que finalice, es ascendido a Almirante y nombrado jefe de operaciones de la Flota Estelar, un trabajo que debería desempeñar en la Tierra.

Cuando en 2271 ocurre el incidente del V'Ger y Kirk recupera el mando del Enterprise, su antecesor, el capitán Will Decker, no acepta de buen grado la pérdida de su nave. Cuando todo se tranquiliza un nuevo viaje les espera: otros 5 años para ampliar la exploración de la galaxia.

Con respecto a sus relaciones sentimentales sabemos que amó a Ruth, Janet Wallace, Areel Shaw y Janice Lester, y que aparentemente tuvo varios romances importantes con anterioridad a su trabajo en el Enterprise. Ruth (a quien vimos en "El Permiso de Costa"), quizá podría haber sido su primera novia en sus días de estudiante en la Academia, mientras que la endocrinóloga Janet (recuerden "Los Años Mortíferos") mantiene su relación con su marido Theodore y no acepta a Kirk porque ambos están seguros de que eso perjudicaría su carrera.

Respecto a Areel Shaw, la abogada que le defendió cuando Kirk fue acusado de ocasionar la muerte de Ben Finney en "Corte Marcial", solamente fue un corto romance, mientras que con Janice Lester el idilio se prolongó durante casi un año cuando ambos asistían como alumnos en la academia.

Hasta el fin de sus días Kirk se mantuvo soltero, pero tuvo un hijo, David Marcus (2261-2286), fruto de sus relaciones con la doctora Carol Marcus, que desdichadamente fue asesinado por un Klingon. Con ella siempre ha mantenido una distante pero cordial relación, pues su pasión por el Enterprise le impide abandonar su trabajo.

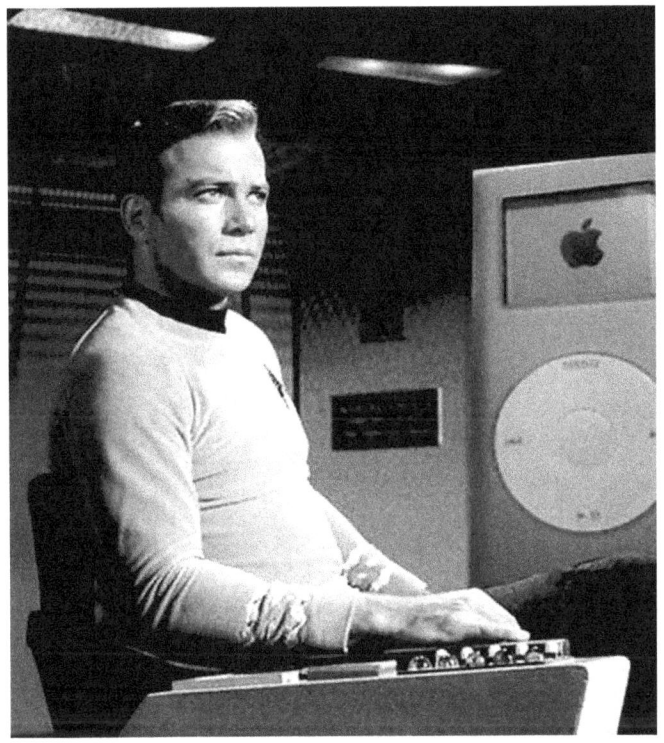

Durante la recuperación del alma de Spock, el Enterprise es destruido en una batalla contra los Klingons, debiendo enfrentarse a un absurdo juicio en la Tierra, acusado de robo y pérdida de una nave. Afortunadamente la Federación considera como atenuantes sus servicios prestados recientemente, en especial cuando viajó en el tiempo para recuperar una pareja de ballenas y salvar el planeta, y aunque le degradan a Capitán le asignan un nuevo Enterprise. Durante la botadura del USS Enterprise NCC- 1701-B, se declara una anomalía espacial a la que llaman "el Nexus" en la que accidentalmente Kirk desaparece y es dado por muerto. Lo cierto es que se trata de una muerte aparente, pues ha sido trasladado 78 años al futuro dentro del Nexus, donde es rescatado por Picard. Cuando los dos capitanes se encuentran, en el año 2371, deben luchar contra el desquiciado doctor Soran en defensa del sistema

Veridia, pero en esta ocasión Kirk acaba muerto.

No sabemos cuál fue el destino del Capitán James T. Kirk, aunque Gene Roddenberry expresó una vez su opinión de que el Capitán Kirk había muerto definitivamente en "Star Trek: la nueva generación".

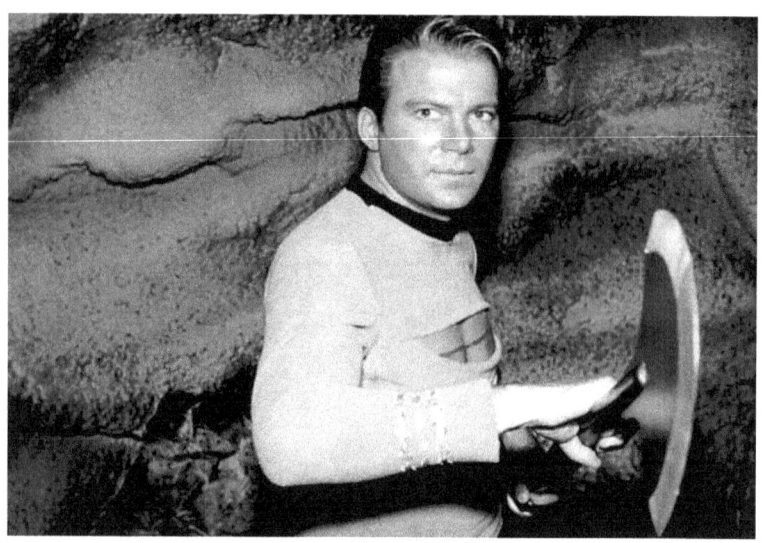

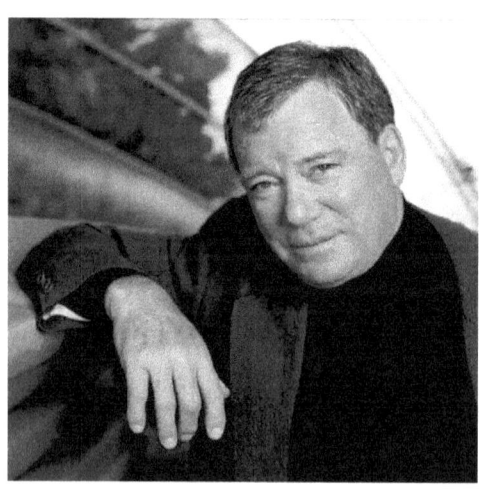

LEONARD NIMOY
Sr. Spock

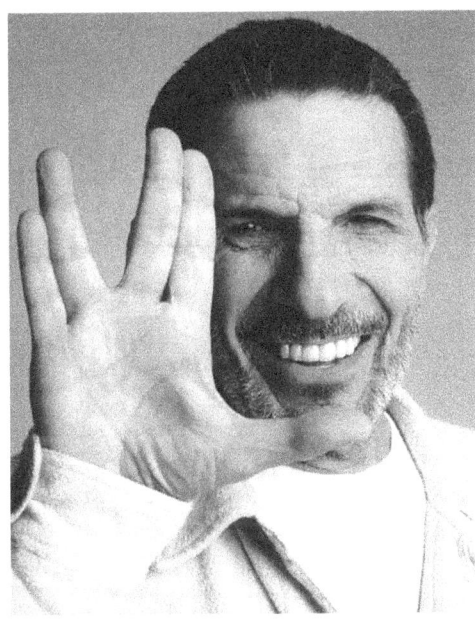

Leonard Nimoy nació en Boston, Massachussets, el 29 de marzo de 1931. Su debut en el cine vino 20 años después, en 1951, cuando intervino en un pequeño papel en la película, "Reina por un día." Los otros papeles que interpretó posteriormente fueron en seriales y películas oscuras cuyo valor es ínfimo, pero que le preparaban el terreno para el futuro. En 1952, su primer papel como protagonista fue en "El pequeño Monje Baroni." Después de una pausa de dos años en el ejército, Nimoy fue llamado para trabajar en películas de televisión y en el teatro. Durante finales de los 50 y principios de los 60, apareció en todos los espectáculos bien conocidos de TV, incluyendo "Vagón de tren," "Cuero crudo", "Perry Mason", y "Combate," por nombrar simplemente unos.

Sin embargo, para Nimoy el éxito enorme fue con la serie televisiva de ciencia-ficción, "Star Trek," que le proporcionó

reconocimiento a través del mundo. El primer episodio en el cual aparece como Spock fue en 1966, el cual llegaría a ser un icono a través de los años como el mayor espectáculo televisivo popular, éxito que luego se trasladó a la pantalla grande en varias películas del mismo tema. Nimoy en su representación del vulcano Spock, ha conseguido ganar tres nominaciones al Emmy.

Nimoy también llegó a ser un director con éxito en alguna película, por ejemplo, dirigiendo "Star Trek III: en busca de Spock" y "Star Trek IV." Sus contribuciones adicionales a Star Trek incluyen historias, el diseño de los títulos de créditos en "Star Trek IV" y "Star Trek VI" y se ha involucrado como productor administrativo en "Star Trek VI".

Su película "Star Trek IV" que habló de la necesidad de proteger a las ballenas, fue la que más éxito le aportó hasta la fecha. Gene Roddenberry, el creador de Star Trek, llamaba a Nimoy "la conciencia de Star Trek."

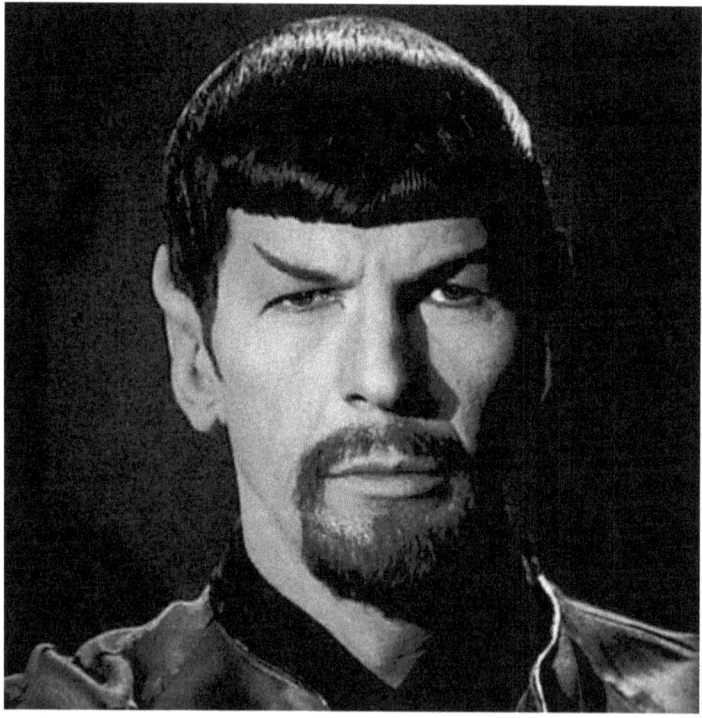

Otras películas importantes en las cuales ha intervenido son *"Baby, tú vales mucho"* con Diane Keaton y Liam Neeson; *"Tres*

hombres y un bebé," con Tom Selleck, Ted Danson, y Steve Guttenberg; y *"La invasión de los ultracuerpos"* con Jeff Goldblum. Una publicación reciente mencionó tres veces a Nimoy como uno de los actores más taquilleros.

Nimoy ha intervenido en numerosas producciones a lo largo de su trabajo en el cine, incluyendo *"El Violinista sobre el Tejado," y "Camelot,",* demostrando que sabe hacer perfectamente su trabajo como director o productor. También tuvo un papel importante como Sherlock Holmes en una obra de teatro que se estrenó en Londres, así como en Broadway con *"Equus" y "Círculo Lleno."*

En la televisión, intervino durante dos años en *"Misión: Imposible"* y apareció en varias películas televisivas incluyendo *"Una mujer llamada Golda,"* en la que compartió cartel con Ingrid Bergman y por la cual recibió una nominación al Emmy como el mejor Actor en una Especialidad Dramática.

En 1991, Nimoy intervino en la TNT con *"No olvidar nunca",* en donde interpretó el papel de un superviviente del Holocausto. El espectáculo, que también co-produjo con su socio Robert Radnitz, fue nominado para un Premio AS de la televisión por cable.

Nimoy es también un autor bien conocido. Su primera autobiografía, *Yo no soy Spock*, se publicó en 1975, seguida por una segunda autobiografía, *Yo soy Spock*, publicada en 1995. Otra historia que elaboró juntamente con Isaac Asimov fue *"PriMortals,"* un comic-book mensual publicado por Techno Comix.

Finalmente, Leonard Nimoy es el autor de tres de volúmenes de poesías y ha registrado 10 narrativas en cintas de audio.

Murió en 2015.

ENTREVISTA PERSONAL

El Sr. Spock, sin lugar a dudas, se nos muestra fríamente inexpresivo en la obra "Star Trek, 25 años de odisea." Este emblemático actor, convertido en un icono por su personaje de Spock, es decididamente un humano que viaja por las estrellas.

"Yo no sé cuantas personas han intervenido en este negocio" -dice un emocionado Nimoy-. *No estoy seguro que pudiera existir otro grupo de personas que fueran capaces de haber llevado adelante durante tantos años una empresa como la nuestra con Star Trek. Por eso estoy agradecido por haber tenido esta oportunidad."*

Nimoy y el resto de los actores de "Star Trek: la serie original", terminaron su trabajo en la serie cuando finalizó el rodaje de "Star Trek VI". La historia de la película, que fue una idea de Nimoy, quien también trabajó como su productor administrativo, estaba inspirada parcialmente por sucesos mundiales recientes.

"Cuando la Paramount me pidió que aportara una idea para Star Trek les dije: Creo que sería interesante acudir con una historia que tuviera que ver con sucesos actuales en el mundo. Quería aportar algo esencial a la tripulación del Enterprise, ahora que su misión espacial ya terminaba."

La historia de Nimoy, escrita con carne y sangre por el director Nicholas Meyer y el escritor Denny Martin Flinn, se encontró con el entusiasmo por la serie de Star Trek

"Todos trabajaron en la serie con verdadero placer. Y añade: Todos entendimos la historia que ellos habían escrito y conocimos lo que teníamos que hacer y estábamos muy excitados con la película."

En "Star Trek VI" Nimoy revisa las diferentes vitrinas de sus amigos y familiares, algo que forma parte de su carácter.

"Spock siempre ha tenido un carácter áspero para conseguir sus deseos –dice-. De alguna manera, es una incógnita. Cada vez que usted piensa que conoce su carácter, llegan señales que le indican que nunca ha conocido su verdadera personalidad. Esta es una creación muy profunda, y pienso que la parte interna de Spock siempre será su misterio principal."

"Yo consigo siempre que otros directores lleven a cabo mis ideas y por eso me considero afortunado. Parece que tengo una hada madrina que me protege en mi carrera."

El actor no es demasiado específico sobre los ensayos y tribulaciones que tuvieron lugar durante el rodaje de "Star Trek VI", sin embargo, emocionalmente, hacer esta película fue un momento histórico importante en su vida.

"Cuando nosotros conseguimos reunirnos juntos de nuevo para esta película, sabíamos que sería la última reunión de la familia. Había una gran emoción en cada uno, con el deseo oculto de que pudiéramos volver a realizar esta experiencia nuevamente."

Filmografía esencial:

Queen For Day (1951)
Francis Goes To West Point (1952) Kid
Monk Baroni (1952)
Zombies of the Stratosphere (1952) Old
Overland Trail (1953)
The Balcony (1963)
Deathwatch (1968)
Catlow (1971)
La invasión de los ladrones de cuerpos (1978) Star Trek I: la película (1979)
Star Trek II: La ira de Khan (1982)

Star Trek III: en busca de Spock (1984)
Star Trek IV (1988) director, guionista y actor)
The transformers (1988)
3 hombres y un bebé (1987) (director)
Star Trek V: la frontera final (1989)
Star Trek VI (1991) (actor, productor y guionista)
Vincent (1992) (actor y director) El
guardián de las palabras (1994)
Jellies & Other Ocean Drifters (1996)
Carpati: 50 Miles, 50 Years (1996) First
Men on the Moon (1999)
The Tormentor (2001)
Star Trek en la oscuridad (2013)

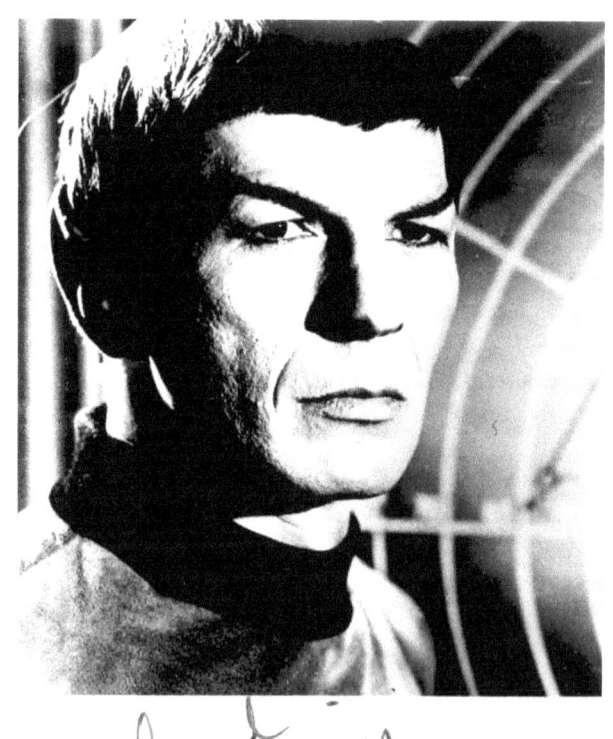

Sr. Spock

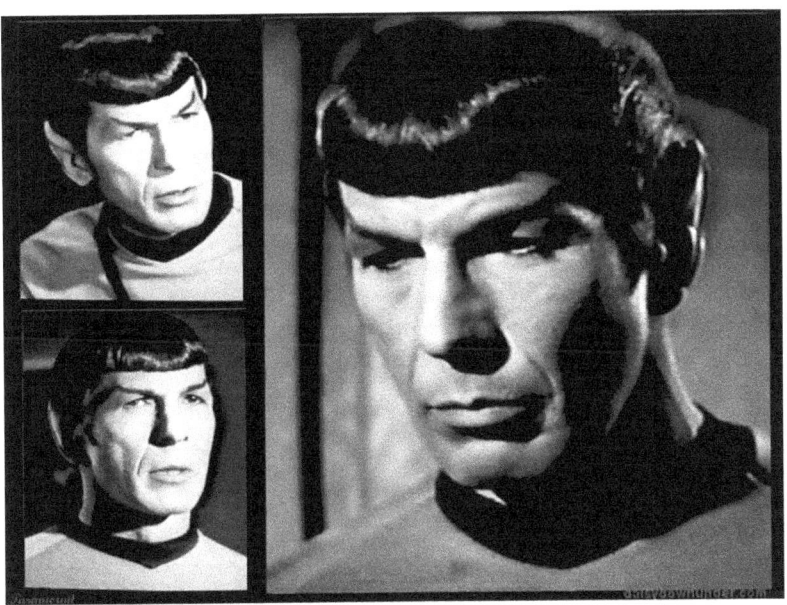

Este hombre, mezcla de vulcano y humano, nació en Shi'Kahr, Vulcano, en 2230. Es hijo del embajador vulcano Sarek y de la humana Amanda Grayson. Por ello, su naturaleza mestiza le crea no pocos problemas y conflictos de carácter, manteniendo habitualmente la gran rectitud, serenidad y disciplina de los vulcanos, mientras que por otro tiene sentimientos humanos que intenta ocultar.

Spock aparentemente tiene un primer nombre. En una conversación con Leila le dice que sí lo tiene pero que "usted no puede pronunciarlo" ("Este lado del Paraíso".) Amanda contó que le fastidiaba tener que pronunciar Sarek después de muchas horas de práctica ("Viajar a Babel".)

Según dicen, durante su infancia desapareció en numerosas ocasiones del hogar de sus padres para realizar pruebas vulcanas de supervivencia, afición que siguió hasta que en 2249 pudo ingresar en la Academia de la Flota Estelar. Esto le ocasionó nuevas confrontaciones con sus padres, quienes deseaban que perteneciera a la Academia Científica de Vulcano. Aplicado en sus estudios, consiguió graduarse en 2252, siendo destinado en 2253 al Enterprise, al principio como ayudante del capitán Pike, pasando a ser el oficial científico (número de serie S179-276SP) cuando se hizo con el mando el capitán Kirk.

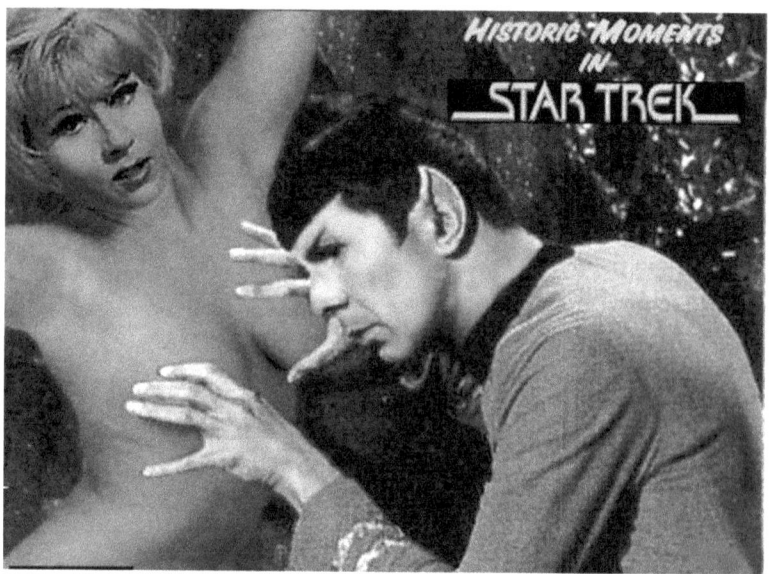

Los registros de la computadora en "Corte Marcial" establecen los primeros datos militares a partir de 2267, en donde Spock había ganado el primer premio científico vulcano "Legión de Honor", y había sido dos veces condecorado por la Academia de Vuelo.

Tras servir durante cinco años al mando del capitán Kirk, decide retirarse a Vulcano para seguir la disciplina Kohlimar, aunque aprovecha para liberarse del compromiso matrimonial que tenía con T'Pring, su prometida desde los 7 años según las costumbres vulcanas. Sin embargo, no consigue apartar de su mente las experiencias con la tripulación del Enterprise y pide su reintegro, siendo admitido de nuevo en 2271 para efectuar el viaje hasta el V'Ger. Ascendido en 2277 a capitán, le asignan el entrenamiento de los cadetes, aunque compaginando ese trabajo con el de oficial científico.

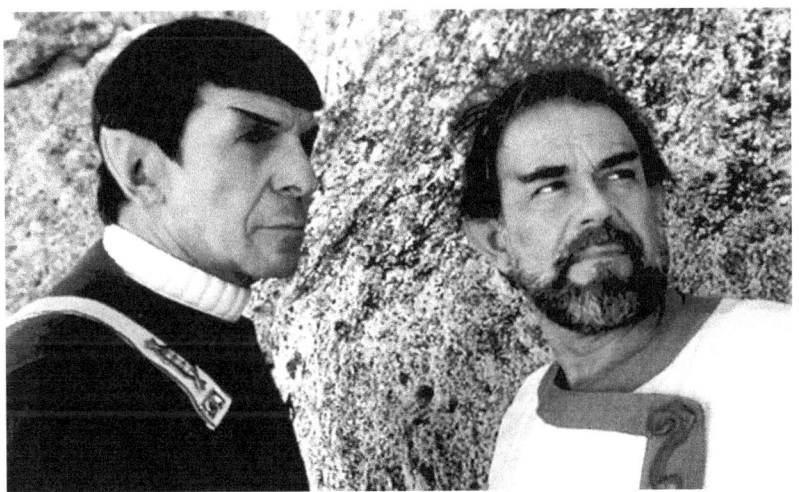

Con su hermanastro Sybok

Cuando decide inmolarse en 2285, después de la batalla contra Khan, planea conservar su Katra y para ello se la traspasa al doctor McCoy, quien sufre una crisis de personalidad al no saber qué le está sucediendo. Pronto regresa a la vida, más fuerte incluso, debiendo enfrentarse poco después a Sybok, su hermanastro, exiliado de Vulcano por sus ideas poco ortodoxas con la filosofía Vulcano. Ello le conduce a la búsqueda de Dios, lo que indudablemente le lleva a una gran decepción.

En 2293, abandonando su trabajo activo para dedicarse a la diplomacia, juega un importante papel en las conversaciones de paz entre la Federación y el imperio Klingon, y posteriormente en las conversaciones de reunificación entre Rómulo y Vulcano.

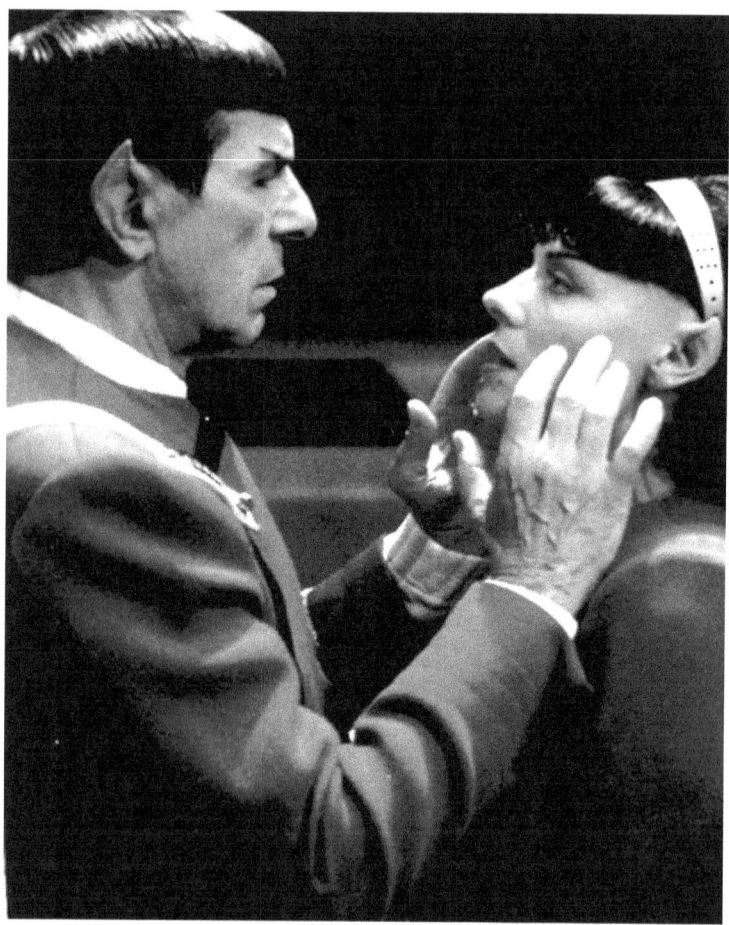

¿Podría ser Valeris una antigua novia de Spock?

En el episodio "Sarek", Picard menciona que asistió a la boda del hijo de Sarek y aunque no hay un tiempo específico para enclavar la fecha de este suceso, Picard mencionó que era un "teniente joven" en esa época. Esto parecería sugerir que la boda tuvo lugar entre el 2327 (cuando Picard se graduó en la Academia) y el 2333 (cuando Picard tomó el mando del Stargazer.) Aunque el episodio no deja claro si este hijo es Spock, Gene Roddenberry indicó que estaba seguro que así era. Esta idea es apoyada por Picard en "Unificación, Parte 1" en donde se había encontrado con Spock. No está claro si Spock estaba todavía casado en el tiempo de "Unificación."

A lo largo de su vida recopiló una amplia colección de arte, poesía, música y literatura de muchísimos mundos, entre ellos La Tierra, siendo su distracción favorita el ajedrez 3D, del que es un buen maestro.

Spock fue visto por última vez como embajador de la Confederación trabajando por la reunificación de los Romulanos con los Vulcanos, pero no sabemos de su destino más allá de esta referencia.

JAMES DOOHAN
Capitán Montgomery Scotty

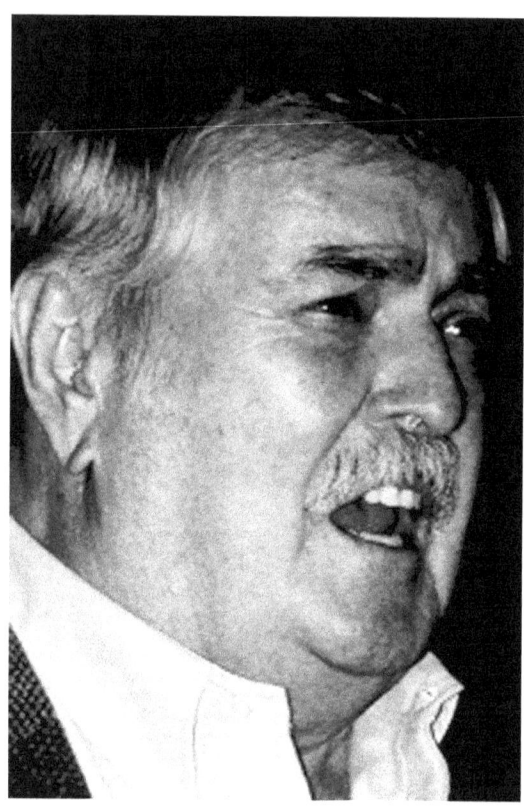

Con su fuerte acento escocés, mezclado con entonaciones canadienses (que obviamente se pierden en el doblaje), Doohan dice que le hubiese gustado que la nave Enterprise hubiera podido hacer un solo viaje sin problemas técnicos.

Confiesa que la película "Star Trek V" era espantosa y que incluso faltaba al respeto a los personajes, pero que la incorporación de Nick Meyer como guionista y director de la sexta parte, dejaron otra vez el prestigio de Star Trek a un buen nivel, del mismo modo que ya lo había logrado con la segunda entrega.

Se considera afortunado de haber podido trabajar con un actor del calibre de Christopher Plummer (intérprete de *"Sonrisa y lágrimas"*), a quien conocía de su época en la cual trabajaba como locutor de radio en Montreal, con ocasión de un homenaje a Shakespeare.

Una vez que su papel en la serie parece definitivamente acabado,

Doohan sigue manteniendo contactos con los fans de Star Trek a través de las múltiples convenciones que se celebran cada año en el mundo entero. En 1991 acudió a Alemania y allí fue recibido apoteósicamente, del mismo modo que lo fue en Australia en dos ocasiones. En este país tuvo la oportunidad de pilotar un avión de vigilancia cuando fue reconocido por el piloto del aparato, aficionado sin reservas a Star Trek. Para este hombre fue un honor dejar los mandos de su avión a un ídolo suyo y pudo comprobar, durante hora y media, que Doohan era un experto piloto.

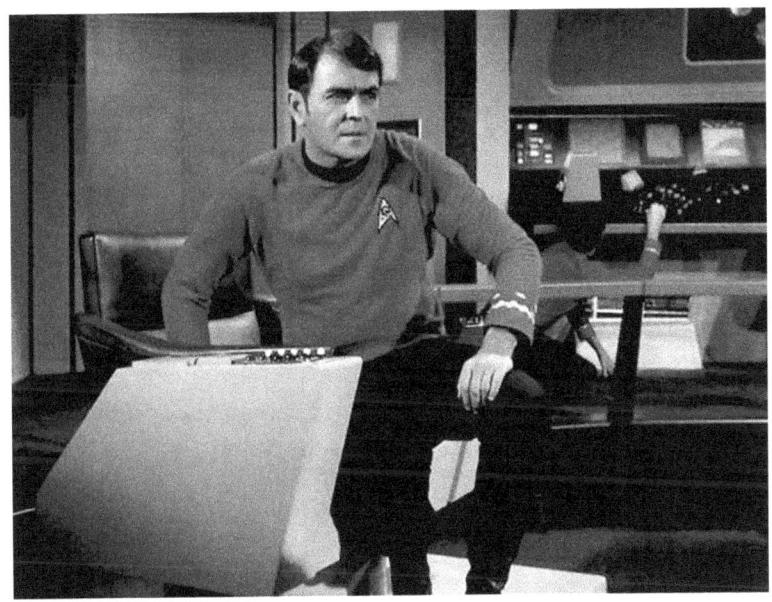

Anteriormente había sido piloto en la Real Artillería Canadiense durante la Segunda Guerra Mundial y reconoce que en los primeros vuelos sintió un pánico terrible, especialmente cuando comienza el despegue del aparato. Una vez en el aire y con el firmamento como fondo, su vocación de viajero de las estrellas empezó a generarse.

Posteriormente a su licenciamiento de la Real Caballería Canadiense, Doohan estaba en Londres cuando se presentó en la

Academia de Artes Radiofónicas para seguir uno de los primeros cursos de interpretación y allí le dieron una beca por dos años para que actuase en el Teatro Vecindario de Nueva York, entrando ya definitivamente en el mundo del espectáculo.

Profesionalmente se inició en la televisión en 1949, en la época de los primeros programas en directo y trabajó en series en su tiempo populares como *"Martin Kane, el ojo privado"*, en donde hacía el papel de un detective privado. También hizo de presentador de televisión en más de cuatrocientos programas en directo y en 1954 intervino en *"Flight into Danger"*, una historia de suspense con catástrofes aéreas incluidas.

Estudió en la universidad, aunque su gran pasión por las matemáticas, la química y la física, le hacía que suspendiera el resto de las asignaturas, por lo que tuvo que abandonar sus estudios.

Recientemente ha intervenido poniendo su voz al prólogo de la ópera musical *"Regreso al Planeta Prohibido"*, basada en la película del mismo título, así como ha tenido una breve aparición en *"Knigth Rider 2000"* para la televisión.

Apareció por última vez en la serie de Star Trek en 1992 en el capítulo "Relies."

En 2004 se le diagnosticó Alzheimer, apartándose definitivamente del mundo del cine. Murió el 20 de julio de 2005.

Últimas películas:
The Duke (1999)
Through Dead Eyes (1999) Star
Trek: Generations (1997)
Storybook (1995)

Capitán Scotty

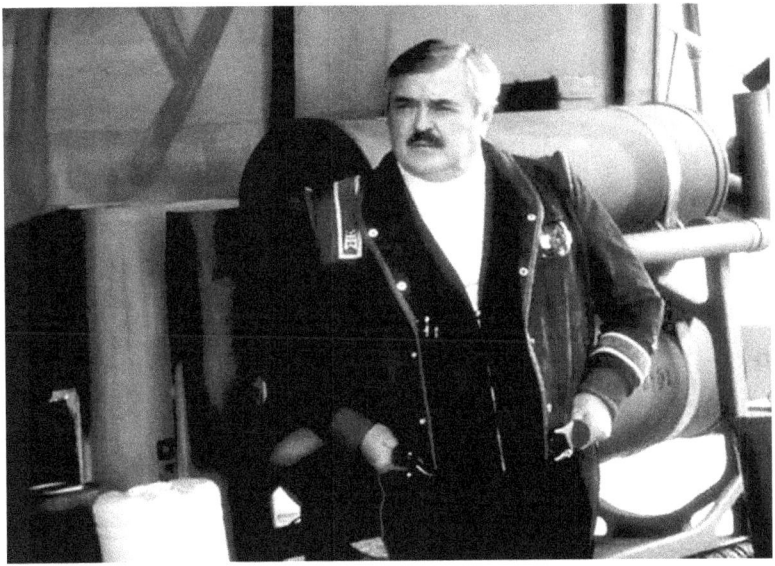

Podemos especular que Scotty nació en Escocia en 2222. Esto supone que tendría 44 años, la misma edad que el actor James Doohan durante la primera temporada de la serie original de Star Trek (2266.) Scotty se formó en la Academia de la Flota Estelar en los años 2240-44 y sirvió como consejero de ingeniería en unas minas situadas en el cinturón de asteroides del sistema Denevan ("Operación: Anonade".) Este era aparentemente su trabajo anterior al del Enterprise, en el cual comenzó en 2264 a encargarse del Enterprise, y participó en la misión exploración de 5 años al mando del capitán Kirk. Durante la misión salvó la situación improvisando en casos de críticos problemas, lo que le dio su fama de "ingeniero milagroso". Una vez finalizada la misión de exploración, se pasó 18 meses poniendo a punto y modernizando los sistemas del Enterprise.

Llamado cariñosamente "Scotty", y designado con el número de serie SE-197-54T, solía dedicar sus horas libres a repasar complicados manuales técnicos, hasta que un día de 2294, después de 52 años de carrera, decidió retirarse. Trabajador insustituible en 11 naves diferentes, se retiró del servicio activo cuando tenía ya 72 años, pero estuvo a punto de morir en un accidente acaecido cuando se dirigía a la colonia Norpin, pues su nave se estrelló contra una esfera Dyson. Malherido y sin poder refugiarse en la nave, se introdujo en un bucle infinito del transportador, perdiendo su materia orgánica, siendo recuperado casi 75 años después, cuando la tripulación del USS Enterprise NCC 1701-D encontró la nave. Tras ser rescatado, Scotty se fue en una de las lanzaderas que le cedió el capitán Jean-Luc Picard.

Como buen escocés, se le ha visto con falda escocesa, sabe tocar la gaita y tiene una notable colección de bebidas alcohólicas de la galaxia. Posiblemente misógino a la fuerza, nunca se casó, aunque tuvo un romance con la miembro de la tripulación Mira Romaine en 2269, que duró hasta que ella fue transferida a Memory Alfa poco después. Años más tarde, Uhura expresó un interés en un romance con él, pero nunca llegaron a nada serio.

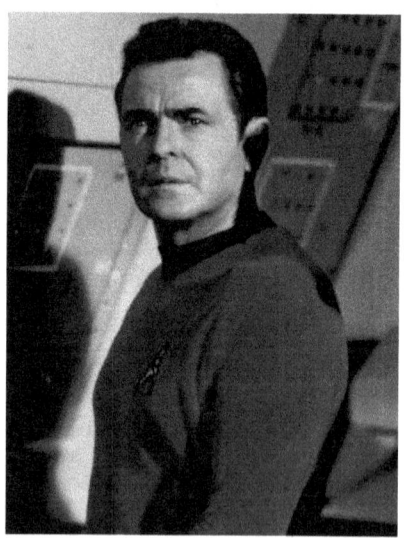

WALTER KOENIG COMANDANTE
PAVEL CHEKOV

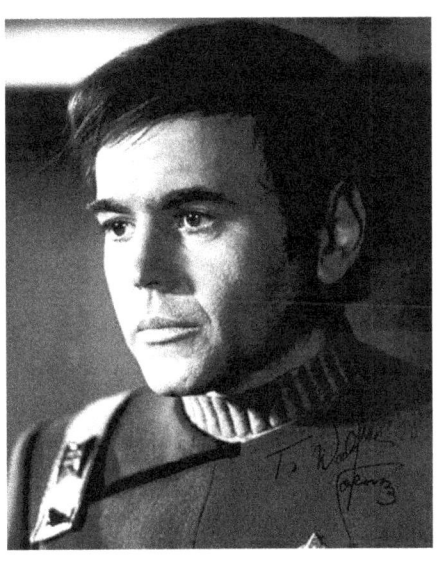

Este hijo de una familia de emigrantes judíos lituanos, nacido en Manhattan en el año 1936, siempre quiso ser actor, por lo que muy joven se matriculó en una escuela de arte dramático, iniciándose en la Compañía de Teatro Comarcal de Nueva York. Entre sus compañeros de estudios destacan James Caan o Dabney Coleman. Una vez concluidos sus estudios, viajó con esa compañía de ciudad en ciudad representando papeles en obras de teatro y series de televisión, llegando incluso a producir y escribir en 1967 el guión de una película titulada "I wish I may". Ese mismo año le llegó su gran oportunidad al entrar a formar parte del reparto de Star Trek. Desde entonces y salvo un trabajo en el filme "Moontrap" en 1989, su vida como actor ha estado ligada a esta larga serie.

Cuando la serie Star Trek hubo cumplido los 25 años en las pantallas mundiales, muchos críticos demandaron un relevo entre los tripulantes del Enterprise, a los que acusaron de convertir a la nave en un asilo de ancianos. Estos críticos, con edades que no superaban los 30 años, no tenían en cuenta que los aficionados a Star Trek habían envejecido al mismo tiempo que los actores y, por tanto, seguían siendo entusiastas de su legendarios personajes.

Pero los productores de la serie opinaron que si no se buscaban nuevos fans para Star Trek la saga podía terminar muy pronto y de una manera discreta empezaron a efectuar el relevo de los actores. En "Star Trek: generación", el cambio fue efectuado con bastante éxito y casi del agrado de todos.

"Siempre me he quejado de no haber podido participar más intensamente en la serie y de que los personajes de Kirk y Spock hayan sido el eje central de todas las películas, pero es el precio que debo pagar por ser un actor secundario. De todas formas, creo que los actores secundarios hemos dado un soporte a Star Trek imprescindible y me desilusionaría que los aficionados nos olvidasen demasiado pronto."

"El principal problema para este desplazamiento quizá radica en nosotros mismos, ya que al contrario que Shatner o Nimoy, quienes fueron en ocasiones guionistas, productores y hasta directores de parte de la serie, los demás nos limitábamos a efectuar nuestro papel."

"No tengo ni idea de lo que haré una vez concluida la serie, o mejor dicho, mi trabajo en ella. He interpretado una película de ficción titulada "Moontrap" que solamente ha llegado al mercado del vídeo y eso hace muy poco probable que exista una segunda parte."

"Creo que parte de la culpa del cese de nuestro trabajo con Star Trek se debe, no tanto a nuestra edad, sino a "Star Trek V: la última frontera" que resultó un auténtico desastre económico. A punto estuvo de suspenderse toda la continuidad de la saga a causa de las numerosas críticas que recibimos, muchas de ellas justificadas. Incluir a Dios como protagonista fue la gota que colmó el vaso de los aficionados."

Pero este susto no fue el único que le dieron a Koenig durante su trabajo en Star Trek, ya que hace muchos años, en 1969, Roddenberry les comunicó que la serie de televisión había sido cancelada. Unas semanas después los miles de cartas que llegaron a la emisora de televisión, reclamando nuevos capítulos, obligaron a los productores a reconsiderar su postura y reanudar el rodaje. Desde ese momento se contrataron nuevos y mejores guionistas, todos expertos en ciencia-ficción, y se humanizó al máximo a los personajes, con sus debilidades y sentimientos totalmente expuestos. La trama central debía ser siempre la victoria del bien sobre el mal, el canto a la lealtad y la amistad, además de no incluir escenas violentas que pudieran ser objeto de crítica.

"Mis compañeros y yo hemos durado 25 años bajo un mismo contrato, y eso es algo que ningún otro actor puede decir. La sensación de estabilidad que teníamos se dejaba notar en nuestro trabajo, plenamente conscientes de que al día siguiente volveríamos al estudio a seguir trabajando."

Pero aunque la mayor parte de su trabajo haya estado ligado a "Star Trek", lo cierto es que entre el cine y la televisión ha intervenido en 40 películas, incluyendo alguna superproducción televisiva, tal y como le vimos en el papel de Alfred Bester en "Babylon 5", un serial de ciencia-ficción que ha tenido un éxito discreto.

Respecto a ese filme del cual dice que ni siquiera se estrenó en la gran pantalla, "Moontrap", debemos reconocer que estuvo adecuado interpretando el papel principal y además, el pase a vídeo fue casi un gran éxito comercial.

Fuera de la interpretación, Koenig ha escrito guiones para series como Family, Matthew Starr, Land of the Lost, Class of '65; libros como "Chekov's Enterprises" o "Buck Alice and the Actor-Robot"; la miniserie de cómics en tres números "Raver"; y la película "You're Never Alone When You're A Schizophrenic", que fue finalista en el año 1996 en el "New York Film Festival Awards"; y su autobiografía "Warped Factors : A Neurotic's Guide to the Universe".

Koenig y su esposa Judy Levitt tienen dos hijos y viven en Los Ángeles.

Filmografía esencial:

2015 Cowboys & Engines

2005 Star Trek New Voyages

2003 Star Trek: Shatered Universe (voz) 2000 "The Privateers"
1997 "Drawing Down The Moon" 1997 "Space Cadets"
1997 "Blonde Justice"
1996 "Maximum Surge"
1994 "Star Trek Generations"
1991 "Star Trek VI: The Undiscovered Country" 1989 "Star Trek V: The Final Frontier"
1989 "Moontrap"
1986 "Star Trek IV: The Voyage Home" 1984 "Star Trek III: The Search for Spock" 1982 "Star Trek: The Wrath of Khan"
1979 "Star Trek: The Motion Picture"
1973 "Deadly Honeymoon"
1962 "The Norman Vincent Peale Story" 1961 "Strange Loves"

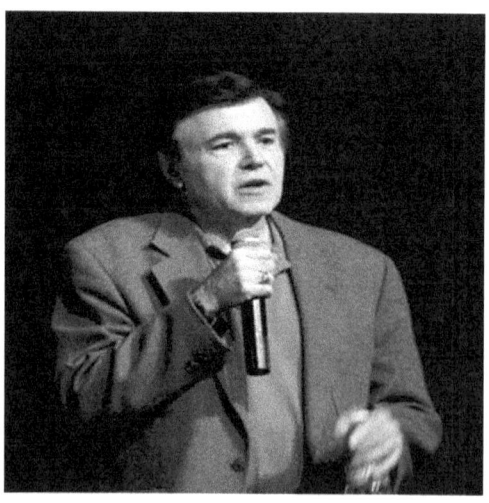

CHEKOV

Chekov nació como hijo único en 2245, entrando muy joven en la Academia de la Flota Estelar, pues apenas tenía 18 años, siendo instruido como oficial táctico (alférez) con el número 656-5827B. Esto hizo que fuera el tripulante más joven bajo el mando del capitán Kirk, pero ello no le impidió desempeñar con éxito las funciones de navegante y colaborar arduamente con Spock, pues tenía ganada su confianza.

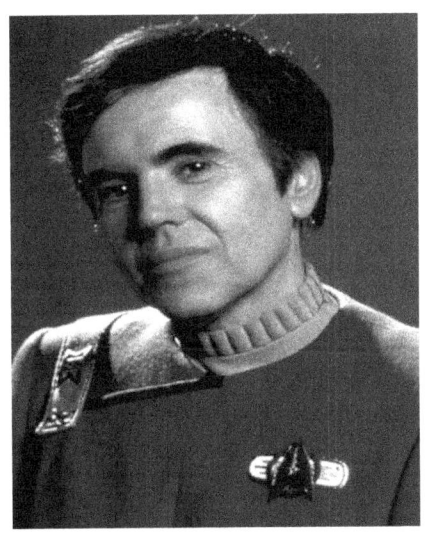

Después de retornar del largo viaje de cinco años bajo el mando del capitán Kirk, Chekov es ascendido a teniente, incorporándose de nuevo al Enterprise durante el incidente del V'ger como jefe de seguridad, aunque un nuevo ascenso a comandante le separa de sus compañeros y es destinado al USS Reliant como oficial científico, bajo el mando del capitán Clark Terrell. Desgraciadamente el cambio dura poco, pues en los sucesos de Génesis el Reliant resulta destruido, regresando Chekov al USS Enterprise NCC-1701-A, de nuevo como navegante.

Con anterioridad al trabajo de Chekov en el Enterprise, se involucró románticamente con una mujer llamada Irina Galliunin. Ambos habían estado aparentemente en Starfleet, aunque Irina renunció a continuar porque se sentía incómoda al no tener un cargo directivo en la organización ("A manera del Edén".) Chekov dijo que él tenía 22 años de edad en "Qué pena de Adonais" (2267).

NICHELLE NICHOLS
Comandante Uhura

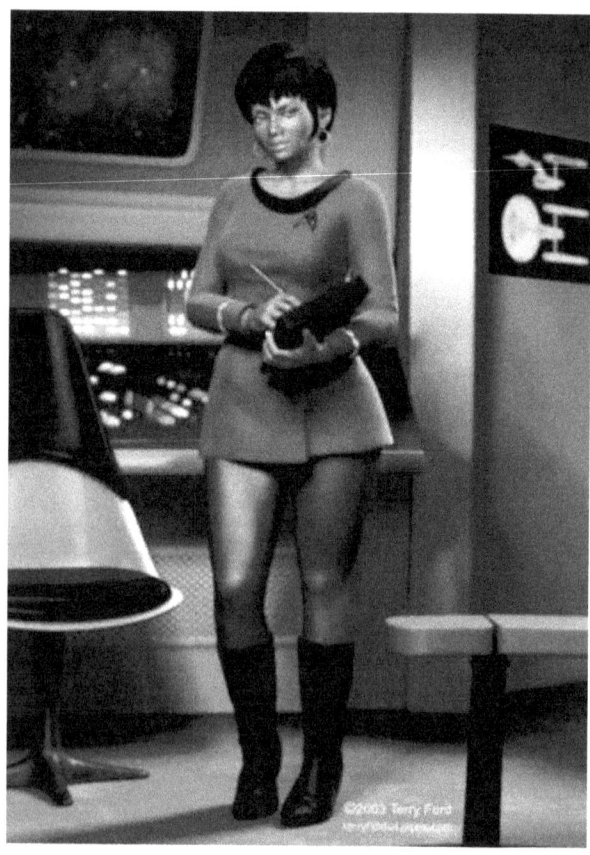

Nichols nació en Robins, IL, cerca de Chicago, donde comenzó a soñar con cantar, bailar y actuar. A los 16 años de edad cantó con Duke Ellington en un ballet que ella misma creó para una de sus composiciones, y posteriormente se incorporó a la propia orquesta de Duke. Poco después, Nichols se incorporó al mundo del cine y trabajó junto a Sammy Davis Jr. en *Porgy and Bess, You've Got to Be Kidding, Made in Paris y Mister*

Buddwing con James Garner. Las siguientes oportunidades llegaron con *Antonio y Cleopatra*, una producción de Horowitz y *Mrs. Washington* y, más recientemente, *El Supernatural*.

Y respecto a su trabajo en Star Trek, confiesa que veinticinco años, un cuarto de siglo, hacen que encuentre muy duro su trabajo.

"¿Parece absolutamente imposible, no? Es maravilloso y fastidioso a la vez; es fenomenal e increíble" dice apasionada la actriz sobre Star Trek.

Ese legado vive eternamente sobre Star Trek VI en el cual Nichols, una vez más, hace su papel como Comandante Uhura.

"Star Trek VI permanecerá siempre como una de las mejores películas cinematográficas de la serie, aunque mis favoritas incluyen 'La ira de Khan' y 'Star Trek IV'. Es la primera vez que hemos utilizado el reparto al completo y estoy segura que los aficionados lo habrán sabido apreciar."

Gene Roddenberry pidió a Nichols que se incorporara a bordo del Enterprise después que hubiera actuado como estrella invitada en la serie *El Teniente*, siendo la mejor oferta de toda su vida. Ella cree que la maduración personal y de Uhura han ido siempre de la mano y eso le ha dado un carácter muy fuerte. En la serie aprendió a no jugar con su trabajo ni a llevar su vida de manera vana, superflua. Como sus compañeros dicen: esto no es un ensayo con vestimenta; esta es su vida. Todos los días son importantes.

"Cuando yo aprendo algo, también gano algo, ya sea artísticamente o espiritualmente. Por eso ahora tengo más felicidad y éxito que cuando comencé. Ahora la vida me parece emocionante."

También están emocionados con Nichol sus admiradores, quienes encuentran muy interesante su tranquilidad para asumir las contrariedades.

"He conseguido también trabajar en el mundo del espectáculo como una mujer-show y eso llena mis ambiciones personales. Espero que muy pronto pueda estrenar una obra musical en Broadway."

Recientemente consiguió un papel en *Song from the Galaxia* y colaboró en la publicación de un libro titulado *The Uhura Connection*.

Hace años, sin embargo, Nichelle Nichols casi abandonó el papel que la haría famosa. Quiso perseguir otros proyectos y restringió su trabajo en el Enterprise. Afortunadamente, el no menos importante Dr. Martin Luther King la convenció para que reconsiderase su postura con estas palabras:

"Usted y yo somos una mujer y un hombre afroamericanos –le dijo Luther King- *y Uhura no hace el papel de una hembra ni un papel étnico. Usted está en un papel marcado por la fortaleza y la compasión, que ha logrado desarrollar a través de los años. Usted es ahora mucho más importante a los ojos de la gente que antes y el mundo nos ve como quiere vernos, por eso necesita a mujeres como usted."*

Otra vez, la actriz participó en el primer beso interracial de la TV, compartiendo la pantalla con Abraham Lincoln y ahora en el Enterprise. Nichols abrió una puerta que puede ser que nunca se cierre y, de hecho, ayudó al cambio de cara en la televisión

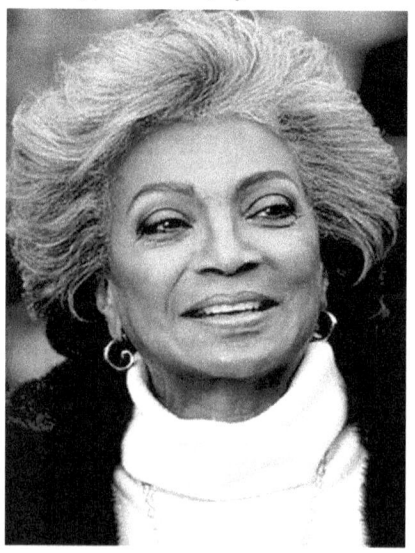

para siempre. Según admite, *"ningún logro es pequeño, por eso estoy muy orgullosa."*

A través de los años con su personaje Uhura, Nichols ha interpretado muchas vidas. Una mujer joven y ardiente en un período de su vida vulnerable y agitado, como si fuera una hermana suya del siglo XXIII.

"Como un tributo a Uhura y Gene Roddenberry, otra mujer, ganadora de premios de la Academia, actualmente vagabundea por el siglo XXIV como Guinan en "Star Trek: La nueva generación." Su nombre es Whoopi Goldberg" -dice Nichols con gran orgullo.

Todos los admiradores saben que Nichols ha participado fervientemente en el programa del trasbordador de la NASA. Ella formaba parte de seis mujeres y tres hombres negros, así como del primero de los astronautas indios que se habían integrado en el programa espacial. Cuando tres de los pilotos perecieron en la tragedia del Challenger de 1986, Nichols ha continuado defendiendo el programa del trasbordador espacial. Desde ese día, sirve como embajadora de buena voluntad.

"Estos son algunos de los atractivos que tiene mi vida desde que me involucré en Star Trek."

"Si las aventuras de los personajes originales de Star Trek han terminado ya, quisiera agradecer a los millones de aficionados su apoyo durante tantos años. Amo la filosofía de Star Trek, y a Gene Roddenberry por su locura y su buen hacer."

Últimas películas:

The order (2017)
Lady Magdalene (2006) Are We
There Yet (2005) Are We There
Yet? (2005) Surge of Power
(2004) Snow Dogs (2002)

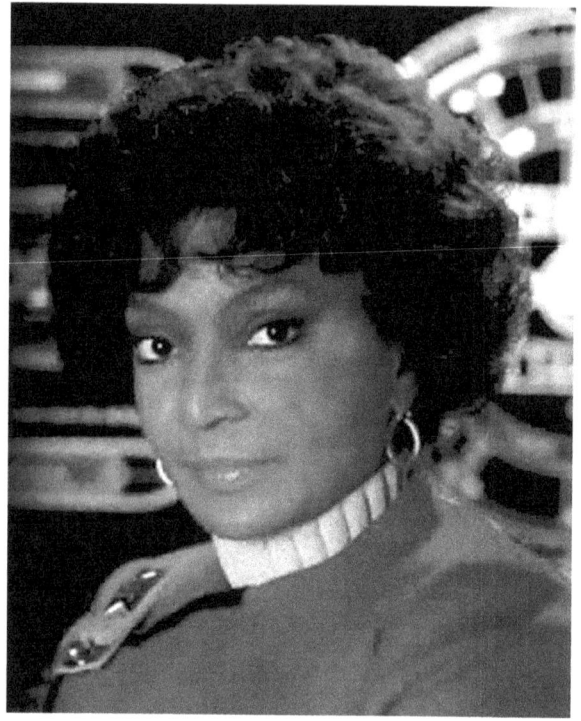

Uhura

Notablemente discreta sobre su pasado (quizá ni siquiera se llamaba así anteriormente), podemos especular que nació en el 2239, y que había cumplido 27 años cuando empezó en el Enterprise original. Esto nos hace equiparar la edad de la actriz con su propio papel.

Ingresó muy joven en la Academia, posiblemente en 2257, y allí descubrió su vocación hacia las comunicaciones y la lingüística, hasta que en 2266 fue destinada al USS Enterprise como oficial de comunicaciones, bajo el mando del capitán Kirk, destacando como la más célebre oficial de comunicaciones de la Federación.

En 2271 es ascendida a lugarteniente bajo el mando del capitán Will Decaer y seis años después es asignada a la academia como instructora de cadetes. Natural de los Estados Unidos de África, en 2292 aceptó su traslado a la Academia como instructora de oficiales de comunicaciones de máximo grado, aunque un año después, tras el incidente de Praxis, que desembocaría en la firma del tratado de paz Federación & Klingon, regresa al Enterprise con sus compañeros para participar en la conferencia de Khitomer.

También la hemos visto seducir al enemigo portando una minúscula minifalda mientras cantaba una melódica canción, así como conservar la serenidad cuando las cosas se ponen feas.

El nombre de Uhura significa "libertad" (en swahili) y es un fiel reflejo de su profesión y personalidad.

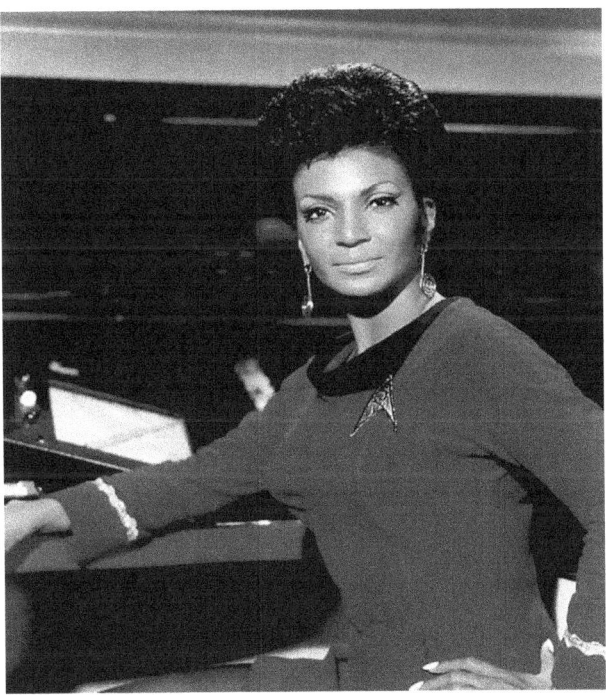

GEORGE TAKEI
Capitán Sulu

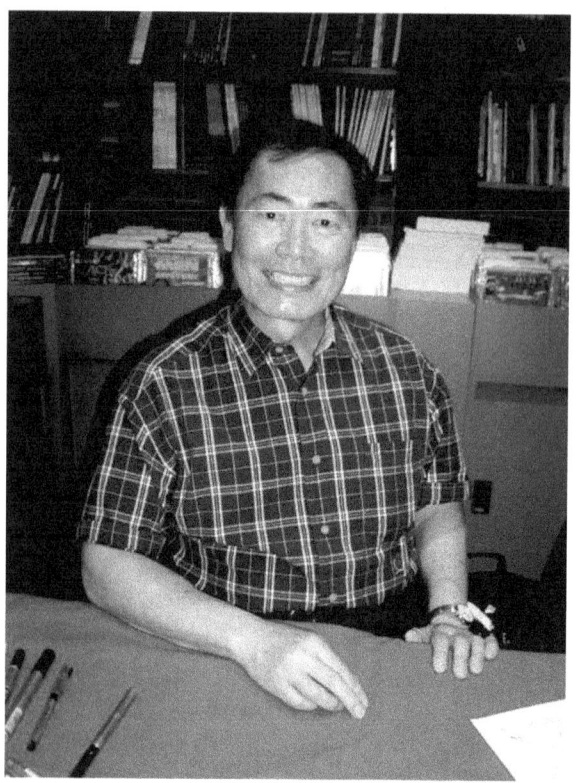

Nacido en Los Ángeles, CA. sabe hablar inglés, japonés y español, habiendo cursado estudios en la escuela secundaria de Los Ángeles y posteriormente en la Universidad de UCLA en la academia de teatro.

George Takei (pronunciado como takay), es más conocido por su papel de Sr. Sulu en la serie de televisión Star Trek, aunque ha interpretado veintisiete películas para la gran pantalla e intervenido en cientos de programas de televisión como invitado. Tan grande es su fama que recibió una estrella en el Mann's Chinese Theater de Hollywood en 1986 y puso su huella en

1991. Persona sumamente activa en su comunidad, es presidente del Museo Nacional americano japonés y miembro de la Comisión de la Amistad entre Estados Unidos y Japón.

Su trabajo en el cine comenzó hace cuatro décadas, durante un verano, siendo estudiante de segundo año en la Universidad de California en Berkeley, cuando George contestó a un anuncio del periódico puesto por una compañía de cine en busca de nuevas voces. La película era "Rodan" (estrenada como "Los hijos del volcán"), un filme japonés de ciencia-ficción clásico sobre una criatura prehistórica que aterroriza a los habitantes de Tokio. En esa primera fase como actor de doblaje trabajó para la MGM en Culver, California, doblando películas originales japonesas al inglés y creando ocho voces distintas.

Su debut como actor fue en series de televisión como *Playhouse 90,* mientras que en el cine comenzó en *Ice Palace* con Richard Burton. Además de los capítulos de Star Trek para la televisión, le vimos en *Diagnosis Murder, 3rd Rock From the Sun, In the House, John Woo's Once a Thief, Homeboys in Outer Space, Muppets Tonight, Mission: Impossible, Twilight Zone, Perry Mason, Hallmark Hall of Fame, Miami Vice, I Spy, Marcus Welby, M.D., Hawaiian Eye, Hawaii Five-O, Ironside, Kung Fu, Mr. Novak, Mr. Roberts, The Six Million Dollar Man, Voyage to the Bottom of the Sea,* The *Courtship of Eddie's Father, MacGyver, My Three Sons,* y *Murder She Wrote,* entre otros.

Su trabajo en el teatro es igualmente importante y ha sido galardonado con el primer premio en el festival de Edimburgo, interviniendo también en una versión musical de Blancanieves en Brighton, Inglaterra, y como el genio de Aladdin en el Hexagon Theatre en Reading, Inglaterra.

Como deportista especializado en la carrera a campo traviesa, ha completado cinco veces las 26.2 millas y portado la Llama Olímpica en los Juegos de Los Ángeles en el 1984. Residente en Los Ángeles, solía comenzar el día con un paseo a través del parque de su barrio, el Hancock, normalmente acompañado por su perra La Reina Blanca.

SULU, HIKARU

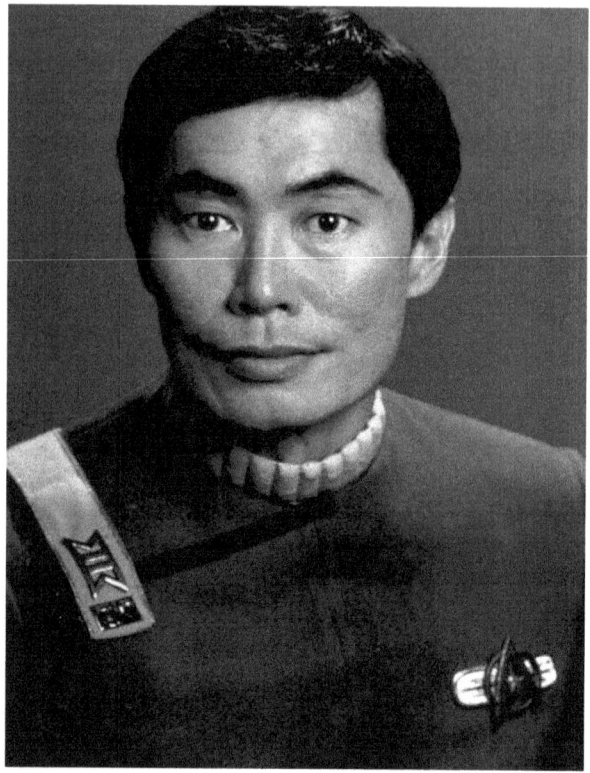

Casi nadie conoce el pasado de Sulu, aunque él mismo nos aporta su primer nombre (Hikaru) en "Star Trek VI", estableciendo su ciudad natal en San Francisco en "Star Trek IV." Por eso especulamos que tenía 29 años cuando empezó a trabajar por primera vez en el Enterprise, sugiriendo una fecha de nacimiento en el 2237.

Sulu entró la Academia de la Flota Estelar a los 18 años, en el 2255, y se graduó en el 2259, subiendo a bordo del Enterprise al mando del capitán Kirk en 2265 con el rango de lugarteniente, para participar en la famosa misión de 5 años explorando el espacio; su trabajo consistía en controlar el departamento físico, aunque un año después es trasladado al puente como timonel del Enterprise.

Pronto se gana la confianza de Kirk, y no pocas veces se queda al mando del Enterprise cuando el capitán tenía que bajar a algún planeta, algo que le permitió obtener experiencia a los mandos de una nave estelar. Su buen trabajo le lleva en 2270 hasta el Enterprise bajo el mando de Will Decaer, siendo asignado siete años después como instructor en la Academia de la Flota Estelar.

En 2290, tras realizar con éxito numerosas misiones al mando de Kirk, es ascendido a capitán y se le da el mando del USS- Excelsior, participando en los trabajos científicos de catalogar anomalías gaseosas en el Cuadrante Beta. Como sabemos, en una de estas misiones, en 2293, su nave se ve afectada por la onda de choque de la explosión de la luna de Praxis, (ST6), accidente que desembocaría en una alianza entre el imperio Klingon y la Federación tras la conferencia de paz de Khitomer.

Gran experto manejando la katana, fruto de su pasión por las armas antiguas, también se siente atraído por la botánica, el té y las artes marciales, aficiones que no le impidieron encontrar tiempo para casarse y tener una hija en el año 2270 llamada Demora, la cual ingresó en la Flota Estelar y sirvió como timonel en el nuevo USS Enterprise bajo el mando del capitán John Harriman. En esa botadura fue cuando sucedieron los hechos del Nexus, durante los cuales murió Kirk.

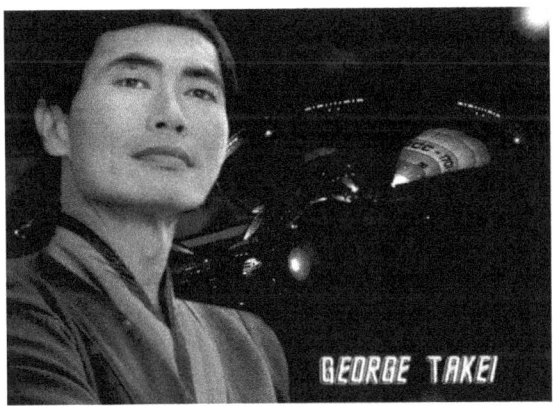

DEFOREST KELLEY
Dr. Leonard "Bones" H. McCoy

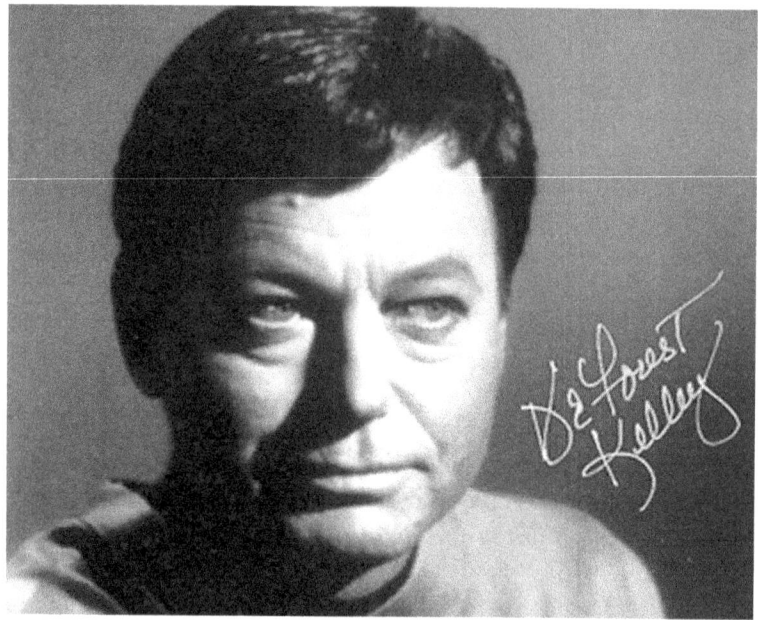

Nacido en el año 1920 en Atlanta, Georgia, Kelley tuvo sus primeras experiencias artísticas cantando en el coro de una iglesia cuando aún era muy joven, lo que le permitió ser oído por un directivo del Teatro Paramount de Atlanta y ser contratado entonces como cantante. Una vez que finalizó su contrato, se fue a vivir a California y allí trabajó ya como actor en el *Long Beach Theatre Group*, hasta que fue llamado para ingresar en la Armada de los Estados Unidos. Durante dos años alternó su labor castrense con la de actor en pequeñas intervenciones cinematográficas militares, siendo observado por un buscatalentos de la Paramount que le ofertó su primera intervención seria en el cine en 1947 con la película *"Fear of the Night"*, justo dos años después de haberse casado con Carolyn Dowling.

Pero esa película no tendría continuidad y trabajó en diversas empresas teatrales y televisivas (entre ellas "Bonanza") durante varios años, hasta que consigue cierto éxito con la película *"Duelo de titanes"* en 1957.

Murió el 11 de junio de 1999 en Los Ángeles.

"Después del estreno de Star Trek V, ninguno de nosotros daba un duro por la continuidad de la serie. Cuando nos despedimos estábamos seguros de que no nos volveríamos a ver como no fuera para tomar una cerveza. Creo que alguien se sintió a disgusto con cerrar el capítulo de Star Trek de esta manera, con la protesta de los fans, y decidió que había que intentarlo de nuevo con Star Trek VI."

"Cuando supimos que la tripulación del Enterprise iba a ser sustituida definitivamente por otros actores, todos tuvimos la sensación de haber dejado atrás la mejor época de nuestras vidas. Por supuesto, no hubo ninguna fiesta para celebrarlo, ni nadie que dijera: encantado de haber trabajado contigo."

"Un momento memorable fue cuando celebramos el 25 aniversario de Star Trek en el auditorio Shrine de Los Ángeles, al cual habían acudido 6.500 fans de todo el mundo. Allí tuve una pequeña discusión con Shatner, ya que los dos habíamos preparado el mismo discurso, aunque yo me las arreglé para salir antes."

"Nadie ha hablado nunca seriamente de retirarse definitivamente de la serie y algunos de nosotros hemos vuelto a salir como estrellas invitadas. El más reacio a ello es Nimoy que no quiere volver nunca más a ser Spock; dice que le ha marcado definitivamente."

Filmografía esencial:

1948 Canon City (*Canon City*)
1956 El árbol de la vida (*Raintree County*)
1956 Ansiedad trágica (*Tension at Table Rock*)
1957 Duelo de titanes (*Gunfight at the O.K. Corral*)

1958 Desafío en la ciudad muerta (*The Law and Jake Wade*)
1959 El hombre de las pistolas de oro (*Warlock*)
1979 Star Trek (*Star Trek: The Motion Picture*)
1982 Star Trek 2: la ira de Khan (*Star Trek: The Wrath of Khan*)
1984 Star Trek 3: en busca de Spock (*Star Trek III: The Search for Spock*)
1987 Star Trek: la Nueva Generación (*Star Trek: The Next Generation –Encounter at Farpoint*)
1987 Star Trek: Misión salvar la Tierra (*Star Trek IV: The Voyage Home*)
1989 Star Trek: La última frontera (*Star Trek V: The Final Frontier*)
1992 Star Trek: aquel país desconocido (*Star Trek VI: The Undiscovered Country*)

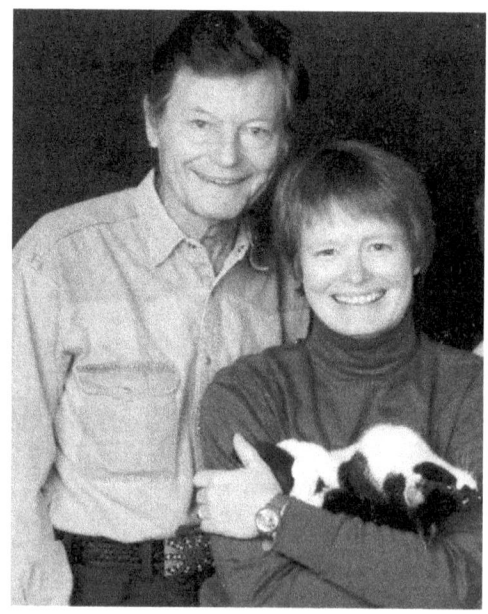

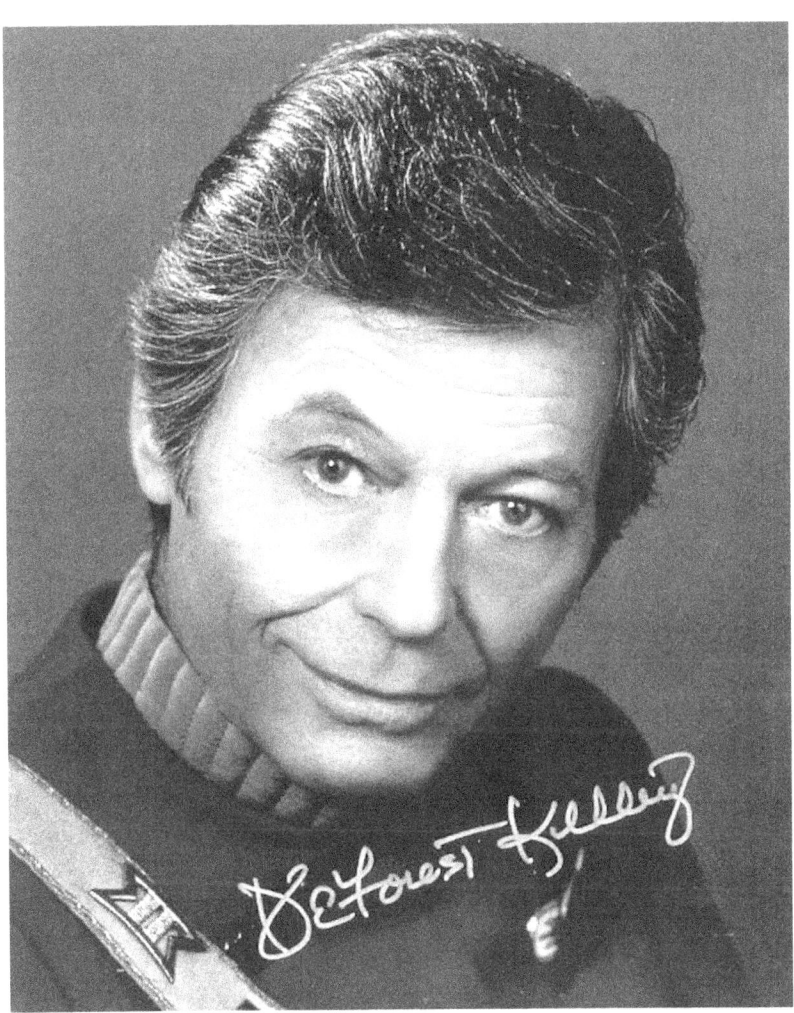

Doctor McCoy

El doctor McCoy es la persona que se ocupa de la salud de los tripulantes e invitados del Enterprise desde el año estelar 2266, aunque fue retirado del cargo durante cinco años hasta que se

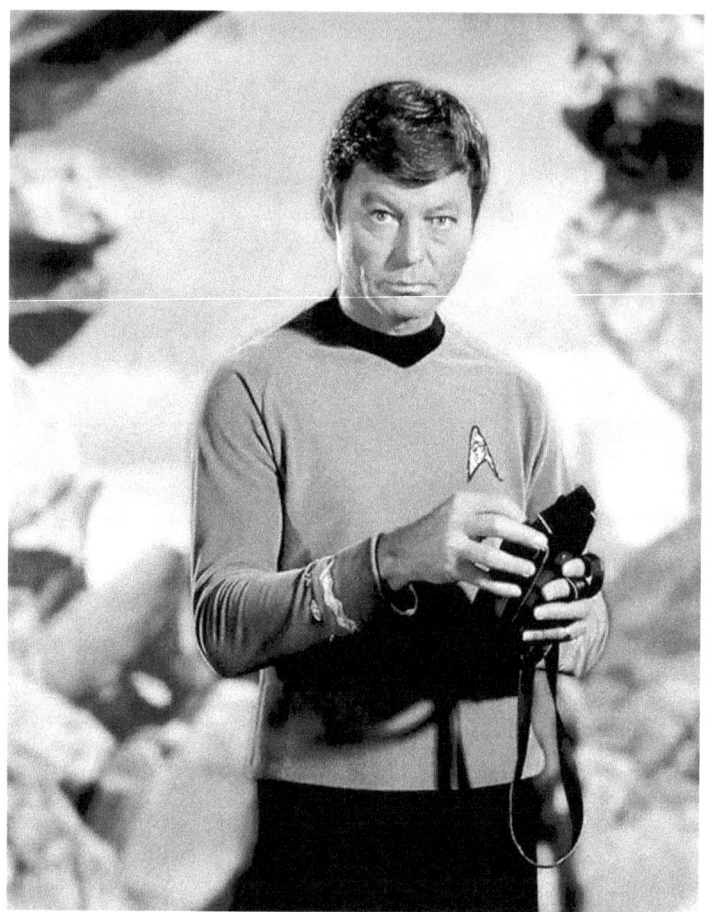

reincorporó para realizar el vuelo hacia el V'ger, un gran ordenador que estaba intentando comunicarse con su creador, precisamente la raza humana. Fue también la persona elegida por el Sr. Spock para recibir todo su legado científico cuando éste decidió inmolarse en bien de la tripulación del Entreprise. Desde el año 2295 permanece semiretirado de su trabajo con el grado honorífico de Almirante.

La incertidumbre rodea su historia anterior, desarrollada por Dorothy Fontana y Gene Roddenberry en la cual mencionan a un McCoy casado, pero esa boda parece ser que terminó en un divorcio amargo. Esta pudiera ser la causa que le indujo a McCoy a abandonar la práctica de la medicina privada y ser un Starfeet, aunque conservó cierto rencor por su vida pasada.

Una historia igualmente interesante es la descrita en un episodio de Dorothy Fontana llamado "Joanna," donde aparecía una hija mayor de McCoy incorporándose al Enterprise. Realmente este episodio no llegó a filmarse, pero se aprovechó parte de esta idea en el episodio "A manera del Edén." Dado que nada de este material se incorporó en otros capítulos, tampoco podemos considerar los datos como fidedignos, aunque servirían para explicar su eterno malhumor y deseos de polémica.

Hay alguna posibilidad, sin embargo, pues por lo menos algunos de estos puntos podrían ser algún día de importancia en Star Trek, lo mismo que podemos confirmar los años pasados en la Academia. Este manuscrito, escrito por David Loughery para ser producido por Harve Bennett, hablaba de los primeros días de nuestros héroes, y contradecían la idea de que McCoy no asistió a la Academia hasta después de sus días de instituto. En muchos aspectos, la historia de su boda, su hija y los años de academia, parecen ciertos, aunque nunca podremos establecer con precisión si la historia real se ha relatado en los episodios de televisión o en las películas.

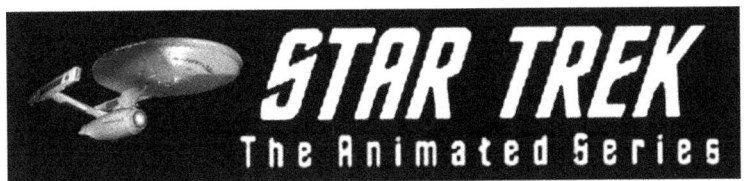

La serie Animada

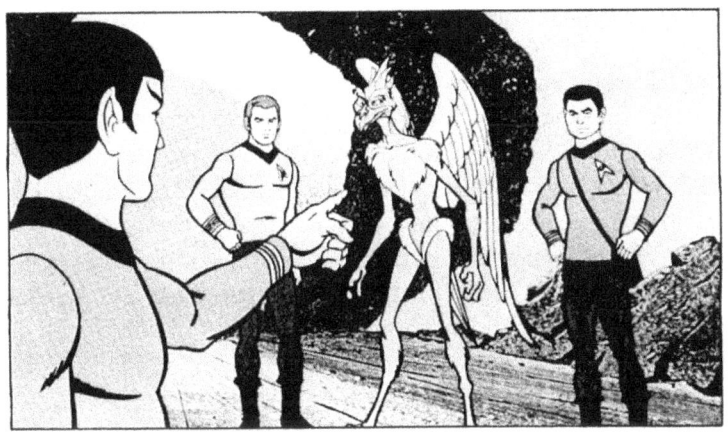

En 1969 "La Serie Original" de Star Trek fue cancelada por la cadena NBC después de tan sólo 3 temporadas debido a los bajos niveles de audiencia. Muchos pensaron que ese era el fin de Star Trek, pero en los años siguientes la saga experimentó un fenomenal resurgimiento. La televisión pública había comenzado a repetir los 79 episodios originales, lo cual permitió que mucha gente se enganchara con la serie.

El éxito de la saga no pasó desapercibido para los ejecutivos de la empresa Filmation, quienes en 1972 le ofrecieron a Gene Roddenberry comprarle los derechos de Star Trek para hacer una versión animada de la serie. Al principio Roddenberry tuvo sus dudas, pero finalmente aceptó cuando Filmation le ofreció el control creativo del programa. Todos los actores de la serie o r i g i n a l regresaron para proporcionar las voces de los personajes, excepto Walter Koenig quien tuvo que ser excluido debido a limitaciones presupuestales. Como dato curioso, hay que añadir que James Doohan (Scotty) presta su voz a numerosos alienígenas, demostrando su talento de imitador de voces.

La primera temporada se emitió por la NBC TV, los sábados de 10:30 a 11:30, desde el 15 de septiembre de 1973 al 15 de enero de 1974. La segunda temporada se emitió desde el 7 de septiembre de 1974 al 12 de octubre de 1974, y ganó un premio Emmy a la mejor presentación dramática en una serie infantil por el capítulo "How shaper than a serpent's tooth".

La serie contó con algunas historias realmente interesantes y los efectos de animación eran excelentes para la época. El hecho de ser una serie animada les dio a los escritores mayor libertad para desarrollar los guiones, permitiendo crear historias que hubieran sido imposibles de producir en el filme original. Lamentablemente, la NBC no le dio a la serie la importancia que ésta merecía, relegándola al horario de los sábados por la mañana. Como resultado, la serie encontró un público infantil pero pasó desapercibida para los adultos. Cada episodio contaba con un presupuesto de 75.000 dólares, lo que unido a la baja audiencia se convirtió en la serie olvidada de la saga Star Trek.

La primera temporada contó con 16 episodios de 23 minutos de duración y la segunda con 6 episodios.

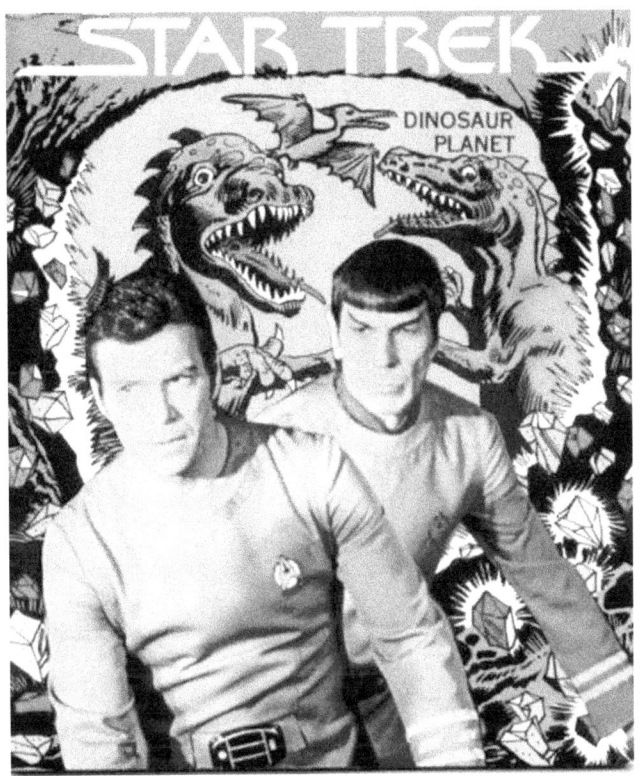

Comic

Entre 1967 y 1979, Gold Key publicó 61 historietas de Star Trek. Los fans de hoy pasan por alto a menudo estas historias y se olvidan que también forman parte del mismo universo. Aunque alejadas de la habitual temática filosófica de la serie, estas aventuras son tan excitantes y fascinantes como sus colegas de la televisión. Además, debido a la época en la cual fueron dibujadas suponen ya un objeto de coleccionista sumamente costoso y difícil de encontrar. Se publicaron un total de 61 títulos y pudiera e s t a r centrada entre julio de 1967 y marzo de 1979

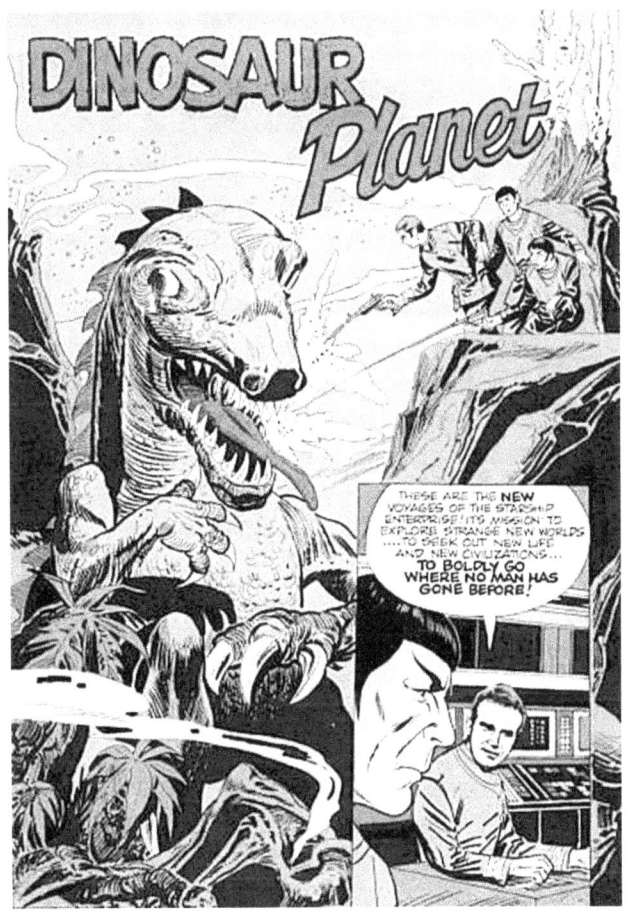

Los dibujos y los textos suelen aportar datos y personas, especialmente los villanos, que se han visto en alguno de los episodios. También fue fiel a los vehículos y trajes habitualmente conocidos por los aficionados. En junio de 2004 la Checker Book Publishing Group autorizó la reempresión de todas las historietas bajo el título de Star Trek: The Key Collection, con un precio de 1,95 $. El dibujante español Ramón Rosanas ha presentado un nuevo proyecto sobre el Universo de Star Trek que esperamos llegue a buen fin.

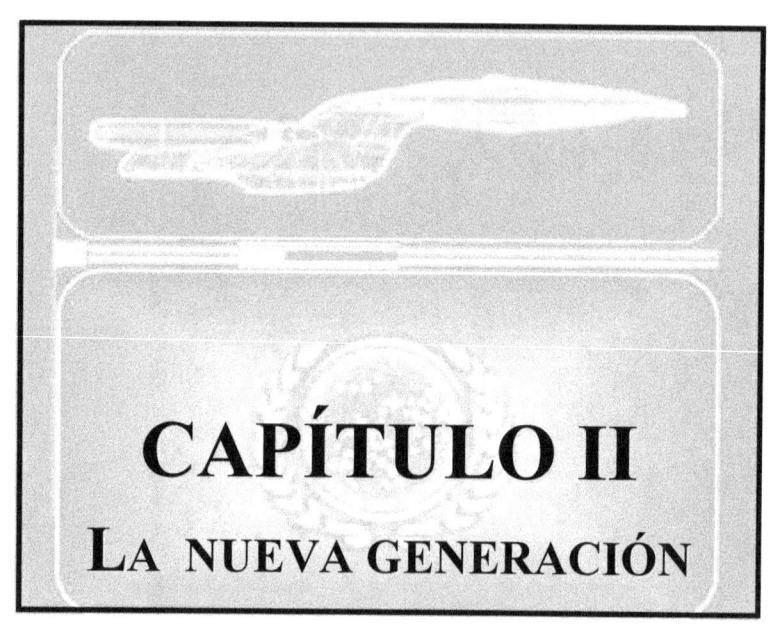

CAPÍTULO II
LA NUEVA GENERACIÓN

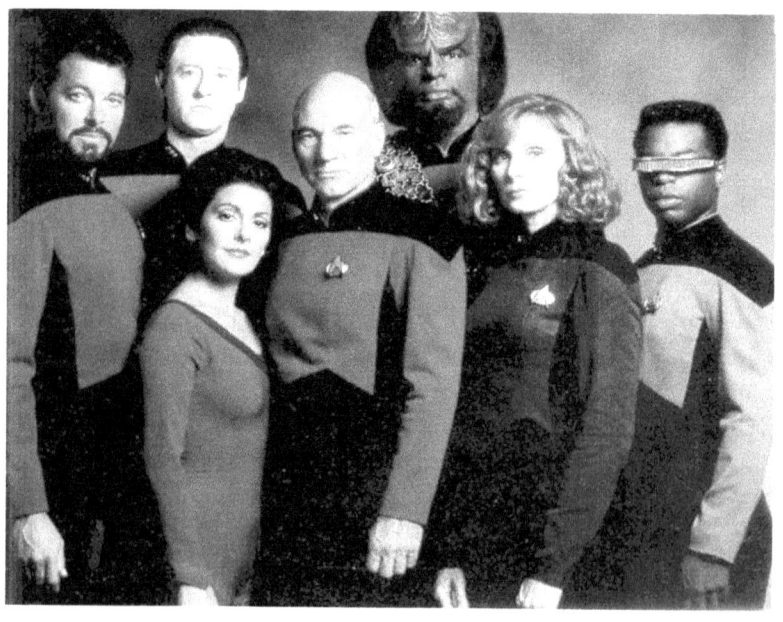

Star Trek: La Nueva Generación se estrenó en 1987 con un nuevo reparto encabezado por Patrick Stewart como el Capitán Jean-Luc Picard a bordo de la nueva nave Enterprise-D. Gene Roddenberry fue el responsable de la serie en un principio, pero luego pasó el control a su sucesor, Rick Berman. Los capítulos tenían una periodicidad semanal y la acción estaba situada en el XXIV, con una nueva tripulación sin concesiones ni alegorías a los antiguos protagonistas.

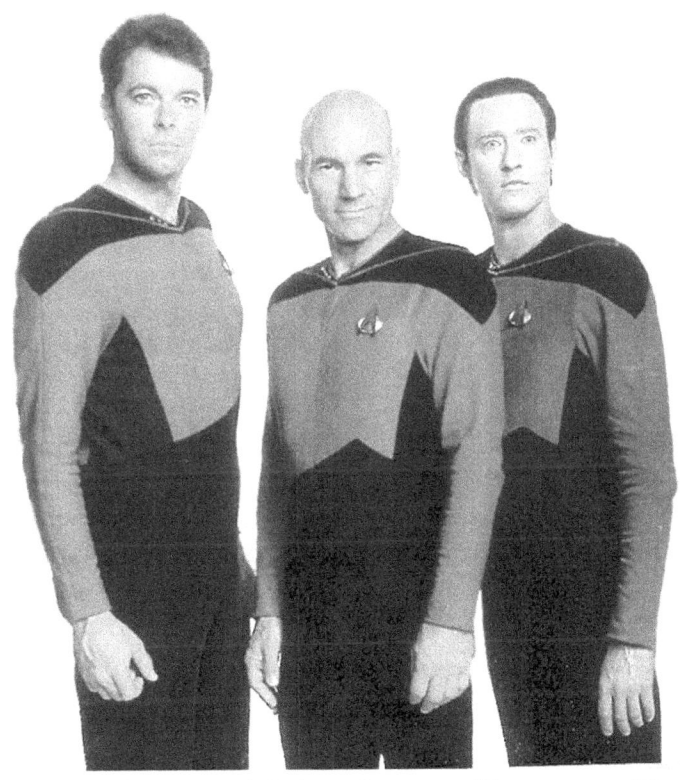

La dinámica general de la serie es manifiestamente diferente a la original, más que nada porque debían ser notorios los veinte años transcurridos entre la creación de ambas. Encontramos así una ciencia-ficción mucho más pulida, donde la acción es suplantada con frecuencia por la relación entre los personajes, los cuales llegan a convertirse en un grupo de amigos, hecho en el que su creador insistió mucho. Esto en ocasiones se muestra como desacertado, pues se pierde intensidad y acción en la trama, lo que en algunos capítulos llega a ser ciertamente erróneo. Si bien todos los protagonistas giran alrededor de la figura del Capitán, éste parece haber perdido poder y sus decisiones son cuestionadas, compensándose cuando nos lo muestran más humano y sensible a los deseos de su tripulación. Como el perfecto ejemplo de un hombre que domina sus pasiones, Picard es un hombre centrado, culto, casi el prototipo del hombre renacentista.

La historia de La Nueva Generación comienza en el año 2363 con el viaje inaugural de la quinta nave en llevar el nombre Enterprise. Perteneciente a la clase Galaxy, incorpora la más avanzada tecnología por lo cual es considerada la nave insignia de la flota. A ella es asignado como Capitán Jean-Luc Picard (Patrick Stewart), una figura destacada de la exploración y diplomacia interestelar. Su primer oficial es el Comandante William Riker (Jonathan Frakes), un hombre joven y audaz que con el transcurso del tiempo logró dominar su temperamento y perfilarse como un gran Capitán. El segundo al mando es el Teniente Comandante Data (Brent Spiner), cuya peculiaridad radica en que es un androide, el único sirviendo en la Flota Estelar.

En la sección de máquinas encontramos al Teniente Geordi LaForge (LeVar Burton), el jefe de ingenieros, encargado del mantenimiento de los motores de la nave. Por primera vez vemos en una nave de la Federación a un klingon como tripulante, lo que evidencia la nueva coyuntura de paz. Se trata del Teniente Wolf (Michael Dorn), encargado de la seguridad de la nave. La salud de la tripulación está a cargo de la Doctora Beverly Crusher (Gates McFadden) y de la Consejera Deanna Troi (Marina Sirtis), quien posee una gran empatía debido a que es en parte Betazoide y humana. Tiempo después se incorpora a la tripulación Guinan (Whoopi Goldberg), una misteriosa mujer extraterrestre que se encarga del bar de la nave y que se muestra frecuentemente en forma de espíritu consejero.

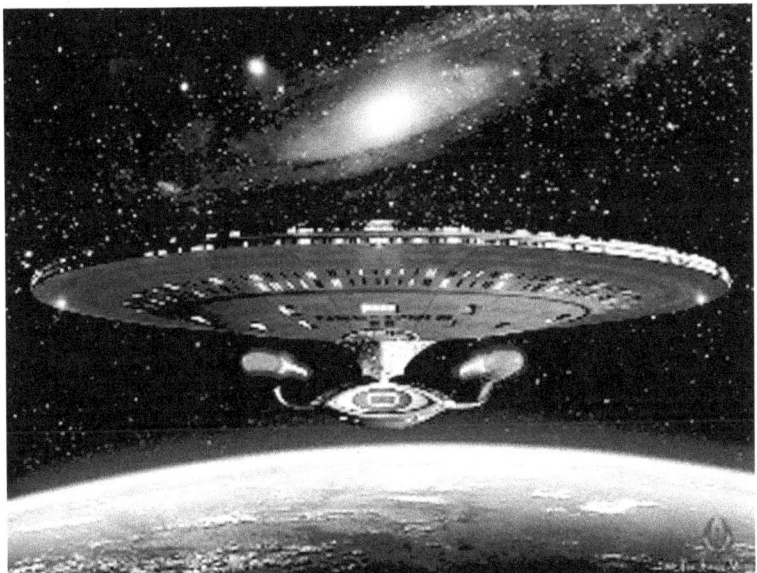
USS Enterprise NCC-1701 D

La serie empezó a grabarse cuando todavía se producían películas para la gran pantalla con los personajes de "La Serie Original", algunos de los cuales aparecieron como invitados en diferentes episodios de "Star Trek: La Nueva Generación", tal es el caso de DeForrest Kelley, Leonard Nimoy y James Doohan.

Durante las temporadas de los años 1992-93 y 1993-94 coincidió en antena con la tercera serie, "Star Trek: espacio Profundo 9", en la que algunos de los actores de "Star Trek: La Nueva Generación" tuvieron importantes papeles.

La serie duró siete temporadas en el aire alcanzando un total de 178 episodios. Fue sin duda alguna la serie más exitosa de la saga y logró altísimos niveles de popularidad en todo el mundo. Aún hoy, varios años después de finalizada su producción, la serie continúa emitiéndose con éxito en muchos países del mundo. Las aventuras de la Nueva Generación continuaron luego en el cine con las películas *Generación, Primer Contacto, Insurrección y Némesis*, esta última quizá la más floja de toda la saga.

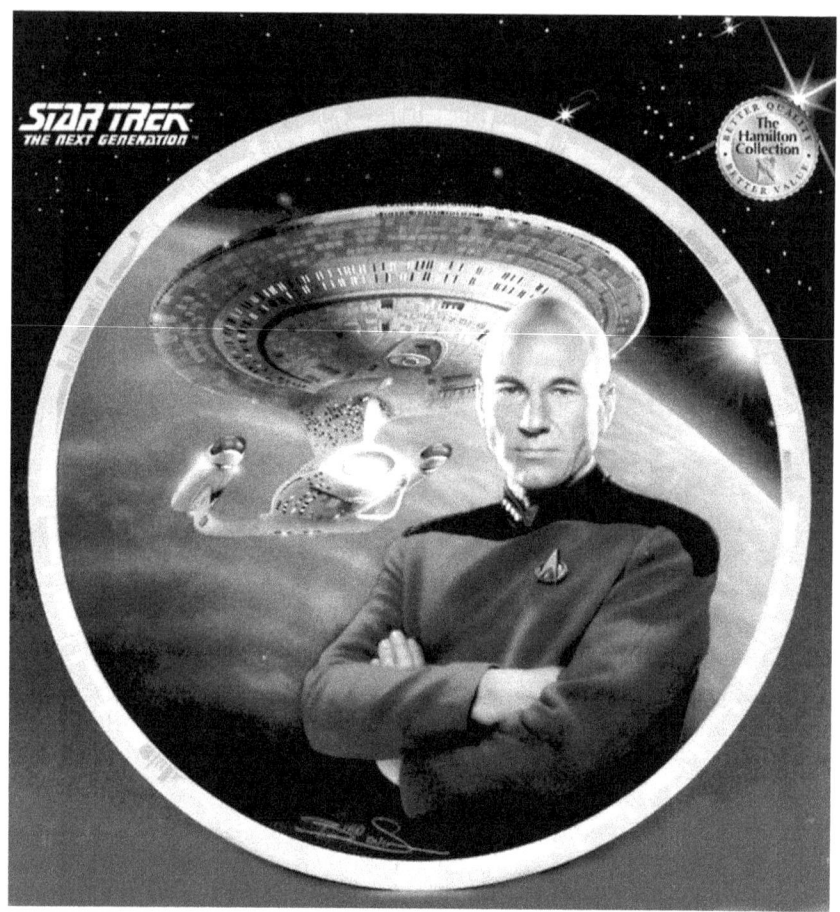

Los capítulos de la serie

La primera temporada cuenta con estos 26 episodios:

1-2. Encuentro en Far Point

El nuevo capitán del Enterprise, Jean Luc Picard, toma contacto con su nueva tripulación e inmediatamente deben abordar su primera misión juntos. Se trata de la investigación del ofrecimiento de una base para la Federación por parte de los Bandi, una raza de nivel tecnológico bastante bajo, por lo que resulta inaudito que hayan podido construir esa base ellos solos. Por el camino se encuentran con una entidad llamada Q, quien dice tener derecho a juzgar a la Humanidad por sus actos.

3. El presente inexorable

Una nave que orbita alrededor de una estrella emite un mensaje de auxilio que es captado por el Enterprise. Su comportamiento indica que algo raro sucede, pero cuando llegan se encuentran a todos los tripulantes muertos a causa de tener abiertas todas las compuertas que dan al espacio. El ordenador muestra que la culpa es atribuible a la propia tripulación, aunque sigue sin explicar ese comportamiento anómalo. Posiblemente se deba todo a un virus desconocido, formado por el campo gravitatorio de la estrella, y el problema es que ahora el virus está abordo del Enterprise, y amenaza con ocasionar también el fin de toda la tripulación.

4. Código de honor

Con el fin de obtener una vacuna el Enterprise acude al planeta Ligon 2, el único lugar en donde se elabora, pues la necesitan urgentemente en Styris 6. Los habitantes de este lugar en realidad son una cultura primitiva donde prima el honor por encima de todo. Aunque en un principio su jefe Lutan es amistoso, rapta a Tasha Yar impresionado por sus habilidades en combate y decide convertirla en su esposa principal, lo que ocasiona la animadversión de la antigua esposa, la cual reta a muerte a la intrusa.

5. El último baluarte

Una nave que ha robado un conversor de energía T-9 propiedad de la Federación es perseguida por el Enterprise. En la búsqueda llegan a los planetas del extinto imperio Tkon, donde se establece por vez primera un contacto entre los humanos y los Ferengi. Todo presagia un combate muy incruento, pero una extraña fuerza, residuo del imperio Tkon, detiene a ambas naves.

6. Donde nadie ha podido llegar

Kosinski es uno de los mejores expertos en propulsión que tiene la Federación, lo que motiva al Enterprise a pedirle ayuda, pues necesitan aumentar la velocidad de la nave. Cuando todo parece correcto y realizan la primera prueba, ocurre un accidente y la nave se traslada a 350 millones años de luz, por lo que necesitarán al menos 300 años para regresar. Además, el lugar ocasiona alucinaciones en la tripulación y parece ser que la única forma que encuentran para volver es a través del Viajero, el ayudante de Kosinski.

7. Soledad en compañía

Cuando el Enterprise realiza un viaje con la misión de transportar a las embajadas Selay y Antican a una conferencia de paz, cruzan una nube donde habitan unas desconocidas entidades. Una de ellas logra introducirse en el Enterprise y comienza a poseer a los miembros de la tripulación, de uno en uno, hasta llegar al capitán y controlar sus acciones.

8. Justicia

En una misión de exploración el Enterprise encuentra el planeta Rubicum 3, donde habitan los Edo, unos seres afables que parecen vivir bien en armonía y paz, pues solamente se les ve divertirse y no hacen nada productivo en todo el día. Pero ese día observan que hay algo orbitando el planeta, quizá una nube viva, a quien los habitantes de Rubicum 3 consideran como Dios. Sin saberlo, Wesley entra en una zona prohibida del jardín y por ello es condenado a muerte.

9. La batalla

La paz con los Ferengi parece un hecho cuando Bok, uno de los gobernantes, ofrece a Picard, como prueba de buena voluntad, un enorme regalo, la nave Stargazer, donde Picard sirvió 25 años durante su juventud. Allí descubre el hecho doloroso de la muerte del hijo de Bok, quien murió hace mucho tiempo en una batalla en la que participó Picard. Bok le hace personalmente responsable y como venganza le hará revivir la batalla de Maxia desde el lado Ferengi, considerando por tanto al Enterprise como su enemigo.

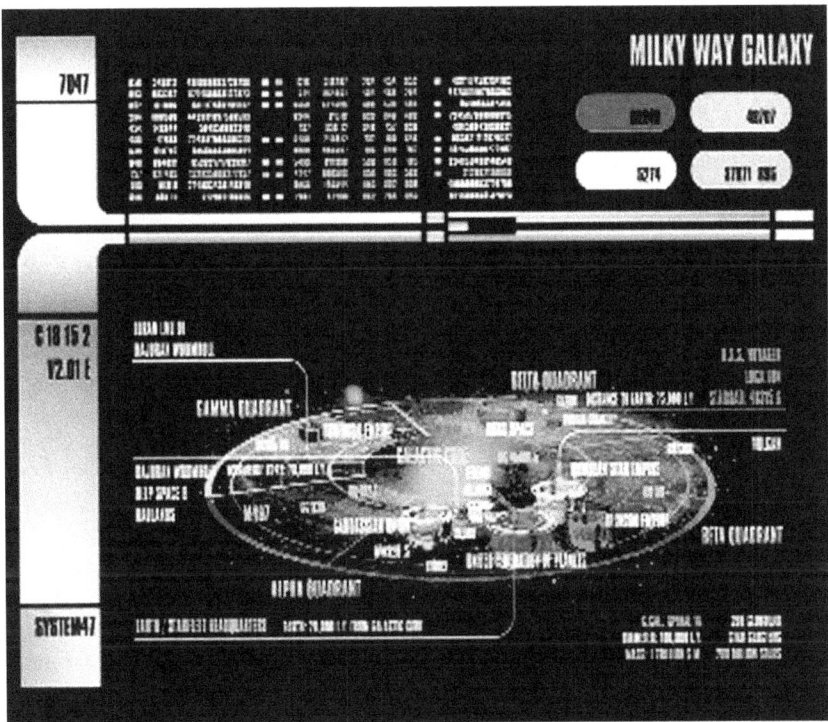

10. El regalo de Q

Riker es elegido por Q para investigar a los humanos, a quienes conoció en el episodio *Encuentro en Far Point*. Para llevar a cabo su misión le va dando poderes similares a los suyos, pero el uso de estos poderes alterará el orden de la galaxia, y son los demás los que deben sacrificarse para que las cosas vuelvan a su forma original.

11. Puerto

Reconocido desde tiempos inmemorables como un planeta de aspecto paradisíaco, Puerto posee también poderes curativos, razón por la cual acude allí una nave Tarellian con los enfermos de una epidemia. El problema es que si estos enfermos consiguen bajar a tierra la enfermedad puede extenderse por todo el planeta.

12. El gran adiós

En una visita diplomática, Picard se siente agobiado con el protocolo que ha de mantener ante los Jaradan, una raza que exigen unas medias diplomáticas muy altas. El problema es que si Picard comete el más mínimo error pueden dar las negociaciones por terminadas. Para entender el protocolo y relajarse, Picard, Data, la Dra. Crusher y Whelan deciden jugar en la sala de hologramas a un nuevo programa que consiste en interpretar las aventuras del detective Dixon Hill. Todo se complica cuando surge una avería, dejándoles incomunicados y sin poder regresar a su mundo.

13. Datalore

La zona espacial donde hace 20 años encontraron al androide Data, el planeta Omicron Theta, es de nuevo explorada por el Enterprise. Allí encuentran piezas de otro androide como Data, que una vez ensambladas y puesto en marcha proporcionan un androide aun más perfecto que Data, con unos sentimientos más cercanos a los de los humanos. El problema es que esos sentimientos le convierten en un ser malvado y se sabe que hace años colaboró en el aniquilamiento de los colonos de Omicron Thera.

14. Ángel uno

El Enterprise llega a Ángel Uno buscando a los supervivientes del carguero Odín, que se sospecha se estrelló en ese sector 7 años atrás. Allí se encuentran con una extraña civilización controlada solamente por mujeres y su líder, la Elegida Biata, quien exige que se lleven a los supervivientes fuera de su mundo. Sin embargo, estos no quieren irse porque en el tiempo que han estado allí han fundado familias y viven libremente. Furiosa por ello, Biata les condena a muerte. Mientras tanto, una epidemia ha estallado en el Enterprise y aún no se ha encontrado la cura.

15. Números binarios

Al igual que el código que rige los ordenadores, los Binarios son una raza que ha evolucionado siguiendo pautas mentales similares, hasta el punto de no poder hacer nada si no van en parejas y con la ayuda de su ordenador madre. Para mejorar ese código, la Federación ha invitado a algunos miembros a subir a bordo del Enterprise, pero ellos tienen sus propios planes de lo que significa esa mejora.

16. Un periodo demasiado corto

El almirante Mark Jamesom de 85 años, está obsesionado en prolongar su vida, esencialmente porque tiene problemas con grupos terroristas del planeta Mordan 6. Cuando sube al Enterprise sigue tomando una droga que poco a poco le hace parecer más joven, aunque el problema es que a la vez que rejuvenece su cuerpo va sufriendo mutaciones.

17. Duérmete niño

Aislado del exterior, el planeta Aldea es un mundo que ha permanecido así a causa de un campo de fuerza que impide que ni los sensores del Enterprise puedan atravesarla. Los habitantes tienen un serio problema, pues son incapaces de reproducirse y para ello creen que la mejor solución es mezclar sus genes con los de alguna otra especie, y escogen a los humanos. Para consumar su propósito, secuestran a Wesley y a otros 6 niños, aunque a cambio ofrecen avanzados conocimientos científicos.

18. Suelo habitado

Con la intención de hacerlo habitable, el planeta Velara 3 está siendo regenerado. Para controlar todo el proceso el Enterprise se acerca, pero se encuentran con una guerra ocasionada por unos seres que no habían sido detectados. Su intención es destruir ese mundo, y para ello se adueñan del Enterprise y planean su venganza.

19. Mayoría de edad

El joven Wesley ya tiene la edad adecuada para examinarse y así poder entrar en la academia de la flota Estelar. Para completar su examen viajan a Relva 3, también les acompaña el almirante Quinn, quien va para probar su lealtad a la Flota Estelar.

Puente de mando Enterprise D

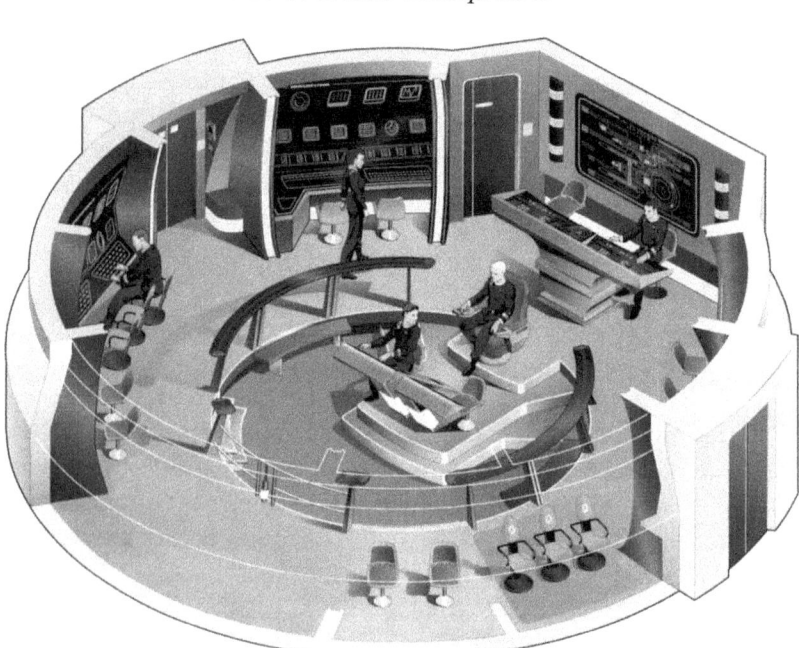

20. Corazón de gloria

El Enterprise se encuentra con una nave destruida y 3 klingons que parecen ser víctimas de un feroz ataque Ferengi. Rápidamente son subidos a bordo, pero a pesar de todo uno de ellos muere y los otros dos resultan ser unos rebeldes a quienes se busca desde hace mucho. Su intención es tentar a Wolf aprovechando su instinto klingon para que se una a ellos y los libere.

21. El arsenal de la libertad

Una de las naves de la Federación, el USS Drake, desaparece cuando se encontraba en órbita sobre el planeta Minos, lo que da lugar a la participación del Enterprise. Con el deseo de averiguar lo sucedido, el capitán Picard baja al planeta junto con Crusher, y allí son atacados resultando ella gravemente herida, al mismo tiempo que un nuevo ataque de las defensas planetarias se ceba en el Enterprise que está a punto de sucumbir.

22. Simbiosis

Una vacuna contra la plaga que está asolando el planeta Ornara es transportada en una nave seriamente averiada. Cuando el Enterprise acude a ayudar, intenta hacerse con la vacuna para transportarla hasta el planeta afectado, pero pronto descubren que en realidad el felicium es una droga extremadamente peligrosa que es suministrada desde hace siglos desde el planeta Brekka.

23. La piel del mal

En un viaje de reconocimiento la nave que transportaba a Deanna Troi se estrella en el planeta Vagra 2. Cuando la tripulación del Enterprise llega a rescatarla, se encuentran que está habitado por una única criatura creada por los antiguos habitantes del planeta para acumular en ella todo el mal que emanaba de ellos. Con un aspecto similar a una mancha de petróleo, sin forma definida, este ser ha enloquecido después de llevar viviendo en solitario tantos años y sólo se complace causando daño a los demás. En uno de sus ataques mata a Tasha Yar, y aunque los demás consiguen escapar, la criatura les sigue a corta distancia.

24. Siempre nos quedará París

El Enterprise acude en auxilio del planeta Vandor 6, donde se estaban haciendo unos experimentos fallidos a cargo del doctor Manheim y su esposa. Estos experimentos afectan igualmente a la nave, creando una breve distorsión sin importancia aparente pero que puede ser algo muy serio en el futuro.

25. Conspiración
Un complot ha sido descubierto en la federación y por ello Picard es llamado en secreto a una reunión con otros capitanes. Una investigación a fondo hace que Picard comience a sospechar que en realidad han sido poseídos por alguna raza desconocida, y que no son libres de sus actos.

26. Zona neutral
Todo apunta a que los Romulanos han efectuado un ataque contra uno de los puestos fronterizos de la Federación situado en el borde de la zona neutral. El Enterprise se acerca a investigar, pero se encuentra con una nave de más de 300 años de antigüedad donde hay 3 personas hibernadas desde entonces.

Actores y personajes de
"La Nueva Generación"

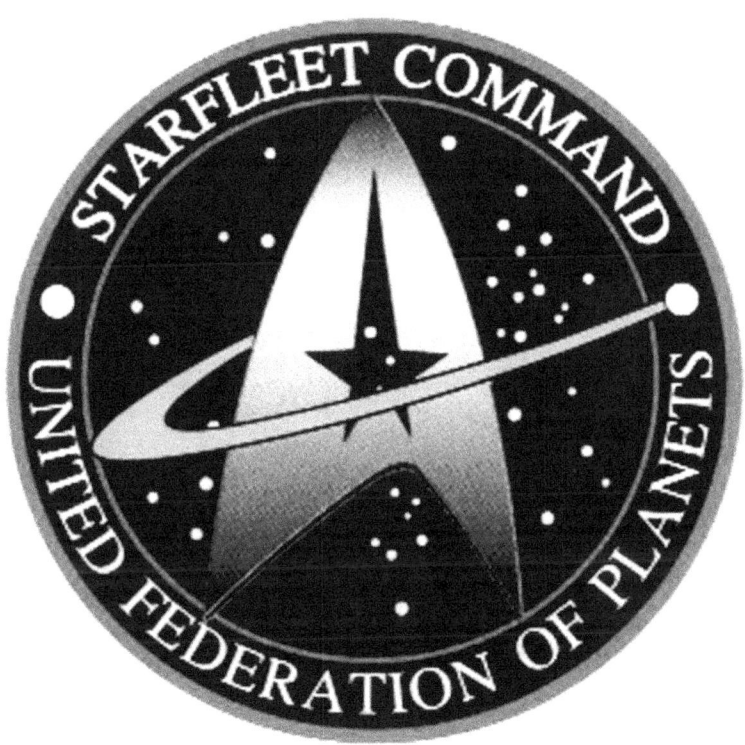

PATRICK STEWART
Jean-Luc Picard

En 1987, la misma gente que había escogido y entrenado al actor canadiense William Shatner para hacer que aquel muchacho de una granja de Iowa interpretase al intergaláctico aventurero Capitán James T. Kirk en la serie Star Trek de TV, seleccionó para el papel de Picard francés.

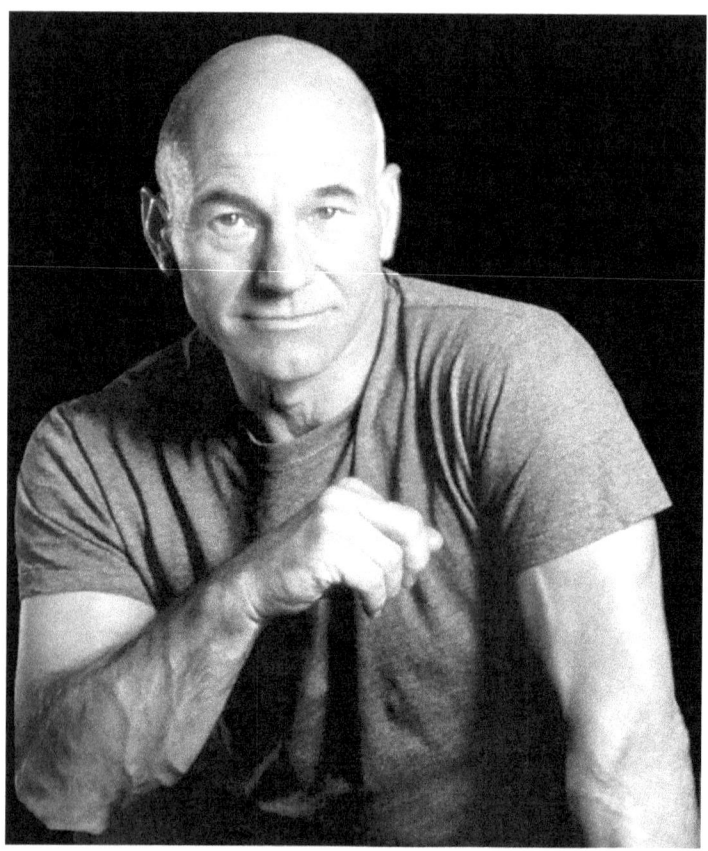

Como consecuencia, nace el Capitán Jean-Luc Picard en el renacimiento de la serie *Star Trek: La Nueva Generación*. Al mismo tiempo, Stewart conoció con todo detalle el legado que había heredado del muy reverenciado Capitán Kirk.

El veterano actor aceptó el desafío y simplemente presumió que interpretaría el papel de la nueva serie como lo haría cualquier otro inglés. Estaba convencido de que su carácter conseguiría pronto ganarse el aplauso del público y enseguida guardó sus pertenencias personales en una maleta y se embarcó en las primeras seis semanas de trabajo. Al poco tiempo, la Nueva Generación salió a las pantallas y la popularidad de la serie, sus personajes y su voz, se hicieron reconocibles entre los aficionados. Desde su paso a la pantalla pequeña, Stewart ha disfrutado de una carrera constantemente creciente en la taquilla, ayudado en su mayor parte por las tres lucrativas películas de Generación, afianzando así su próspera carerra como actor.

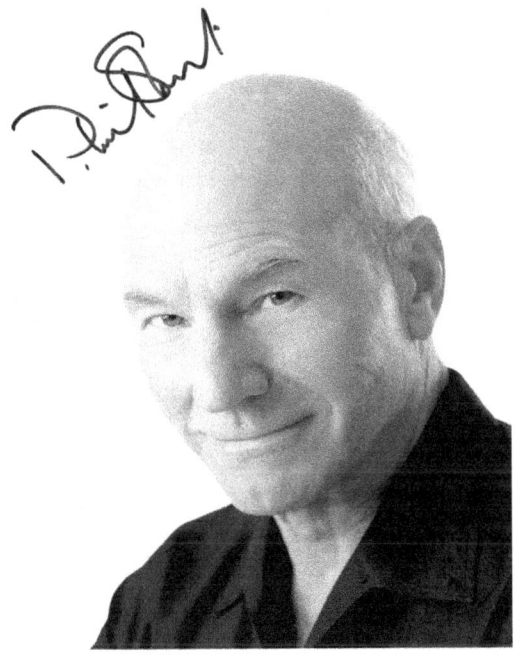

Nacido el 13 de julio de 1940 en Mirfield, West Yorkshire, de un soldado profesional y una tejedora, el actor se marchó de -para usar sus palabras propias- *"un hogar muy pobre y violento"*

y se involucró desde muy pequeño en negocios que calmaran su niñez frustrada. Su fascinación temprana por el cine le condujo a desarrollar un gran interés por la interpretación, asistiendo a rodajes y ensayos, lo que le permitió encontrar excusas legítimas para conseguir salir de su casa por las noches. La tarea escolar le interesó bastante menos que el teatro, y cuando salió de la Escuela Moderna Secundaria de Mirfield a la edad de quince años, había adquirido la educación mínima requerida por la ley Británica. Afortunadamente para Stewart, había desarrollado un vocabulario impresionante y un don para escribir durante su breve aprendizaje escolar, lo que le permitieron lograr un trabajo como reportero en un periódico local.

Pero la interpretación permaneció como su interés primario, y a fin de hacer tiempo para su ocupación, Stewart trataba frecuentemente de conseguir informar de los sucesos por adelantado, o cubriéndolos después mediante llamadas telefónicas, aunque en ocasiones llegó a inventarse la noticia. Sus descuidados informes le condujeron a enfrentarse con el editor, quien exigió que el aspirante a periodista fuera cesado a causa de su "absurdo amor por el teatro."

Su dignidad se fortaleció y a los diecisiete años aseguró que iba a forjarse a sí mismo una carrera de gran éxito como actor profesional, aunque ahora dice que lo hizo *"únicamente para molestar al editor del periódico."* Su siguiente trabajo consistió en vender muebles durante un año (anteriormente aceptó un empleo como jornalero), y matricularse en la "Old Vic Theater Scholl" en Bristol, una prestigiosa y antigua Escuela de Teatro, haciendo sus primeras apariciones públicas en producciones como "Cyrano de Bergerac."

Stewart ganó su primer premio a los diecinueve años de edad, con el papel de Morgan en una producción del año 1959 sobre "La Isla de Tesoro." Los dos próximos años, apareció en producciones montadas en el Teatro Playhouse de Sheffield y durante este mismo período fue cuando sufrió la pérdida traumática de casi todo su pelo, sin sospechar en ese momento que un día su calvicie le haría tener una apariencia erótica en el cine.

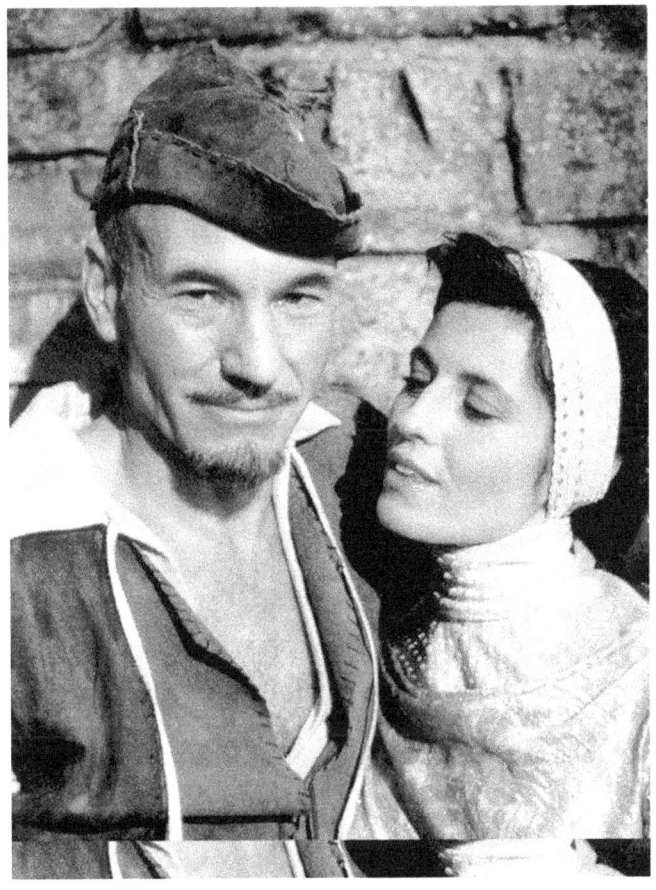

Stewart en Qpido

Su frágil personalidad le permitió representar con éxito en diferentes compañías regionales que viajaban por Manchester y Liverpool. Durante su trabajo con la Vieja Compañía de Teatro de Londres, entre 1961 y 1962, trabajó con la legendaria actriz Vivien Leigh en producciones de Alejandro Dumas ("La dama de las camelias") y la "Duodécima Noche" de Shakespeare. Cuatro años después, se incorporó a la prestigiosa Real Compañía de Shakespeare, ganando su primera ovación como Hipólito.

Durante el curso de las dos próximas décadas, Stewart consiguió buena reputación como uno de los mejores actores del Teatro Británico, interpretando a "Henry V" y "¿Quién teme a Virginia Woolf?" Aunque su currículum dedicado al cine y la televisión avanzaba mucho más lentamente, sus trabajos para la pequeña pantalla no eran menos importantes, particularmente en el caso de sus papeles para la BBC en algunas miniseries, como la epopeya histórica romana "Yo, Claudio." Pero fue durante una lectura literaria en 1987 mediante la cual Stewart atrajo la atención del productor Robert Justman, un antiguo socio de Gene Roddenberry, el creador de Star Trek, quien andaba buscando al actor que debería interpretar el papel de Capitán Jean-Luc Picard.

Justman y su mujer asistieron también a la representación de una obra dramática en UCLA (Universidad de California, Los Ángeles) en la que Stewart estaba participando. Este quedó tan impresionado por la presentación del inglés que le comentó a su mujer "Pienso que acabamos de encontrar a nuestro Capitán." Posteriormente diría que no había pensado en Stewart anteriormente, pero que cuando lo vio en el escenario estuvo totalmente seguro de que Stewart era el único que resultaba perfecto para el papel. El creador de Star Trek Gene Roddenberry quería un francés para interpretar el papel, así que Justman concertó una reunión con Stewart, Roddenberry y Miklis. El 10 de octubre de 1986, Justman le asignó el papel de Data a Stewart, aunque estaba convencido de que Stewart debería ser el Capitán, y que ningún otro actor le convencería, ni siquiera Roddenberry.

Roddenberry se rindió después de que se completara el casting y optó por Stewart, aunque seguía pensando en que no se ajustaba a su imagen ideal para interpretar el papel. Una vez remodelado el personaje todo fue sobre ruedas, aunque ahora sabemos que Stewart declaró que no tenía idea, al igual que muchos americanos, que sentarse en el sillón del capitán de la Enterprise era casi más importante que hacerlo en el trono de Inglaterra.

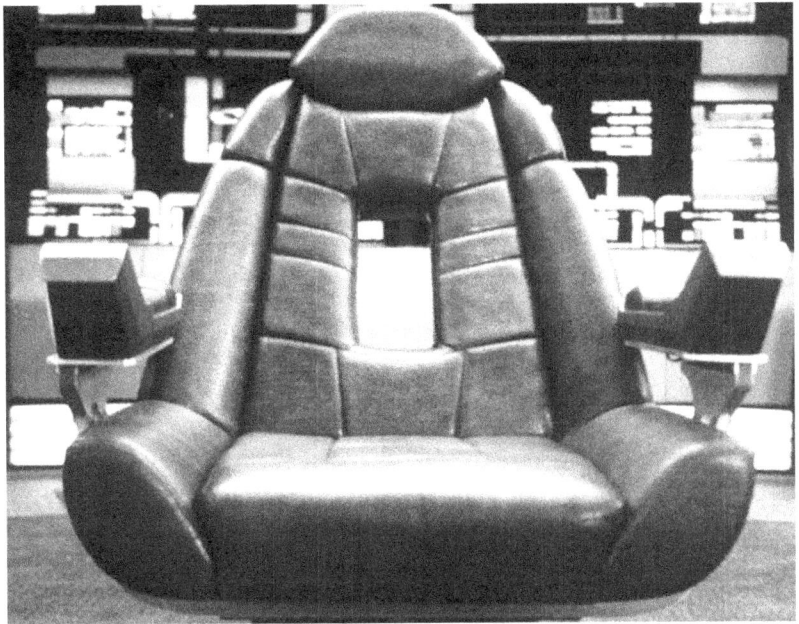

Sillón del capitán

Luego confesó que era adorador de la serie y trekkie convencido, algo que indudablemente se percibe, y por ello al comenzar la cuarta temporada, "Star Trek: La Nueva Generación" había sobrepasado con creces el término de serie más popular y Stewart comenzaba su carrera como uno de los hombres más eróticos.

Permaneciendo fiel a sus raíces, la primera etapa con Star Trek le permitió seguir trabajando en el teatro, y en el verano de 1995 interpretó el papel de Próspero en una producción de "La Tempestad", con tal fortuna que se mostró también en el Central Park de Nueva York, extendiéndose después a Broadway.

Stewart es, ya lo sabemos, un gran actor dramático y ha llegado a interpretar 35 veces la obra de Charles Dickens "Canción de Navidad."

Miembro de la "Royal Shakespeare Company durante 25 años, en 1994 recibió dos premios "Laurence Olivier" por "Cuento de Navidad", y fue nominado "mejor actor" y "mejor anfitrión". Presentado como el "Mejor actor en solitario de Broadway" en 1992, y en 1993 nominado para un "Grammy" por su LP de "Un cuento de Navidad", en 1995 apareció en el escenario del Central Park de Nueva York, en una enorme producción de "La Tempestad" de Shakespeare al aire libre.

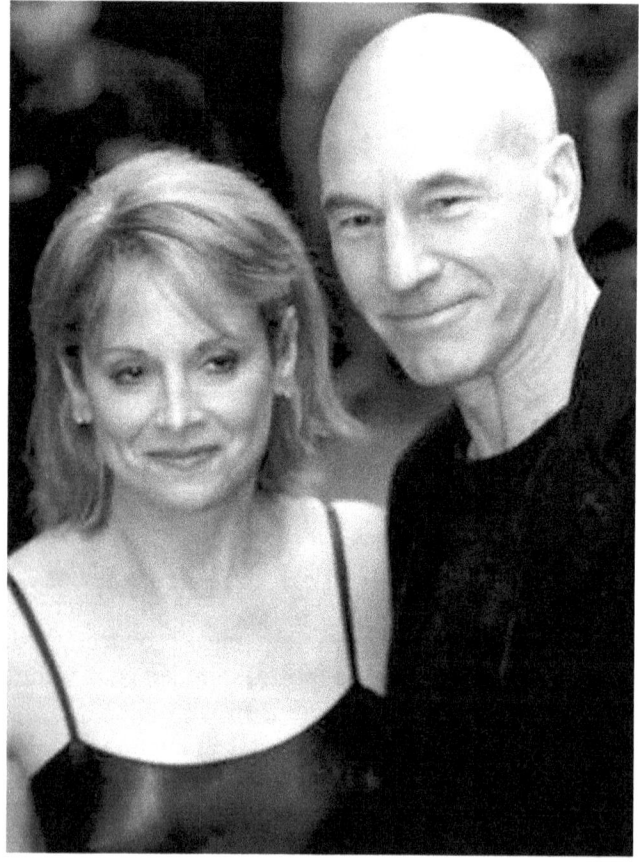

Con su esposa Wendy

En febrero de 1994 Stewart presentó el programa televisivo "Saturday Night Live" y de acuerdo con las estadísticas de audiencia, ese episodio en particular fue valorado como uno de los cinco mejores de la temporada. La mayor revista de televisión de América "TV-Guide" votó a Stewart como "Tthe Most Bodacious Man on TV". En 1996 produjo la película para televisión "El fantasma de Canterville", con él mismo en el papel de Simon de Canterville.

Stewart ha estado comprometido con Amnistía Internacional durante años, involucrándose en la protección de los animales, y en particular de las ballenas, en el Instituto para la Conservación de las Ballenas.

Divorciado en el 1990 de su esposa Sheila (después de 25 años de matrimonio), tiene dos hijos adultos –Daniel y Sofía- y divide su tiempo entre sus hogares de Hollywood y el norte de Inglaterra. Posteriormente se sintió atraído por la escritora de guiones Meredith Baer, aunque su relación más sólida es, sin embargo, con la productora de *Star Trek: Vogayer*, Wendy Neuss, actualmente casado con ella. Ambos se conocieron durante la producción de *Star Trek: la Nueva Generación*.

Desde que La Nueva Generación saliera al aire en 1994, su estrella ha capitaneado cuatro veces el Enterprise sobre la pantalla grande (1994 *Star Trek: la Nueva generación*, en 1997 *Star Trek: Primer Contacto*, en 1999 *Insurrection,* y en 2003 *Némesis.*) En 1997 dirige "Teoría de una conspiración", y también interpreta el papel de un ladrón de bancos en una película, además de poner su voz en un dibujo animado del filme "El guardián de las palabras." Los aficionados que están entusiasmados con él desde que comenzó su trabajo en Star Trek, pueden verle también como el Capitán Ahab, en la miniserie "Moby Dick" realizada para la televisión norteamericana.

Filmografía esencial:

Hedda (1975)
Excalibur (1981)
Dune (1984)
Uindii/Races (1984)
Code Name: Emerald (1985) Lady Jane (1985)
Fuerza vital (1985)
Robin Hood: Men in Tights (1993)
Gunmen (1994)
X-Men (2000)
Star Trek: Némesis (2003) X-Men 2 (2003)
The Game of Their Lives (2004)
X-Men 3 (2006)
Green Room (2015)
Wolverine Old Logan (2017)

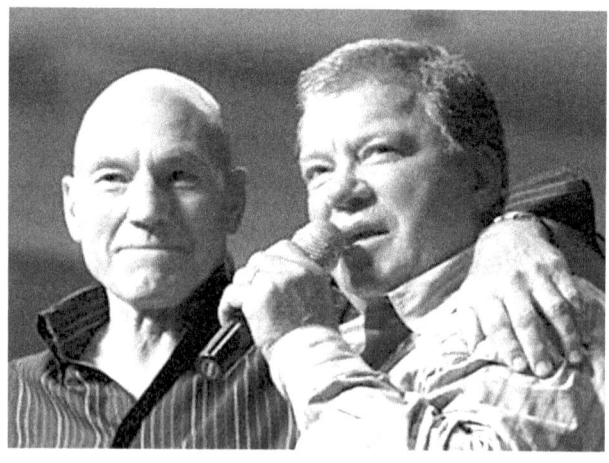

Patrick Stewart y William Shatner

JEAN-LUC PICARD

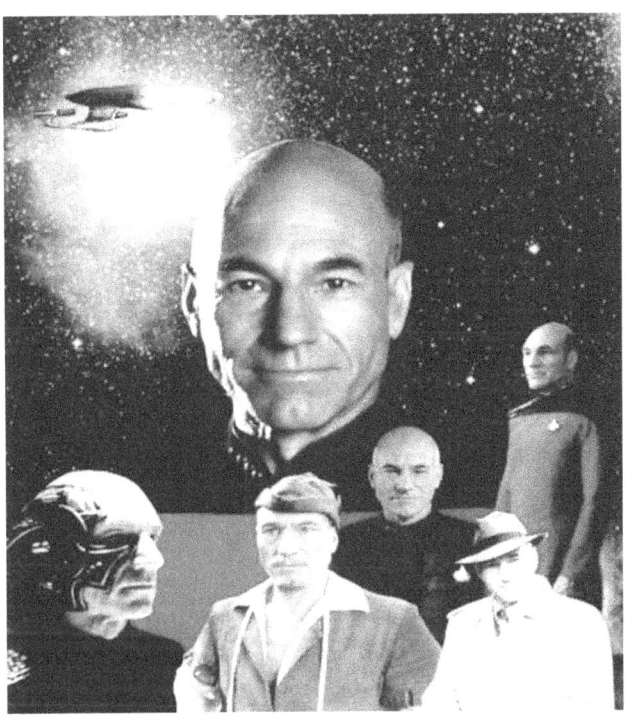

Nacido en LaBarre (Francia), el 13 de julio de 2305, se graduó en la Academia en el 2327 ("El Deber Primero"), suponiendo que trató de entrar sin éxito a los 17 años. Su madre era Yvette Gessard Picard y su padre Maurice Picard, teniendo un hermano, Robert Picard, y un hijo llamado Jason. En su primer año como cadete obtuvo honores académicos en la maratón de la Federación Unida de Planetas, siendo un hecho curioso que después de graduarse Jean Luc Picard fura abandonado con algunos compañeros de clase en la astrobase de La Tierra, donde en una nave tuvo una pelea con 3 Nausicaans en Bonestell, algo así como una ceremonia de iniciación. Uno de los Nausicaans atravesó a Picard el corazón con un cuchillo, siendo urgente un trasplante cardiaco artificial que requirió reemplazarle en el año 2365 a causa de complicaciones cardiacas en la Base espacial 515, donde fue asistido por la Dr. Katherine Pulaski.

Como capitán a bordo del Enterprise-D, Jean Luc tuvo el puesto en el año 2363, pero poco después de la salida de la nave el capitán fue promocionado a almirante en 2364 cuando el almirante Gregory Quinn intentó consolidar su base de poder sobre una desconocida inteligencia alienígena que intentaba tomar el poder de La Federación Unida de Planetas. Jean-Luc renunció a esta oferta diciendo que él podría servir mejor siendo el capitán de la nave.

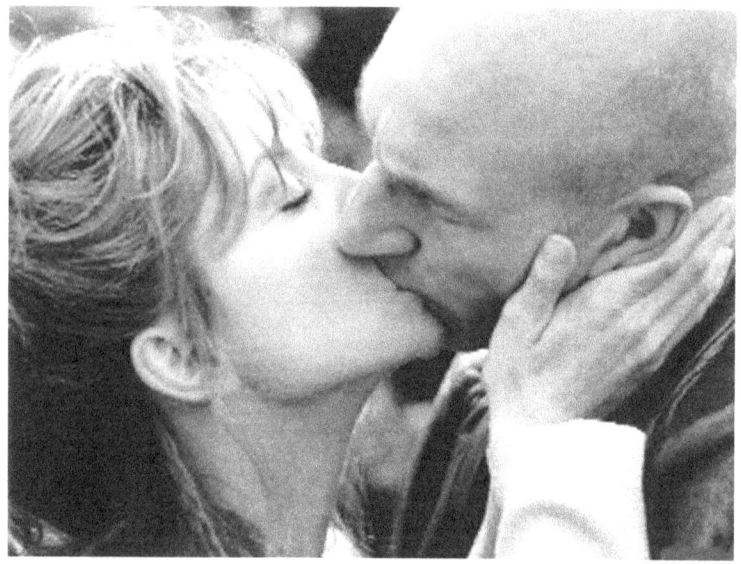

Un apasionado beso

En *"Donde nadie había ido antes,"* Picard se ha referido a su madre en su denso pasado, y en "Familia" nos habla de su hogar en Francia, pero ya sin sus padres. En "Terrores nocturnos", Picard nos recuerda cuando aún era joven y de cómo asistió al deterioro de su abuelo, quien había sido una persona muy robusta y poderosa. También recuerda a su tía Adela cuando le preparó un té de jengibre con miel, muy caliente, como una cura para el resfriado común. Picard recordó estos hechos y los ofreció a sus invitados a bordo del Enterprise cuando ellos tuvieron una aflicción similar ("Alférez Ro".) (La Tía Adela fue mencionada en "Star Trek: la nueva generación" como Adela Simmons.)

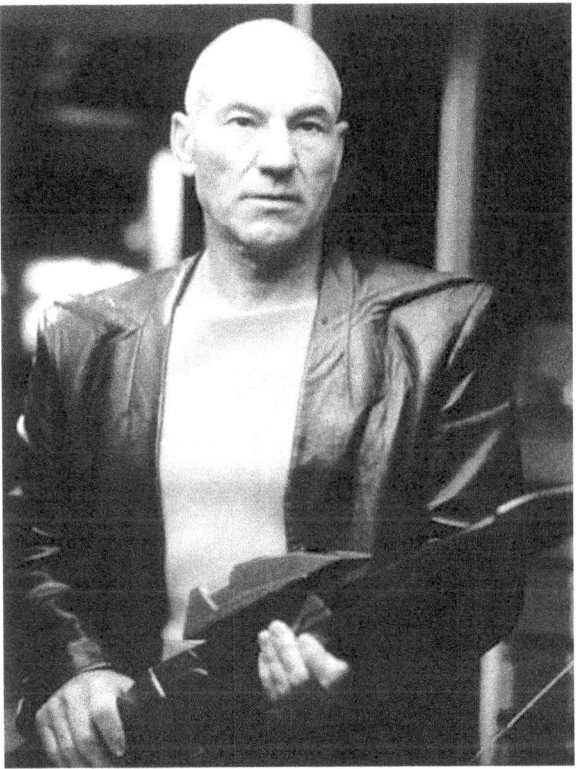

Respecto a sus posibles idilios amorosos, encontramos a Vash, una arqueóloga independiente, joven y activa, con quien vivió una aventura en "Las vacaciones del Capitán", e hicieron de Robin Hood y lady Marian en "Qpido". Beverly Crusher es la doctora de la nave y no parece que exista ningún romance entre ellos, mientras que a la virtual Jessica Bradley, una de las chicas holográficas del programa de Dixon Hill de "El gran adiós", la dio un beso. También fue romántica su relación con Jenice Manheim, uno de sus amores de juventud, con quien recordó viejos tiempos en "Siempre nos quedará París", lo mismo que con Lwaxana Troi, con Ardra, la diablesa que le trató de engatusar y que casi consiguió que vendiera su alma. Finalmente, en "Insurrección" una de las residentes del planeta Ba'Hu prende fuertemente en su corazón, pero debe abandonarla para seguir sus viajes de exploración.

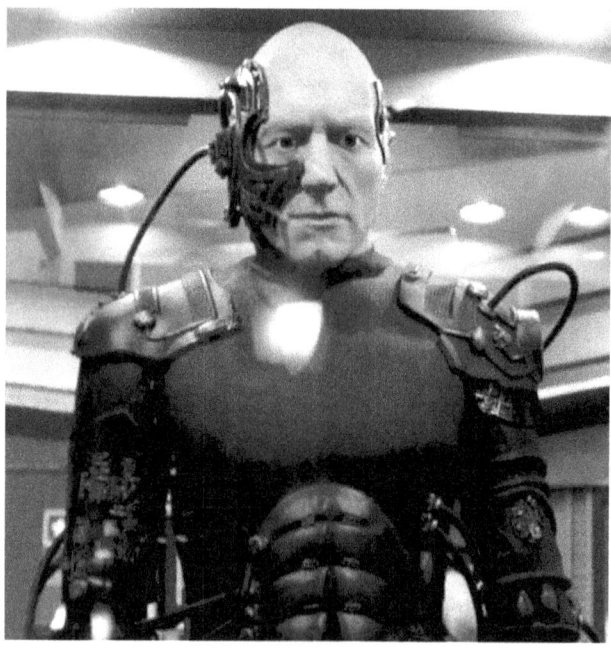

Locutus/Picard

JONATHAN FRAKES
WILL T. RIKER

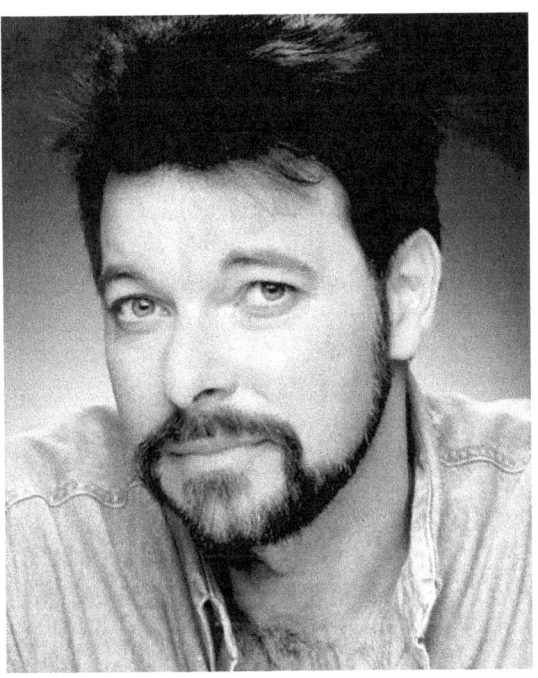

Nacido el 19 de agosto de 1952 en Bethlehem, Pennsylvania, fue educado en la Universidad de Penn y posteriormente en Harvard. Posee ahora su propia compañía de producciones cinematográficas, la Goepp Circle Productions. Está casado y tiene dos hijos, Elizabeth y Jameson Ivor.

La personalidad de Frakes fuera del plató es encantadora, sumamente simpática y en más de una ocasión ha manifestado que le gustaría hacer reír más a menudo, en lugar de tener que aguantar con el rostro impasible las ocurrencias de Data o la frialdad de Picard. Su popularidad, no obstante, bajó a mínimos cuando se permitió hacer un comentario en el Show televisivo de Arsenio Hall sobre la locura de los fans de Star Trek, a los cuales les acusaba de querer decidir sobre el futuro de la serie y hasta en la temática de los capítulos. Pero Frakes no está tan pendiente de los fans como ellos quisieran, ya que su labor como director cinematográfico va pareja con la de actor y ya está haciendo sus ensayos con los efectos especiales, además de meterse a productor de la saga galáctica de Star Trek. Si todo sigue así, dentro de poco tendrá el control total de la serie, lo mismo que ya habían hecho anteriormente Leonard Nimoy y William Shatner.

Frakes está sumamente agradecido a Gene Roddenberry y su visión de futuro con respecto a Star Trek, ya que ha podido recuperar una gran cantidad de historias esbozadas que Gene legó a su familia y que ahora forman ya parte de las nuevas aventuras del Enterprise. Estaba convencido de que Gene había previsto que sus primitivos amigos de Star Trek no podrían seguir interpretando sus papeles por tiempo indefinido y que se hacía necearia una continuación con nuevos personajes, lo que permitiría sobrevivir a la serie durante más tiempo.

Frakes trata de introducir algo más de humor en la serie y un poco más de la ironía que había entre Kirk, Spock y McCoy, cuyos ataques verbales eran frecuentes. Para lograrlo introduce numerosos comentarios en Data y le da a su propio personaje de Riker un toque romántico para con las mujeres, especialmente con Troi.

Frakes debutó ante las cámaras en "The Offsprings" y posteriormente trabajó en "Reunion" y "The Drumhead", además de la versión para el cine de "First contact." Según sus palabras, dirigir conlleva mucha más responsabilidad que actuar y confiesa ponerse nervioso aunque disfruta con su trabajo. Su mayor tensión está cuando tiene que dirigir a sus propios compañeros de reparto, aunque la gran amistad que les une le permite hacer esa labor con diplomacia. También ha tenido la suerte de llevar como estrella invitada en "The Drumhead" a Jean Simmons, una leyenda del cine que había conocido durante su trabajo en la serie televisiva "North & South" para la ABC TV. Con anterioridad a estos trabajos le vimos en las series de televisión "Falcon Crest" y "Canción triste de Hill Street" como actor secundario.

Filmografía

The Captains (2011)
Thunderbirds (2004) director
The Twilinght Zone (2002) Serie de TV-director Star
Trek: Nemesis (2002)
Star Trek: The Next Generation Companion (1999)
Dying to Live (1999)
Star Trek: Insurrection (1998) Star
Trek: First Contact (1996) Star
Trek: Generations (1994)

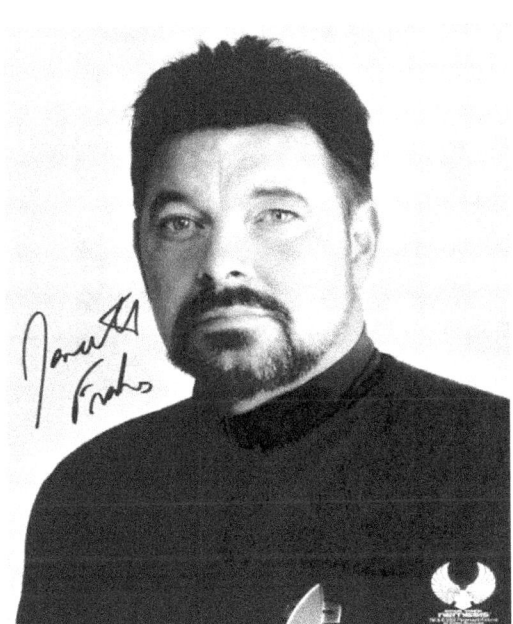

Riker

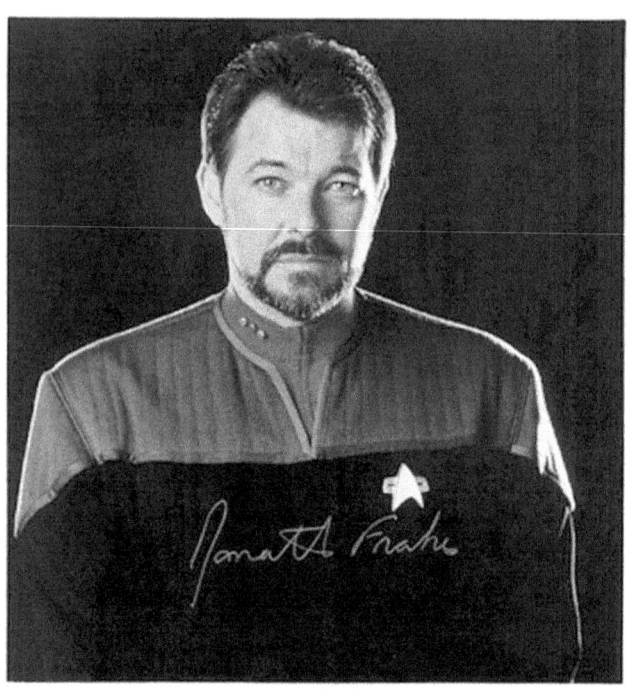

Nacido en Alaska, este comandante de la nave estelar Enterprise es hijo del diplomático Kyle Ryker, con el cual mantuvo un alejamiento afectivo durante años. En "El Factor de Ícaro" Riker establece que no había visto a su padre desde hacía 15 años con anterioridad al episodio (2365), y que él tenía 15 años de edad cuando su padre le dejó, sugiriendo así una fecha de nacimiento en el 2335.

Piloto por vocación, tras pasar por la academia sirvió en el USS Potemkin y en la USS Hood, donde su brillante actuación le permitió acceder al puesto de primer oficial del USS Enterprise. Aficionado al jazz, el teatro, la cocina creativa y a tocar un pesado instrumento como el trombón, suele dirigir la partida de póquer semanal de los oficiales.

Es considerado como uno de los mejores oficiales de la Flota Estelar, y el único que se ha enfrentado con éxito a los temibles Borg. Aunque el objetivo final de Riker siga siendo mandar algún día su propia nave, el comandante se resiste a abandonar el Enterprise y ha rechazado varios puestos, esperando, quizá, suceder a Picard en el propio Enterprise.

Riker sirvió a bordo del Starship Hood a las órdenes del Capitán Robert DeSoto con anterioridad a su cometido en el Enterprise ("Encuentro en Farpoint".) Su servicio a bordo de Hood habría sido alguna vez después de su graduación en la Academia Starfleet, probablemente entre el 2357 y el 2364. Con anterioridad a Hood, sirvió a bordo del Potemkin aunque no se ha establecido la fecha concreta de esto. Riker estuvo también en el planeta Betazed con anterioridad a su cometido en el Enterprise ("Menage á Troi".)

En algún punto no especificado durante su servicio a bordo de Hood, Riker, como oficial primero, rehusó permitir que el Capitán DeSoto bajara al Altair, advirtiéndole del peligro que había. Mientras que DeSoto disentía totalmente de esta advertencia, Riker actuaba según su deber para proteger la vida de su capitán ante el riesgo ("Encuentro en Farpoint".)

Riker sirvió durante un tiempo en el cuerpo diplomático del planeta Betazed, donde conoció a Deanna Troi. Ambos mantuvieron una tórrida relación, que tuvo que ser interrumpida al decidir Riker seguir con su carrera. En el filme "Némesis" pudimos asistir, por fin, a una entrañable boda entre ambos.

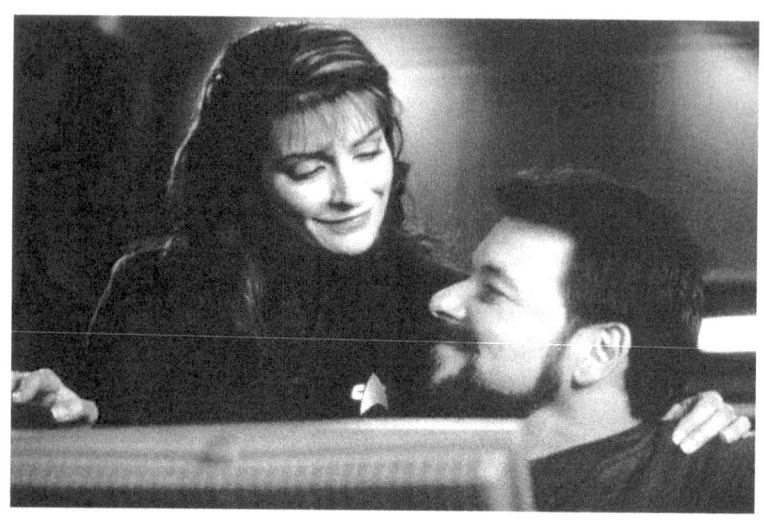

Riker y Deanna

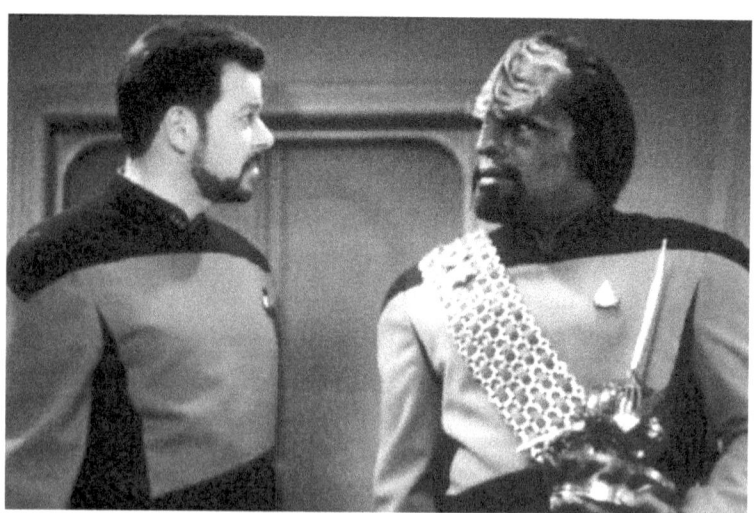

Riker y Worf

BRENT SPINER
Data

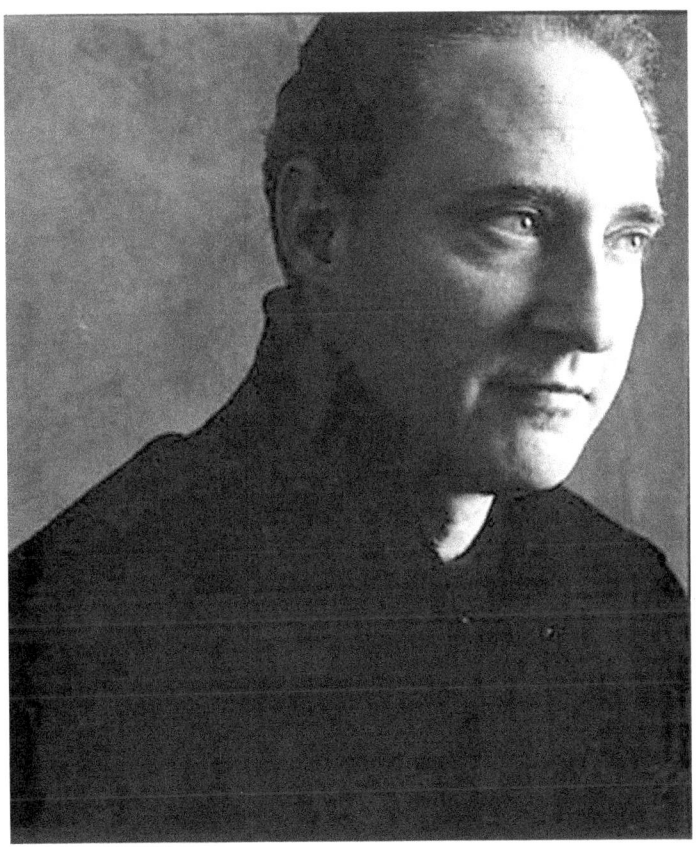

Mejor conocido por su trabajo como el androide Data en la serie de televisión "Star Trek: La Nueva Generación", Brent Spiner es también un cantante de talento. Nacido en Houston, Texas, el 2 de febrero de 1949, fue llevado temporalmente por su madre y su segundo marido a una ciudad indeterminada (el padre real de Spiner murió cuando él era un bebé), retornando a Houston para ingresar en la escuela secundaria, donde tuvo como compañeros a los hermanos Quaid.

Una vez terminada su graduación en la Universidad de Houston, donde permaneció hasta 1974, decidió hacerse actor profesional en Nueva York. Como muchos otros actores ambiciosos, Spiner tenía más deudas que pagar que ingresos, por lo que se dedicó a trabajar como taxista, antes de comenzar su trabajo en Broadway. Allí trabajó en una obra con George Mandy Patinkin, al mismo tiempo que intervenía en algunas series de televisión y aparecía, por fin, en el cine en el filme de Woody Allen "Stardust Memories" en 1980. Después se marchó a Los Ángeles en 1985 y siguió su carrera en series de televisión y como actor de apoyo en telemovies y miniseries.Parece ser que su entrevista para intervenir en la nueva serie de Star Trek se realizó en la cafetería del Palacio de Justicia, junto con otros muchos aspirantes. Lo curioso es que entonces Spiner no tenía un interés particular por la ciencia-ficción y no era un gran entusiasta de Star Trek. Según dice, cogió el trabajo principalmente porque no pensaba que la nueva serie duraría y porque necesitaba pagar unas facturas.

Filmografía esencial:

Independence Day: resurgence (2016)
Material Girl (2006)
The Aviador (2004)
Star Trek: Némesis (2203)
Geppetto (2000)
Star Trek: Insurrection (1998) Out
To Sea (1997) **Independence Day (1996)**
Phenomenon (1996)
Star Trek: First Contact (1996)
Corrina, Corrina (1994)
Star Trek Generations (1994)
Star Trek: The Next Generation (1988)
Star Trek: The Next Generation (TV Series) (1987)
Crime of Innocence (1985)
Stardust Memories (1980)

ANDROIDE DATA

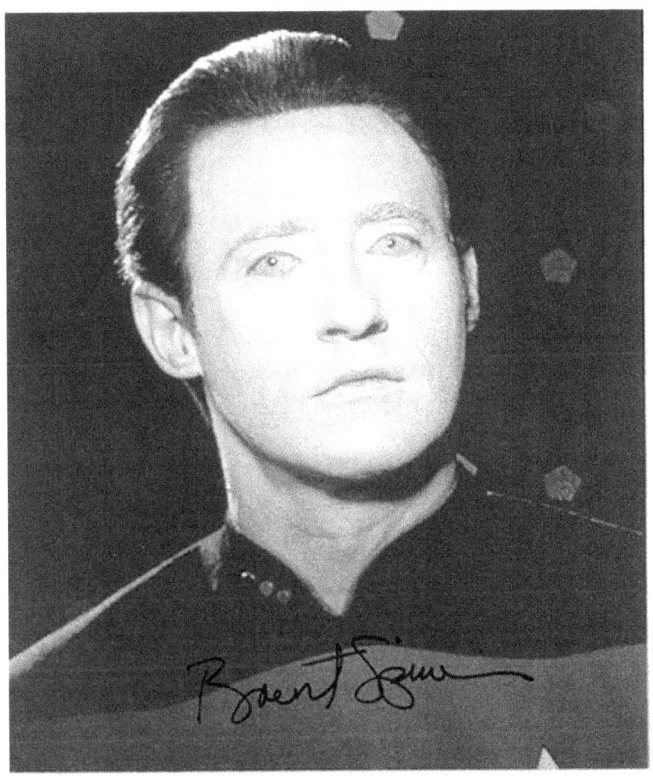

La tripulación del USS Trípoli activó a Data 26 años antes del "Datalore" (2364), sugiriendo como fecha de activación el año 2338. Su creación fue posible gracias al excéntrico científico Noonien Soong que, despreciado por sus colegas debido a sus repetidos fracasos en la creación de un cerebro positrónico funcional, logró completar su investigación en la solitaria colonia de Omicron Theta, construyendo dos prototipos funcionales: Data y Lore.

Descubierto y activado posteriormente por la tripulación del USS Trípoli en el año 2338, se le permitió ingresar con el grado de oficial en la Flota Estelar y convertirse en un ser humano, aunque para lograr tal honor, nunca antes concedido a un androide, tuvo que demostrar que era bastante más que una máquina. Esto ocurría en el año 2364. No obstante, en el Enterprise se enfrenta a dos problemas: la irracionalidad del comportamiento humano, que le desconcierta profundamente, y su deseo de ser un ser humano más. Por ello, cuando se le introducen en sus archivos sentimientos humanos sufre y se desconcierta.

La computadora registra en "A la medida del Hombre" que se estabilizaron los circuitos y que Data había recibido varias condecoraciones, entre ellas la Legión de Honor y la Cruz Cross. Ningunas de estas fechas se asociaron con estos premios, aunque probablemente se hayan podido conceder con anterioridad al año 2365.

Aficionado a la música de cámara, a soñar, a la pintura, emular a Sherlock Holmes y estudiar a su gato Spot, bajo el mando del capitán Picard Data ha logrado, tras múltiples experimentos, ir acercando progresivamente su comportamiento al modelo humano que desea conseguir, siendo su última conquista la de lograr por fin experimentar emociones, gracias a un chip emocional, herencia póstuma de su creador, el Dr. Soong.

Más tarde conoció a su hermano gemelo, un androide inmaduro llamado Lore, quien a punto estuvo de adueñarse del Enterprise. También lideró un grupo de Borgs que le reprogramó para que les ayudara, aunque afortunadamente fue desactivado.

Data ha sido íntimo amigo de Geordi LaForge, Miles O'Brien y Keiko Ishikawa, manteniendo relaciones amorosas con Tasha Yar o la Teniente Jenna D'Sora. Murió en 2379 para salvar la vida de Picard y del resto del Enterprise, aunque poco antes de morir había transferido toda su memoria a un prototipo de si mismo.

MARINA SIRTIS
DEANNA TROI

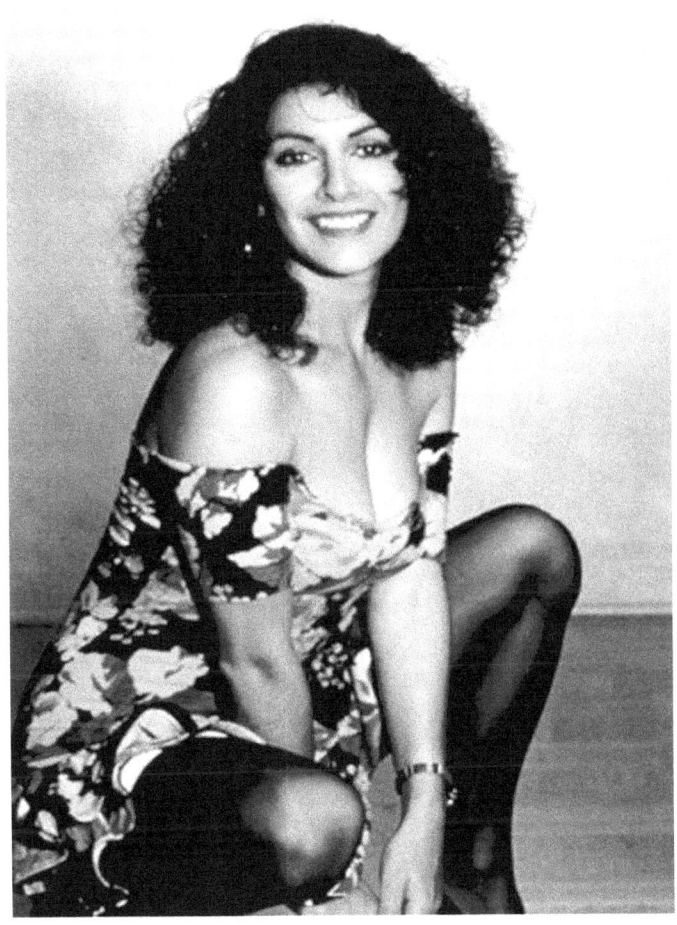

Nacida el 29 de marzo de 1959, en Londres, e hija de padres griegos, se trasladó a vivir luego en la zona norte para poder asistir a la escuela de Arte Dramático, donde una vez graduada se convirtió en miembro del Theatre Worthing, interpretando a Ophelia, entre otros papeles clásicos.

Ha trabajado mucho para la televisión británica, en obras musicales y compañías diversas a lo largo de Inglaterra y Europa. También reveló sus talentos vocales en una gira europea apareciendo junto a Faye Dunaway, y en el musical "The Rocky Horror Picture." Cuando retornó a Inglaterra, filmó "Una Última Oportunidad" para la BBC, así como una pequeña intervención en "Waxwork II."

Durante uno de los capítulos de la serie Star Trek se aventuró en su propia y real aventura: el matrimonio, al casarse con el músico Michael Lamper en una ceremonia griega tradicional, residiendo desde entonces en Los Ángeles. Su posterior divorcio parece ser que estuvo ocasionado por el romance que ha mantenido con el actor y director Jonathan Frakes.

Filmografía esencial:

The Assasin'Apprentice (2017)
Walking on Water (2004)
Spectres (2004)
Lesse of Three Evils (2003) **Star Trek: Nemesis (2002)** Peace Virus (2001)
Star Trek: Insurrection (1998)
Gargoyles: The Hunted (1998) **Star Trek: First Contact (1996) Star Trek: Generations (1994)** Waxwork II: Lost in Time (1992)

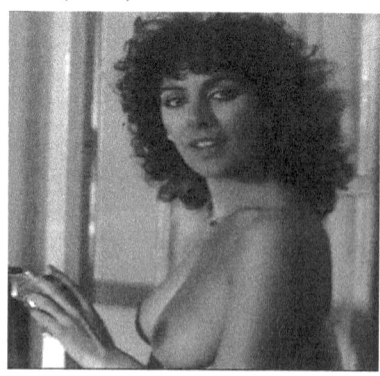

DEANNA TROI

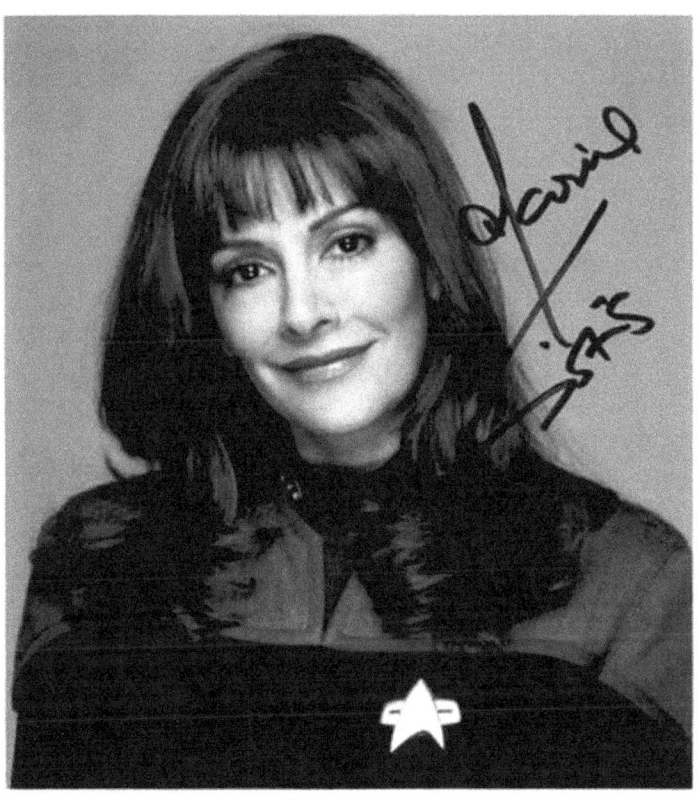

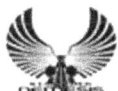
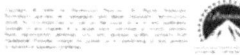
Marina Sirtis
as Deanna Troi
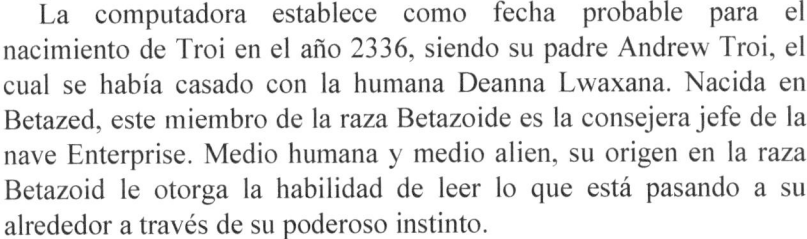

La computadora establece como fecha probable para el nacimiento de Troi en el año 2336, siendo su padre Andrew Troi, el cual se había casado con la humana Deanna Lwaxana. Nacida en Betazed, este miembro de la raza Betazoide es la consejera jefe de la nave Enterprise. Medio humana y medio alien, su origen en la raza Betazoid le otorga la habilidad de leer lo que está pasando a su alrededor a través de su poderoso instinto.

No obstante, la mezcla con la raza humana le hizo perder el poder telepático característico de su raza. Segunda hija de Lwaxana Troi y el oficial Ian Andrew Troi, ha tenido una hermana mayor, Kestra, que falleció muy joven. Troi realizó sus estudios de psicología en la Universidad de Betazed, estando especializada en contactos con seres de otros mundos.

Deanna también es una persona sabia con extensos conocimientos de filosofía, psicología y religión, y es llamada por el Capitán Picard para solucionar una gran variedad de situaciones. Como consejera de la nave, Troi juega un papel único en el Enterprise, efectuando labores como psicóloga, experta en el comportamiento humano, intentando leer el pensamiento de los enemigos, lo que se traduce en una gran responsabilidad en el bienestar metal de la tripulación, y por otro aconsejar al Capitán Picard en su función diplomática. Es muy aficionada a leer manuales de lingüística universal, así como a jugar al ajedrez tridimensional y a comer chocolate.

Algunos años con anterioridad a "Star Trek: La Nueva Generación", Riker sirvió en el planeta Trois de Betazed. Entonces Riker y ella llegaron a tener un fuerte romance y Troi todavía le solía llamar de vez en cuando Imzadi, que en Betazoid quiere decir "querido." No se conocen, sin embargo, las fechas exactas ni otros detalles específicos de este amor, aunque en "Menage á Troi" se establezca que Riker era un teniente cuando llegó a Betazed y que Troi era una estudiante de psicología. Ella le consideraba su imzadi ("amado"), aunque también se cree que mantuvo relaciones con Worf. Su posterior boda con Riker ha sido recreada con todo detalle en el filme "Némesis".

MICHAEL DORN WORF
ROZHENKO

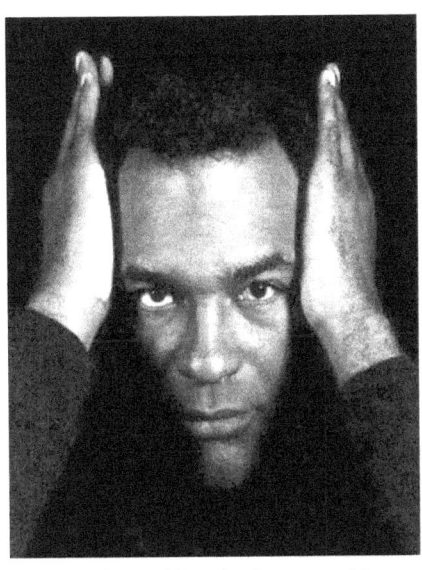

Michael Dorn reconoce que haber interpretado a Worf ha sido una oportunidad increíble en su vida artística, siendo un desafío tener que superar el maquillaje y las barreras físicas de este papel, debiendo mostrar un carácter fuerte y directo. Después de terminar la producción en la cuarta serie, Michael se tuvo que poner otra cabeza de Klingon, la del abuelo de Worf en el filme "Star Trek VI", lo que le permitió enlazar con "La Nueva Generación".

Michael también ha intervenido en otras series de televisión, como "Hotel", así como en diversas películas.

Nacido en Luling, Tejas, el 9 de diciembre de 1952, fue llevado posteriormente por sus padres a Pasadena, California, donde cursó sus estudios en la High School Secundaria y posteriormente en la universidad. Su trabajo en la televisión como estrella invitada en la serie "W.E.B." dejó impresionado al productor, quien le dio otro trabajo como Charles Conrado. Seis meses más adelante, Michael enlazó con la popular serie "CHIPs," donde trabajó durante tres años.

Durante su trabajo en Star Trek, Michael consiguió ver realizado su sueño de ser piloto de aviones y desde entonces ha volado con los Ángeles Azules y ha participado en las maniobras de vuelo de un F-16 con algunas de las armas más avanzadas. Michael posee actualmente su propio jet.

Filmografía esencial:

Ted 2 (2015)
Fallen Angels (2006) Walking on
Water (2004) Lesse of Three
Evils (2003) Ali (2001)
Superman (1976)
Engendro mecánico (1977)
Rocky (1976)

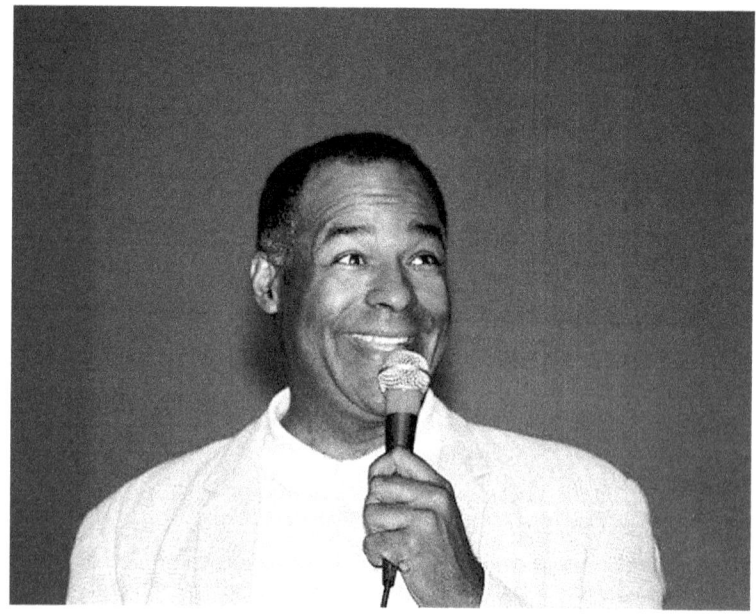

WORF

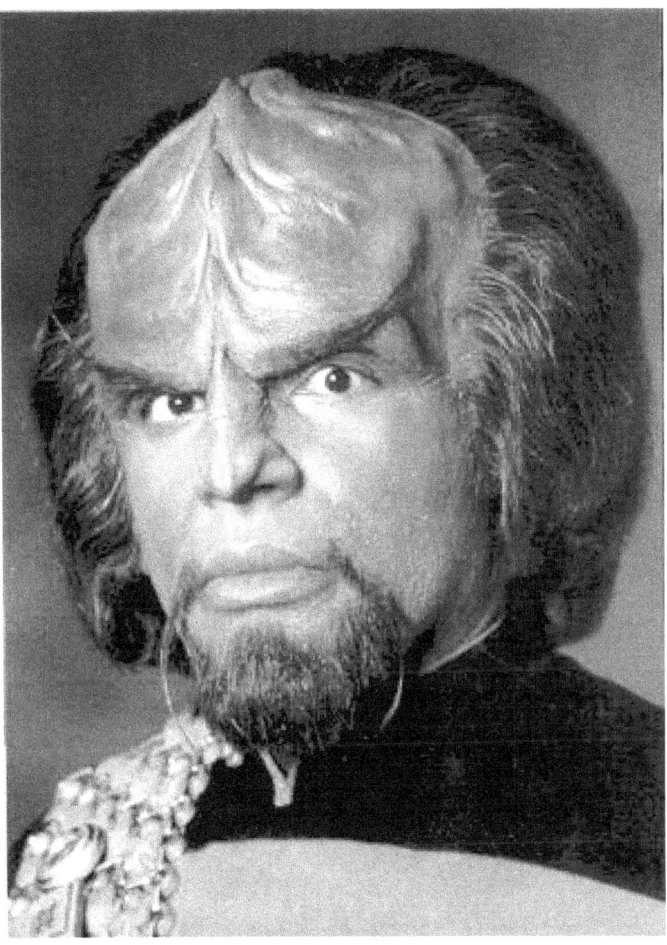

Comandante y Jefe de Seguridad, este Klingon nacido en Q0'nos en el año 2340, se quedó huérfano tras el ataque romulano al destacamento de Khitomer en 2346, cuando sólo contaba con 6 años. Afortunadamente logró ser rescatado por Sergei Rozhenko y su mujer, Helena, quienes le adoptaron, creciendo junto a su otro hermano adoptivo Nikolai en la colonia agrícola de Gault.

Después de la pacificación, Worf se convirtió en el primer Klingon en graduarse en la Academia, siendo destinado al Enterprise, donde se le asignó el cargo de jefe de seguridad tras la muerte de Tasha Yar.

Se le reconoce un hijo, Alexander, producto de su amor con la embajadora K'Eylar, quien fue asesinada posteriormente por el consejero Duras. La venganza llegó poco después y Worf mató a Duras, lo que originó una nueva guerra. Afortunadamente Worf contó con el apoyo de los romulanos y ello le permitió recuperar su honor.

Se especula que ha mantenido una relación sentimental con la consejera Troi.

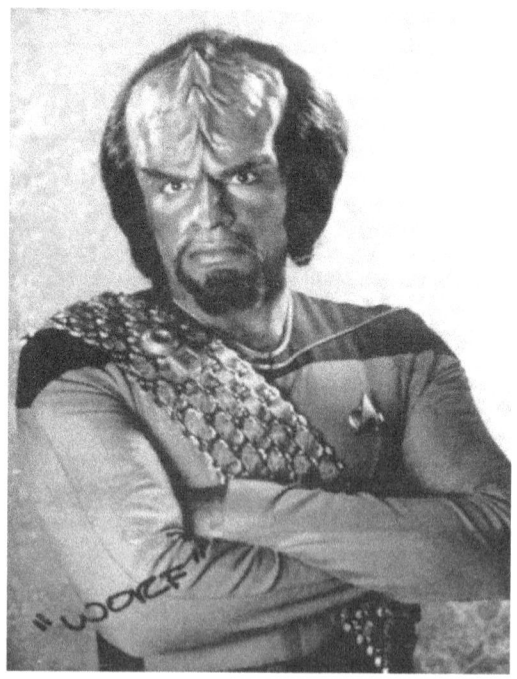

WHOOPI GOLDBERG
GUINAN

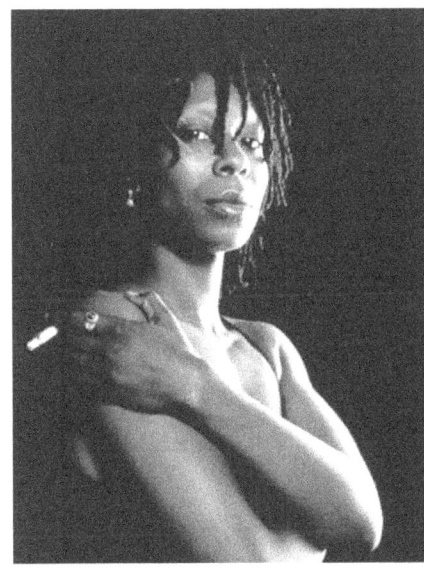

De nombre real Karyn Jonson, nació el 13 de noviembre de 1949 en Nueva York, reconociendo que quizá el ambiente le empujó a engancharse a las drogas, aunque insiste en que ha sabido reponerse y se ha consagrado como toda una estrella no sólo en el cine, sino también en la televisión, la música y el teatro.

Además de su actividad profesional es conocida por sus incesantes campañas en favor de los niños, las personas sin hogar, la lucha contra el SIDA y los derechos humanos, así como en contra del abuso de sustancias químicas.

Creció en la ciudad de Nueva York y empezó su carrera en el mundo del espectáculo en el teatro y la improvisación, en el área de San Diego y la Bahía de San Francisco actuando con el grupo teatral Blake Street Hawkeyes. Consiguió grandes triunfos en Broadway y poco después logró un Grammy por su disco.

Su debut cinematográfico se produjo en 1985 con un papel en la película "El color púrpura" que le valió una nominación al Oscar y un Globo de Oro. Su interpretación es recordada como una de las más brillantes en una actriz prácticamente desconocida de Hollywood. A partir de entonces participaría en numerosos largometrajes, aunque sin olvidar la televisión.

En 1990 intervino en "Ghost" junto a Demi Moore y Patrick

Swayze, y su trabajo le sirvió para ganar, esta vez sí, un Oscar y un Globo de Oro a la mejor actriz secundaria. Luego vendrían entre otras: "Sister Act", "Made in América", "Cómo triunfar en Wall Street", etc. En televisión participó durante cinco temporadas en "Star Trek: La Nueva Generación" y co-protagonizó la serie "Bagdad Café".

Fue presentadora en siete ocasiones junto a Robin Williams y Billy Crystal de "Comic Relief" y candidata al Emmy por su trabajo como presentadora en la 66º y 68º ediciones de los Oscar, aunque conseguiría, sin embargo, el galardón por su participación en la famosa serie televisiva "Luz de Luna".

En 1992 debutó en el campo de la literatura con un relato para niños, "Alice" y ahora trabaja en su segundo libro. Es sin duda una de las mejores actrices cómicas de su generación, talento basado en su ironía y el conocimiento de la industria hollywoodiense.

Oscar a la mejor Actriz de Reparto 1990 Oscar
Mejor Actriz 1985

Filmografía esencial:

The Last Guy on Heart (2006)
Super Babies: Baby Geniuses 2 (2004)
Rat Race (2001)
Monkeybone (2000)
Eddie (Eddie) 1996
Star Trek: Generación (Star Trek: Generations) 1994
Made in America (Made in America) 1993
El juego de Hollywood (The Player) 1991
El juego de Hollywood (The Player) 1991
Ghost: más allá del amor (Ghost) 1990
El color púrpura (The color Purple) 1985

GUINAN

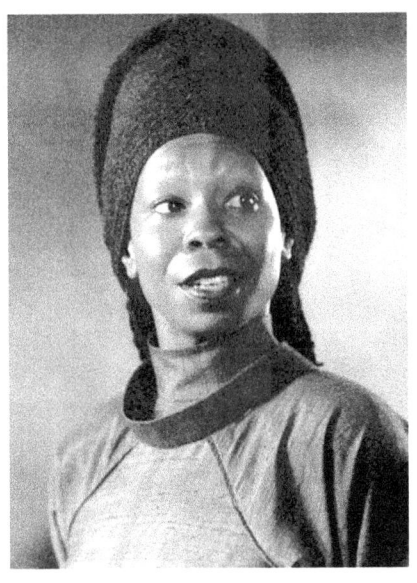

Es la encargada del bar en el Enterprise-D, situado en la parte más adelantada de la nave, en la cubierta 10.

Guinan no es humana, es una El'Aleurian, una antigua raza que tiene fama de escuchar a la gente y ayudarles a solventar sus problemas. Esto es algo que hemos visto en varios capítulos, cuando se aparece, cual musa holográfica, al capitán Picard para darle un sereno consejo.

Los alurianos son muy longevos, pudiendo vivir más de 100 siglos, encontrándosela por ello en el siglo XVIII, cuando Picard efectuó un viaje al pasado. Indudablemente es una consejera que rivaliza con Troi, pero sus intenciones no es competir, sino más bien serenar.

El nombre de Guinan proviene de Texas Guinan, un famoso propietario de una cantina durante los años de la prohibición de alcohol en los EE.UU., durante las primeras décadas del siglo XX, en los tiempos de Elioth Ness.

De apellido inexistente, lo mismo que Chakotay, revive con frecuencia la masacre que su pueblo sufrió a causa de los Borg en el siglo XXIII, y de cómo los pocos supervivientes de su raza han cruzado prácticamente toda la galaxia. También la recordamos cuando escapó de su mundo en la nave USS Lakul, y tiene un pequeño encuentro con el Nexus y con el paranoico científico Soran.

Durante años vivió en la Tierra esperando que se iniciaran los viajes espaciales y fue vista por Data y sus amigos en la ciudad de San Francisco en el año 1893, donde tiene por amigo al escritor Samuel Clemens. Todos estos sucesos nos hacen especular que Guinan tiene más de 500 años, aunque indudablemente se conserva en buen estado, siendo muy probable que haya nacido en el siglo XIX. Su padre, en concreto, tenía 200 cuando ella nació. Lógicamente, sus maridos mortales han sido varios, reconociendo que se casó varias veces y tuvo varios hijos, pero hasta el momento nadie les ha visto.

Además de una eficaz consejera sentimental y anímica, Guinan tiene la extraordinaria habilidad de entender los cambios en las líneas del espacio-tiempo, por eso se da cuenta que algo raro ocurre cuando se encuentran con el Enterprise C, que reaparece 22 años en el futuro. En ese episodio advierte a Picard que el tiempo ha sido alterado e insiste en que debe retornar al C, al año 2344, para restaurar la línea temporal, consejo que sigue, pues confía en sus extraordinarios poderes.

Sus apariciones en la serie han sido esporádicas, apareciendo con más fuerza en la segunda temporada y en Star Trek Generations.

LEVAR BURTON
Geordi LaForge

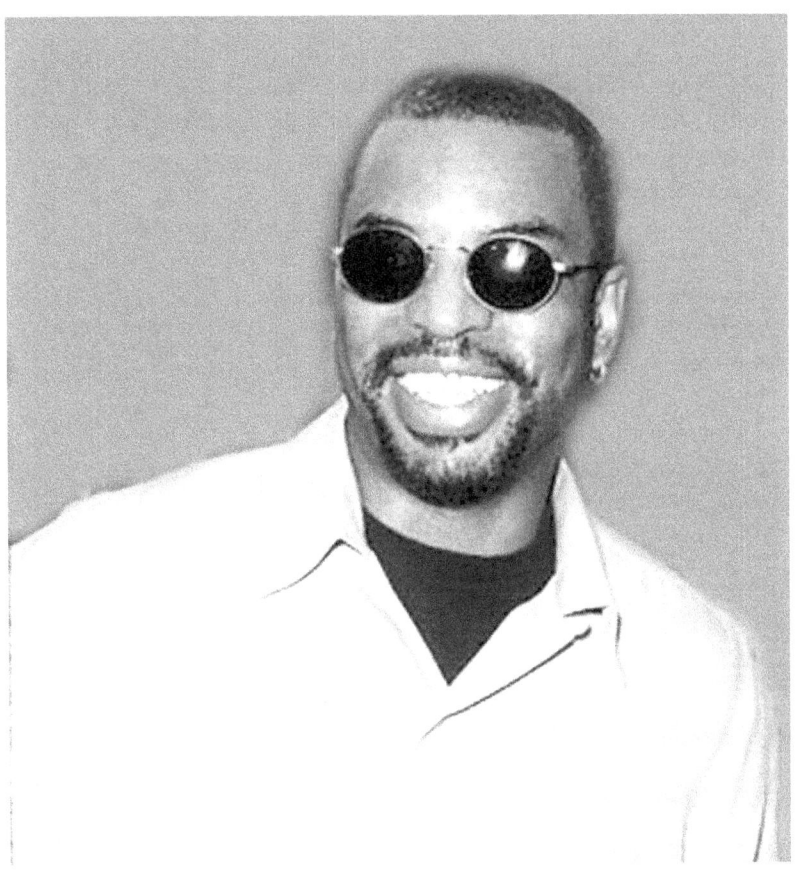

A LeVar Burton no le es difícil pasar desapercibido por la calle, pues su papel en Star Trek le muestra casi siempre oculto tras esa visera que reemplaza a sus ojos. De hecho, hay quien opina que su carácter real se ha contagiado de su personaje.

Nacido el 16 de febrero de 1957 en Landsthhl, West Germany, actualmente trabaja para la PBS, aunque siempre se siente orgulloso de su larga andadura en Star Trek, además de su trabajo en

"Capitán Planet," una serie animada diseñada para intentar que los niños sean responsables con el medio ambiente. Después de solicitar y ganar una beca en la USC, LeVar comenzó a trabajar en diferentes obras de teatro y durante sus años de estudiante interpretó el papel de Kunta Kinte en la serie "Raíces" con la cual ganó un Emmy. También le hemos visto en los filmes "Buscando al Sr. Goodbar" y en "Cazador a sueldo"
con Steve McQueen.

LeVar ha dirigido varios episodios de Star Trek: Voyager.

Filmografía esencial:
Practice Makes Perfect (2015)
Star Trek: Némesis (2003) Star
Trek: Insurrección (2003) Dancing
in September (2001) Star Trek:
First Contact (2000) **Cazador a sueldo (1980)**
Buscando al Sr. Goodbar (1977)

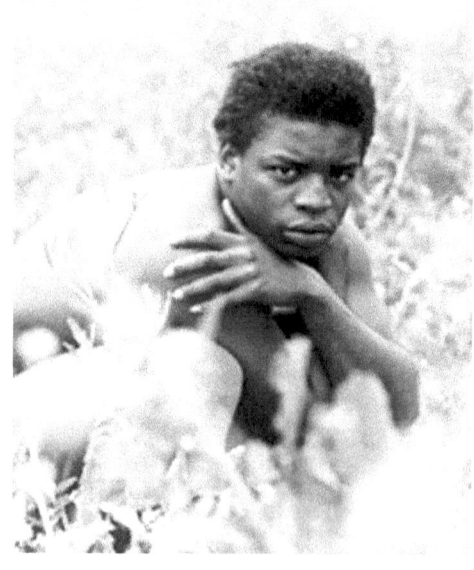

Levar Burton/Kunta Kinte

GEORDI LAFORGE

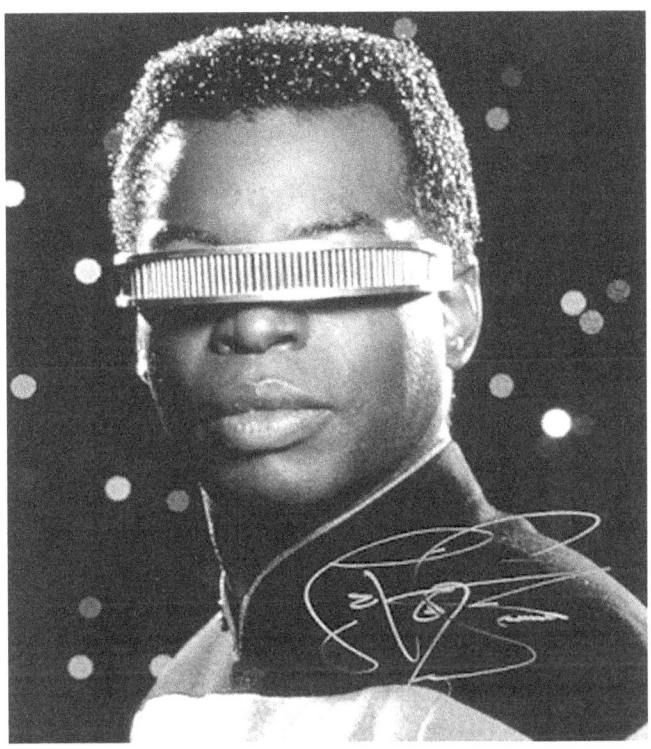

Este humano es el Jefe de Ingeniería de la nave con el grado de Comandante, siendo nativo de la Confederación Africana.

Ciego de nacimiento, logró recuperar parcialmente su visión gracias a la implantación de una prótesis visual llamada VISOR (Visual Instrument and Sensory Organ Replacement), que le permitió ver todo el espectro electromagnético, así como cumplir su ilusión de ingresar en la Flota Estelar. También recobró la vista en el filme "Insurrección", aunque fue una mejora esporádica.

Inicialmente ejerció en el USS Victory, hasta que Picard solicitó sus servicios en el Enterprise como oficial de vuelo. Su gran capacidad profesional le permitió obtener un rápido ascenso a teniente comandante, ocupando la plaza de jefe de ingenieros. Desde entonces se le considera como uno de los miembros más populares de la tripulación del Enterprise, siempre dispuesto a guiar a su amigo Data para que logre tener alguna emoción humana.

Su problema es que su pasión por las máquinas le impide apreciar a las personas en su justa medida.

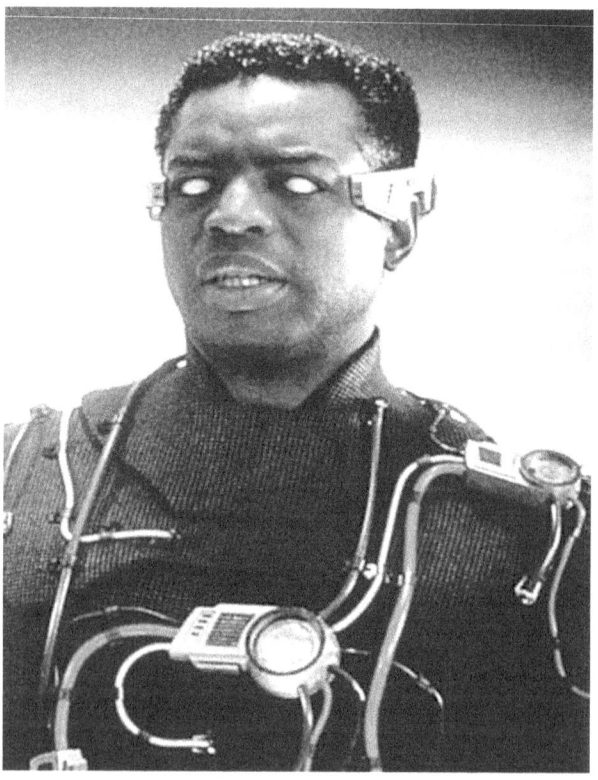

WIL WHEATON

Nombre: Richard William Wheaton III
Padres: Richard y Debbie
Hermanos: Jeremy y Amy
Nacido en: Burbank, Ca el 29 de julio de 1972 Estado civil: Casado con Anne Prince.

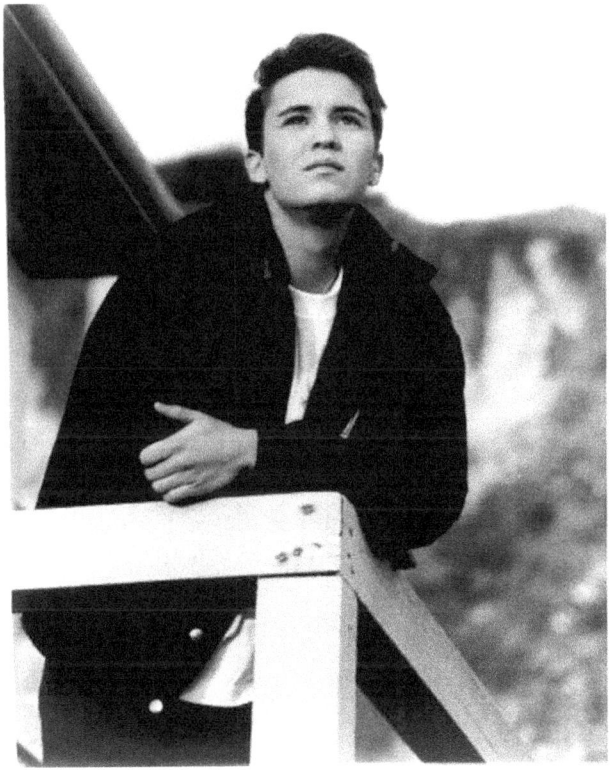

"Llevo bastante tiempo leyendo biografías sobre mi persona –comienza a contarnos- que son inexactas, razón por la cual he creído que debía escribir mi propia historia.

La serie Star Trek me ha convertido en un actor popular, aunque todavía me sigue gustando jugar al béisbol, manteniendo mi predilección por el color púrpura. Los seis últimos años no han sido fáciles, especialmente desde que dejé Star Trek. Además, debo reconocer que mi personaje en la serie era aburrido, apenas participaba en misiones peligrosas y no tenía amores. Eso supuso un grave peligro para mi carrera, pues así no había manera de generar pasiones. Así pues, dimití. No querían que me empujaran, que me archivaran o marginaran. Mi vida era mía.

Después de dejar la serie, rápidamente me desilusioné con la industria del cine. Los años viendo la política de Hollywood y una actitud general entre los ejecutivos para alimentar la incultura del espectador, me obligaron tomar cuatro años sabáticos. Durante ese tiempo me trasladé a Topeka, Kansas, y trabajé para una compañía que fabricaba ordenadores baratos, así como realizaba vídeos para televisión y software. Era emocionante para mí poner la energía de la televisión en manos de la gente normal, diaria, mejor que seguir con el mundo de Hollywood. Un desafío supone hacer una televisión mejor para todos, algo que suponga una revolución cultural, que tenga sentido. En ese pequeño grupo estuve tres años y en ese tiempo crecí enormemente como persona, y como profesional, hasta que sentí que ya estaba listo para incorporarme al cine.

Poco después realicé un casting para Roger Avary en el filme "Un tal Stitch", una historia moderna sobre un Frankenstein futurista. Me gustaba la historia, y la oportunidad para demostrar que había dentro de mí bastante más que en Wesley. La película fue mostrada en Francia, pero lamentablemente la compañía distribuidora pensó que era demasiado extraña e inteligente para el público y la vendió al canal Sci-Fi de TV, donde creo que gustó mucho. Lo cierto es que fue una gran decepción que no fuera vista por más gente, pues pensé que al ser diferente tendría mucho éxito. Afortunadamente, dispongo de una copia.

Regresé de Francia y desempeñé diversos papeles, tratando de ampliar mis capacidades, dos de ellos importantes. En uno soy un psicópata paranoico, mientras que en el otro interpreto a Bennett Hoenicker en "Flubber" de Walt Disney con Robin Williams.

La gente me pregunta si no estoy arrepentido de haber dejado Star Trek y la razón para no acudir a las convenciones. El problema es que todos me preguntan lo mismo y no quiero responder las mismas frases setenta veces. No deseo ofender a los aficionados, ni a mis compañeros, todos compartimos lo mismo y somos como una gran familia. Cuando los veo les digo cuánto les hecho de menos, y cómo espero reestablecer mi relación con ellos, de adulto a adulto, no de niño a adulto.

No asisto a convenciones por otras razones: percibo que los promotores principales de las convenciones buscan solamente la promoción del merchandising. Además, no puedo seguir hablando de Star Trek toda mi vida y deseo contar más cosas sobre mi carrera de actor. No obstante, si los fans lo desean, apareceré uno o dos veces por un año.

Como Lord Byron dijo:

'Fue una de las sensaciones más mortales y pesadas de mi vida sentir que todavía era un muchacho. A partir de ese momento comencé a crecer en mi propia estima y en ella la edad no es estimable.'"

Wil Wheaton
c/o Innovative Artists
1999 Avenue of the Stars, Suite #2850 Los Ángeles CA 90067
U.S.A.

Filmografía esencial:

Americanizing Shelley (2006)
Brother Bear (2003)
Neverland (2003)
Flubber (1997)
The Curse (1987) Stand
by Me (1986)
The Last Starfighter (1984)

WESLEY CRUSHER

Este joven Alférez, con el cargo de Oficial del puente, nació en la Tierra en el año 2349. Huérfano de padre desde los 5 años, llegó al Enterprise simplemente como un civil ávido de aprender, acompañando a su madre la doctora Beberly Crusher. Allí decidió ingresar en la Academia de la Flota Estelar y tras muchos estudios y dos exámenes aprobó el ingreso, aunque diversos incidentes le hicieron comprender que su capacidad científica no podría desarrollarse totalmente en la Flota Estelar.

Aunque aparentemente poco capaz para labores delicadas, su innata habilidad e inteligencia le proporcionaron rápidamente una plaza en el puente como alférez en funciones, hasta que adquirió la suficiente experiencia para ser promovido a oficial.

Una vez que renunció a seguir el camino de su padre, se dedicó intensamente a investigar la trascendencia espacio-temporal que caracteriza a ciertos seres, empeño que lo puede llevar a cabo gracias a la profunda amistad hacia Data y Picard.

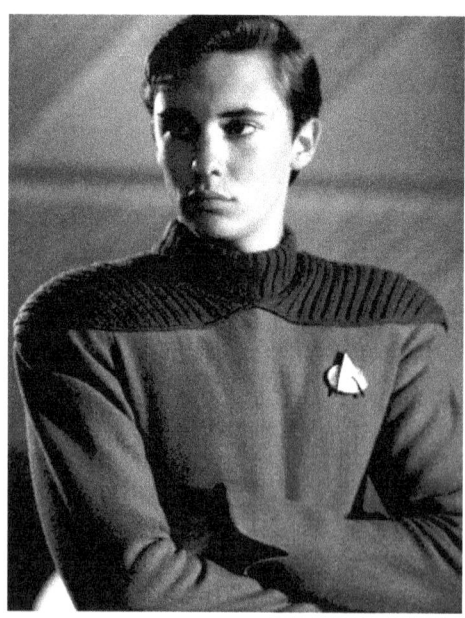

GATES MCFADDEN
Beberly Crusher

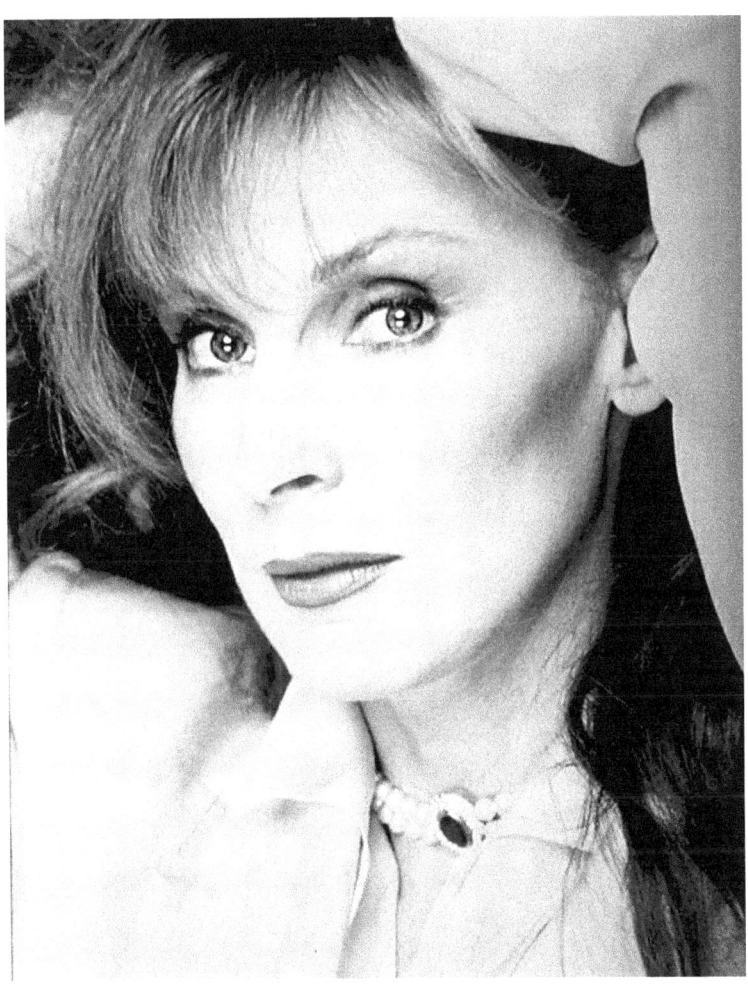

Madre de William Wheaton en "Star Trek: la Nueva Generación", ha interpretado más recientemente "L'Histoire du Soldat" de Stravinsky bajo dirección de Kent Nagano en el Festival de la Música de Jolla.

Durante el rodaje de la serie, intervino también en "Beyond the Groove", una producción británica para la televisión, escrita y protagonizada por David Rappaport; en "Viva Detroit" de Derek Walcott, y en el filme "Taking Care of Business," protagonizada por Charles Grodin y Jim Belushi, así como en "La caza del Octubre Rojo"

Antes de comenzar el trabajo para Star Trek, Gates trabajó extensivamente en Nueva York como actriz y directora en "To Gillian on Her 37th Birthday," "How to Say Goodbye," "Cloud 9" y "Emerald City" de David Williamson, así como en "The Muppets Take Manhattan," de Jim Henson, y coreografió el filme "Labyrinth."

Una vez que se marchó de Ohio, participó en varios programas de teatro universitarios, incluyendo la University Graduate School of the Arts, la Universidad Brandeis y la Universidad de Pittsburgh. Durante su viaje al extranjero estudió con Jacques LeCoq en París durante varios años.

Filmografía esencial:

Make the Yuletide Gay (2009)
Star Trek: Nemesis (2002)
The Hunt for Red October (1990)
Labyrinth (1986)
Dreamchild (1985)
The Muppets Take Manhattan (1984) The Dark Crystal (1982)

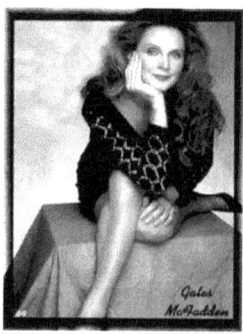

BEVERLY CRUSHER

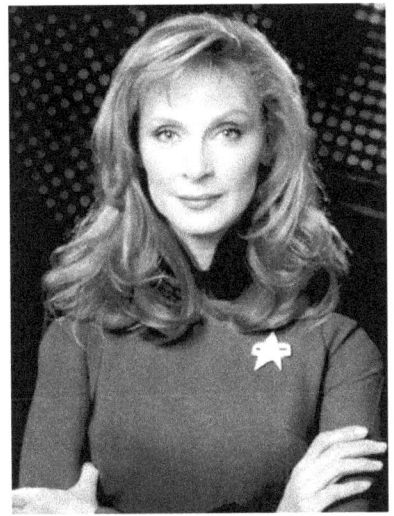

Nacida en la Tierra en 2324, fue oficial médico del Enterprise desde su nacimiento, aunque posteriormente dejó la nave durante un año para trabajar como directora de la rama médica de la Flota Estelar.

Casada con Jack Crusher, enviudó cuando él servía bajo el mando de Picard en el Stargazer, estando ahora ligada afectivamente a Picard.

Su gran interés se centra en combinar la cibernética con las técnicas de regeneración, lo que le ha llevado a estudiar meticulosamente el funcionamiento de Data, intentando perfeccionarle dotándole de sentimientos humanos razonables.

Denominada afectivamente como "la doctora bailona", se siente atraída por la danza y las obras de teatro, algunas de las cuales escenifica con gran maestría.

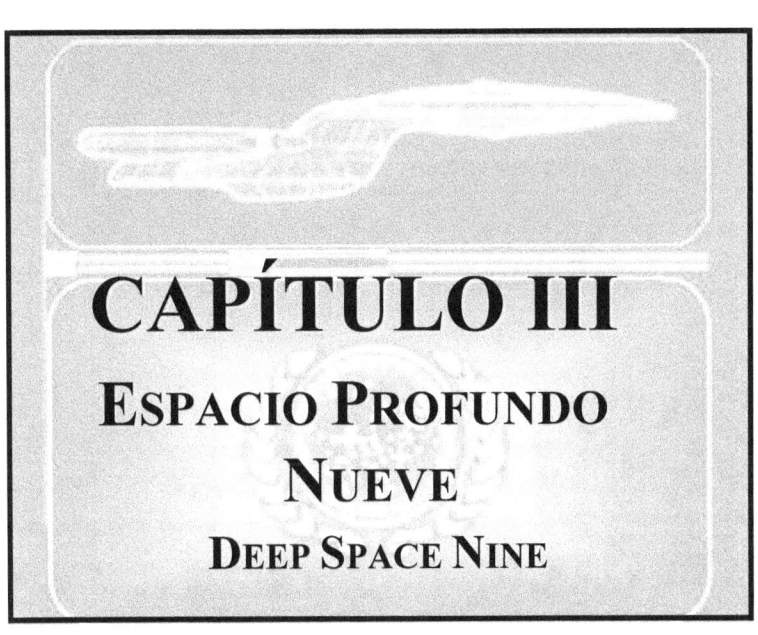

CAPÍTULO III
ESPACIO PROFUNDO NUEVE
DEEP SPACE NINE

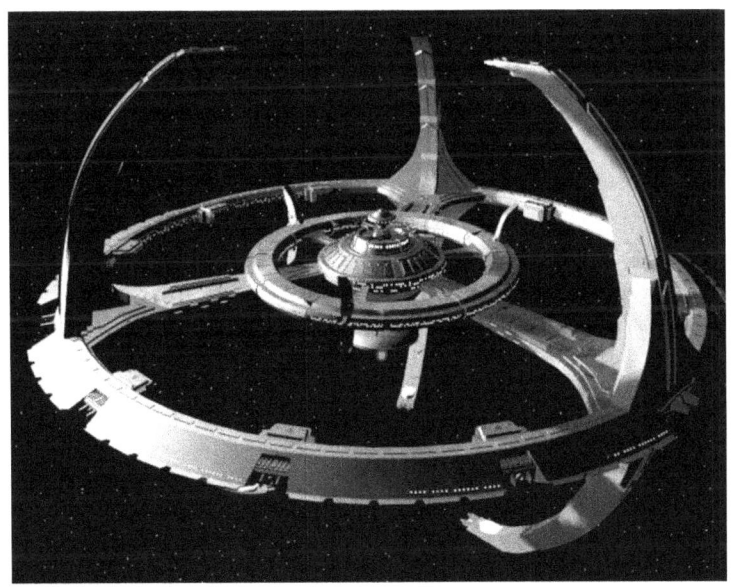

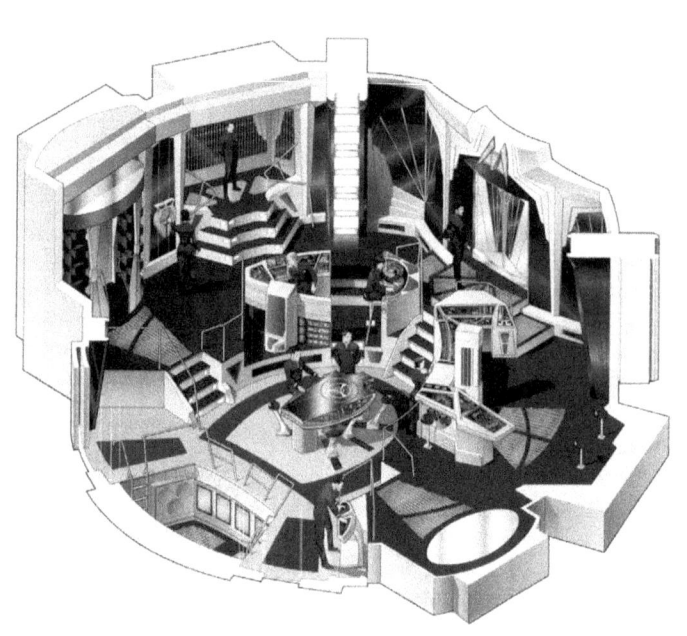

El serial "La Nueva Generación" fue tan popular y contribuyó tanto a afianzar el fenómeno Star Trek, que en 1993 Rick Berman y Michael Piller crearon una "sucursal", posiblemente porque no estaban seguros de poder exprimir tanto a estos carismáticos personajes. Podemos asegurar, y el tiempo avala esta conclusión, que "La Nueva Generación" ha conseguido incluso superar en entusiasmo y audiencia a la Primera Serie, aunque los años han vuelto a pasar factura a sus intérpretes.

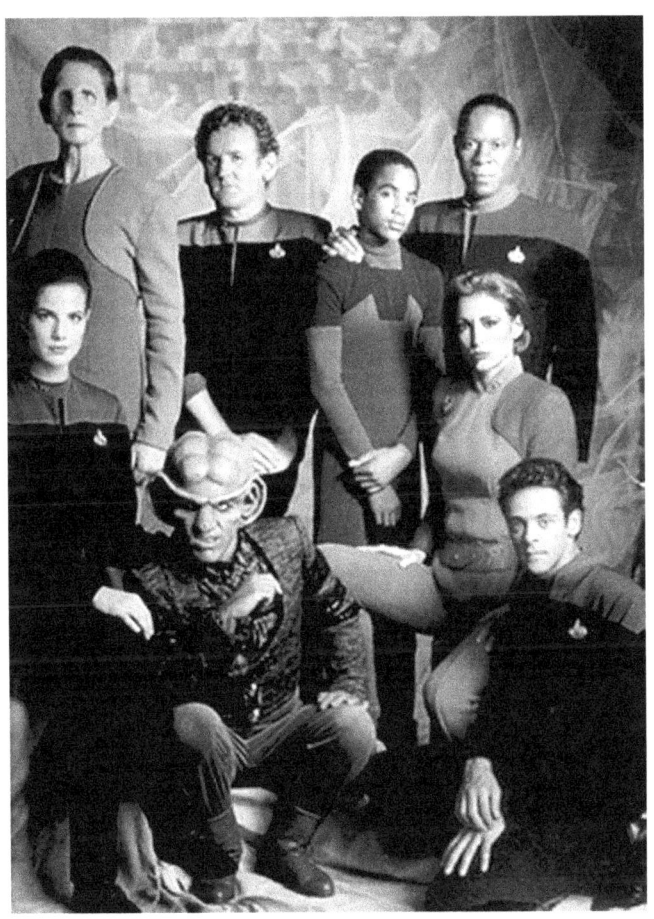

Inevitablemente envejecidos para continuar durante al menos una década, los estudios buscaron tímidamente a unos sustitutos, los cuales deberían compartir aficionados televisivos durante algún tiempo.

Y así nació "Star Trek: Espacio Profundo Nueve", una nueva serie semanal protagonizada por Avery Brooks como el Comandante Benjamín Sisko que ocasionó el retiro paulatino de "La Nueva Generación", llegando a su fin en 1994 después de 7 años de éxito. Afortunadamente, ese no fue el fin para Picard y su tripulación, ya que les esperaba unas nuevas secuelas destinadas a la gran pantalla, la primera de ellas enlazando con la mayoría de los personajes de la primitiva serie. En "Star Trek: Generación", los aficionados estuvieron a punto de saltar de sus asientos de emoción, pues pudieron ver de nuevo a sus antiguos ídolos, aunque ello supusiera ver morir a su entrañable Capitán James T. Kirk.

El tiempo ha demostrado lo acertado de esta tripulación (al menos hasta la polémica "Némesis"), sin que exista ningún proyecto para ver en la gran pantalla ninguna película de "Espacio profundo nueve"

La nueva tripulación está compuesta de:

Capitán Benjamín Sisko Jadzia
Dax, Oficial Científico Julián
Bashir, Oficial Médico Odo,
Oficial de Seguridad
Miles O'Brien, Oficial Jefe de Operaciones (que sirvió en la
Enterprise D)
Kyra Neris, Primer Oficial
Quark, el camarero de la Cantina de Oficiales.

Espacio Profundo Nueve posee algunos episodios que son tremendamente espectaculares en esta ópera espacial que lleva ya varios en la pequeña pantalla. Una parte enorme de ese éxito se debe a los escritores Ronald D. Moore y René Echevarría, quienes se unieron a la serie después del séptimo año y en la temporada final.

"Para el final de La Nueva Generación, admití algunos de los capítulos e ideas de Moore, -dijo Echevarría- *quien redactó alguno de los mejores episodios de DS9, incluyendo 'Hijos de Mogh' y el tercero de 'Casa de Quark'. Estuve con él hasta que se cansó y continué escribiendo para la serie durante mucho más tiempo. Junto a Michael Piller, que intervino en Espacio Profundo Nueve durante tres de años, elaboré todavía algunos episodios que se colocaron en los mejores puestos de audiencia en la TNG.*

Llegó un momento en que me cansé porque ya no sabía qué decir de nuevo sobre Worf y Geordi semana tras semana en las pantallas de televisión. Cuando llegué a Espacio Profundo Nueve me encontré repentinamente con un mundo nuevo. Podíamos hablar ahora sobre cualquier tema y personaje, y eso suponía un aire fresco a la serie, incluida la idea de que ahora la nave Enterprise era reemplazada por una estación espacial y eso nos obligaba a familiarizarnos con una nueva forma de expresión. Tuve que memorizar el esquema de la estación y caminar visualmente y físicamente por ella. Era una forma de hacer cine muy diferente, bastante alejada con la tradicional de Star Trek y estoy convencido de que Espacio profundo Nueve supondrá una revolución entre los aficionados."

Moore sigue hablando sobre la diversidad de opciones en Espacio Profundo Nueve:

"Hay más libertad para hacer cosas y con unos personajes que antes no existían en la Nueva Generación. Ahora son más complejos y existen, además, más lugares en donde podemos situarlos y así contar historias diferentes. Yo puedo hacer un espectáculo como la Casa de Quark y no convertirlo en una historia de serie B. El secreto está simplemente en el formato en sí, que no necesariamente debía estar basado en las aventuras anteriores del Enterprise.

Para poder hacer Casa de Quark en el Enterprise, antes tenía que haber tenido que encontrar una excusa para lograr que Worf respaldase a los Klingon y darle un sentido a su proceder. Pero la estación DS9 no va a ninguna parte y todos los personajes están ahí, no necesita traerlos ni llevarlos a otros lugares. Todo lo que hacemos es simplemente diferente.

Hay quien opina que esto de no moverse es terrible, pero la realidad es que en el interior de la estación espacial todo el mundo se mueve; hay tanta acción como a bordo del Enterprise. No paramos ni un segundo."

"Soy muy feliz haciendo la serie y estoy convencido de que no necesito nada adicional ni diferente para entretener a los espectadores."

Y con DS9 en su quinta temporada, Moore y su equipo de escritores consiguieron mejorar los beneficios de la compañía Sisko y como la serie de Star Trek trata de sobrevivir en un universo televisivo que es más competitivo que antes, Moore contempla el futuro con bastante confianza en sí mismo.

"Yo me preocupo sobre lo que esperan los aficionados de la serie -dice el escritor/productor- *pero, ¿quiénes son los verdaderos fans de Star Trek? Yo veo a la gente que acude a las convenciones y lo único que quieren es que la serie no muera, que viva el espíritu de Star Trek. Pero esto puede suponer un peligro si solamente tenemos en cuenta sus opiniones. Personalmente, creo que La Nueva Generación tenía que haber durado más años, ya que los proyectos hablaban de diez años, pero el público no respondió. Los fans quizá sí, pero no son suficientes. Las historias de Star Trek hay que contarlas bien o la serie morirá, a pesar de sus fans incondicionales. Hay que dar al resto del público un producto de calidad, un espectáculo y no solamente una nave Enterprise viajando por el espacio. La gente que ha oído hablar de Star Trek, pero que nunca la ha visto, tiene la idea de una serie de gran calidad, con más de treinta años de éxitos, y debemos conseguir que se enganchen a ella. Ese es el fan del futuro."*

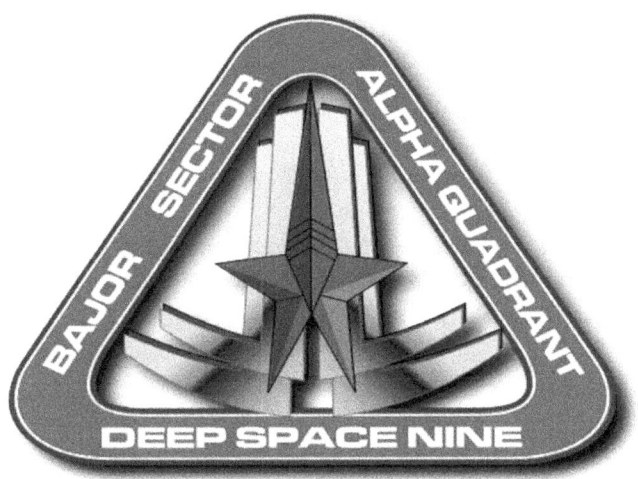

Star Trek: Espacio Profundo Nueve (Deep Space Nine), es la tercera serie de la saga Star Trek, siguiendo la estela de Star Trek: La serie original y Star Trek: La Nueva Generación. Empezó a emitirse en la televisión de Estados Unidos el 4 de enero de 1993 y se prolongó durante siete años.

Star Trek: Espacio Profundo Nueve, cuenta las aventuras de la tripulación de la estación espacial del mismo nombre, situada en un punto estratégico de la galaxia, junto a la entrada de un agujero de gusano que transporta las naves al lejano cuadrante Gamma en pocos instantes, cuando llevaría muchos años en un viaje normal a bordo de una nave estelar.

La estación está situada cerca del planeta Bajor, y la mayoría de sus ocupantes son Bajoranos. Pero Espacio Profundo Nueve es un microcosmos donde pueden encontrarse seres de muchas razas, como Ferengis, Klingons... y por supuesto humanos.

La base está dirigida por el Capitán Benjamín Sisko, de la Flota Estelar; como Primer Oficial, la bajorana Kira Nerys; el médico de a bordo es el doctor Julian Bashir; como jefe de operaciones Miles O'Brien, que sirvió anteriormente en el Enterprise, al igual que el comandante Worf, que se unió a la tripulación de la estación en la cuarta temporada; el jefe de seguridad es Odo, un metamórfico que puede cambiar de forma a voluntad; Quark es el Ferengi encargado del bar; como oficial científico está la trill Jadzia Dax, que fue sustituida en la última temporada por la consejera Ezri Dax.

Star Trek: Espacio Profundo Nueve, ofrece los mismos atractivos que las anteriores series de Star Trek: aventura, ciencia-ficción, comedia, romance... pero con más acción, efectos especiaes e intriga, ya que las diferentes líneas argumentales tienen más continuidad que en las series anteriores.

Los capítulos de la serie

La sexta temporada cuenta con 26 episodios:

1. IME TO STAND
La interminable guerra entre la federación y los Dominion continúa, por lo que Sisko y su tripulación son reasignados a la Defiant, mientras Kira y Odo se ocupan de la burocracia de la ocupación de la estación.

2. ROCKS AND SHOALS
Sisko y su tripulación se encuentran abandonados en un planeta estéril, con un escuadrón de soldados del Jem'Hadar con su jefe herido. El Jam'Hadar propone un trato, aunque la desconfianza surge de inmediato, pues saben de su poca honorabilidad.

3. SONS AND DAUGHTERS
Los deseos del hijo de Worf, Alexander, por ser guerrero se materializan cuando Alexander es asignado al Rotarran y escucha voces en su interior. Mientras tanto, Kira se encuentra entre un amigo y un enemigo cuando la hija de Dukat, Ziyal, regresa a la estación para reconciliarse con su padre.

4. BEHIND THE LINES

Odo considera sus prioridades para eliminar desigualdades observando los esfuerzos de Kira y cuando uno de los Fundadores viene a hablar con él y le ofrecen guiarlo en el aprendizaje sobre el Gran Eslabón.

5. FAVOR THE BOLD

La desactivación de minas a cargo de Dukat es un éxito, coincidiendo cuando Sisko coordina un ataque para retomar la estación Espacio Profundo Nueve.

6. SACRIFICE OF ANGEL

La única esperanza de La Federación para detener los refuerzos del Dominio en su intento de entrar el Cuadrante Alf, consiste en una misión suicida de Sisko para alcanzar EP9 antes de que el campo de minas sea destruido.

7. YOU ARE CORDIALLY INVITED

Los planes de boda de Dax y Worf se encuentran amenazados cuando la esposa de Martok desafía los méritos de Jadzia para ser admitida en su casa.

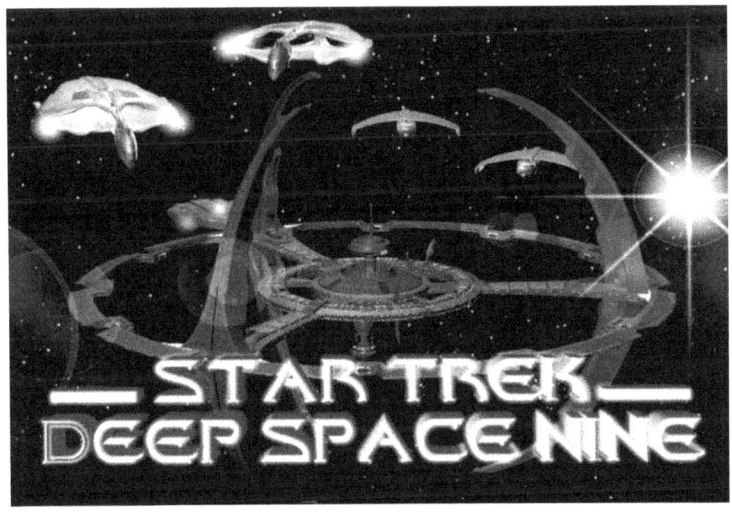

8. RESURRECTION
Kira se siente enamorada de la versión de Bareil en la realidad alternativa, donde ha cruzado para empezar una vida nueva.

9. STATISTICAL PROBABILITIES
Las manipulaciones genéticas del Doctor Bashir parecen estar condenadas a un desastre como resultado de la guerra con el Dominio.

10. THE MAGNIFICENT FERENGI
Las madres de Quark y Rom son secuestradas por tropas de los Dominio; dos hermanos reclutan un completo equipo de Ferengis para una peligrosa misión de rescate.

11. WALTZ
El Capitán Sisko y Dukat están solos en espera de un rescate, lo que les lleva a entablar una batalla dialéctica que desafía sus convicciones.

12. WHO MOURNS FOR MORN?
La creencia de que Morn ha muerto es aun mayor cuando, para sorpresa de todos, Quark hereda su misteriosa fortuna.

13. FAR BEYOND THE STARS
Una novela de ciencia-ficción de gran éxito en los años 50 es el sueño de Sisko, en donde relata sobre una estación espacial dirigida por un héroe negro.

14. ONE LITTLE SHIP
Runabout es reducida a aproximadamente cinco pulgadas en longitud durante la realización de un experimento, por lo que un escuadrón del Jem'Hadar aborda y toma el mando de la Defiant.

15. HONOR AMONG THIEVES
El servicio de inteligencia de la Flota Estelar envía a O'Brien a una misión en la que deberá infiltrarse en el Sindicato de

Orión. El problema es que O'Brien comienza a simpatizar con el hombre al que espía.

16. CHANGE OF HERAT
Dax, la esposa de Worf, resulta gravemente herida durante una importante misión de inteligencia, y Worf debe escoger entre el amor o su responsabilidad hacia la misión, y realizarla sin ella.

17. WRONGS DARKER THAN DEATH OR NIGHT
El pasado de la madre de Kira está en entredicho cuando Dukat informa que él y su madre fueron amantes en un pasado distante. Kira comienza a buscar la verdad sobre su madre a la que apenas conoció.

18. INQUISITION
Bashir es acusado por un oficial de asuntos internos de la Flota Estelar de ser un espía del Dominio.

19. IN THE PALE MOONLIGHT
Sisko intenta conseguir la ayuda de los Romulanos en su lucha contra el Dominio, pues los costes de guerra han aumentado demasiado. Pretende convencerles que el Dominio planea atacarles también a ellos.

20. HIS WAY
Los romances en Las Vegas durante el siglo XX, con vistas a un encuentro con Kira, son revisados por Odo en las holosuites.

21. THE RECKONING
Cuando Sisko recupera un artefacto situado bajo la antigua ciudad Bajorana de B'hala, sospecha que los profetas quieren algo del Emisario.

22. VALIANT
Mediante una operación de rescate organizada por una tripulación de cadetes de la Flota Estelar, son liberados Jake y Nog.

Todo ello se organiza como una comprometida misión secreta.

23. PROFIT AND LACE
Gracias a la mediación del gran Nagus Zek, las hembras Ferengi tienen ya el derecho a llevar ropa. Quark trata de convencer a los oficiales Ferengi que también pueden contribuir a la sociedad Ferengi.

24. TIME'S ORPHA
Después de permanecer 10 años aislada en un viaje al pasado, Molly O'Brien regresa y sus padres hacen lo posible por volver a familiarizarse con la vida en sociedad.

25. THE SOUND OF HER VOICE
La nave estelar Defiant recibe un mensaje de auxilio del capitán de la Flota Estelar desde un planeta desolado. La tripulación de Sisko será su única espera de rescate.

26. TEARS OF THE PROPHETS
Aunque los profetas le aconsejan lo contrario, Sisko dirige una expedición en territorio cardasiano con la esperanza de detener la guerra.

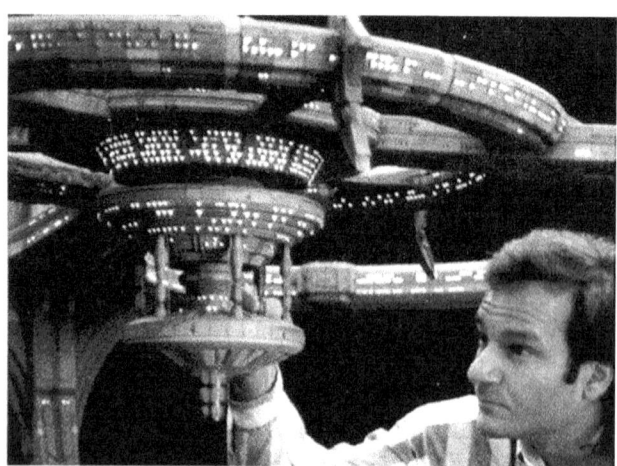

Actores y personajes de
"Espacio Profundo Nueve"

AVERY BROOKS Capitán
Benjamin Sisko

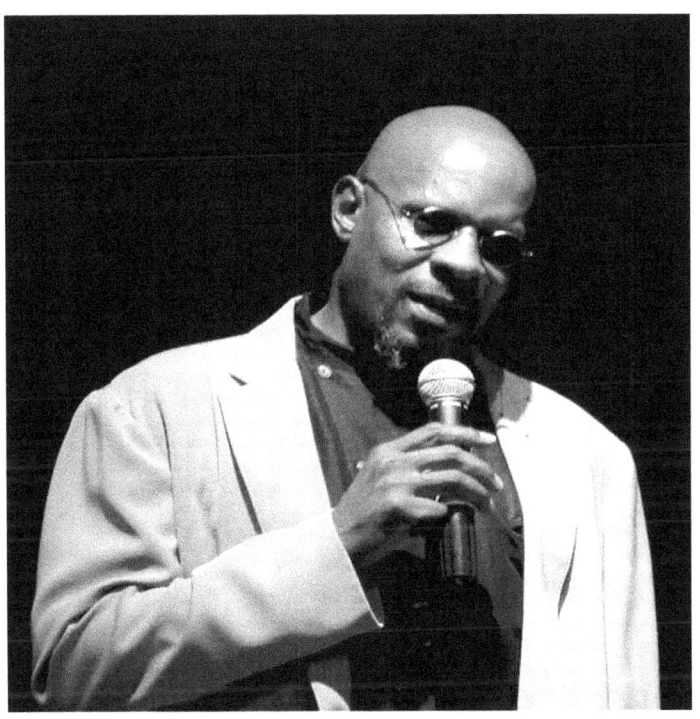

Avery es bien conocido en los teleespectadores por su trabajo en Espacio Profundo Nueve, así como en la serie *Hawk*. Sus trabajos más recientes incluyen con el director Kirk Wong y Edward Norton. En la televisión fue visto en *La odisea de Solomon Northrup* para el canal Playhouse americano, siendo premiado por la televisión AS por su representación del Tío Tom en la producción de Showtime *La cabaña del Tío Tom*.

También es reconocido por su trabajo en el teatro, consiguiendo reconocimiento por su papel de Paul Robeson. *¿Ahora está usted o usted ha estado siempre?* y como Philip en *El decano Hayes,* ambas estrenadas en Broadway. Sus otras intervenciones teatrales incluyen el papel de Otelo en el teatro Folger de Washington, en la ópera *X: Vida y tiempo de Malcolm X,* así como varios papeles en el festival de York sobre Shakespeare.

Músico experimentado, ha trabajado con artistas del jazz como José Jarman, Lester Bowie, Henrio Threadgill y Jon Hendricks. Ha sido igualmente uno de los primeros directores negros graduados en la universidad de Rutgers, efectuando desde hace tiempo labores como profesor de teatro.

Filmografía esencial:

2001 15 Minutos 2000
Quest for Life
1998 Americam History X

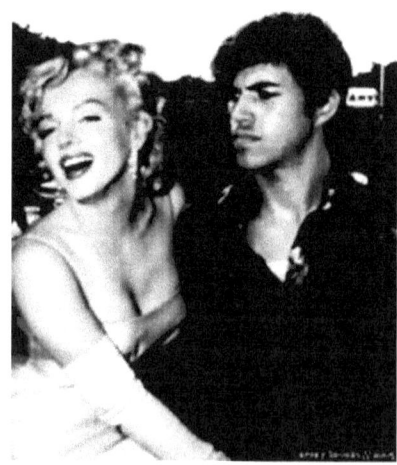

Una foto inédita con Marilyn Monroe

BENJAMIN SISKO

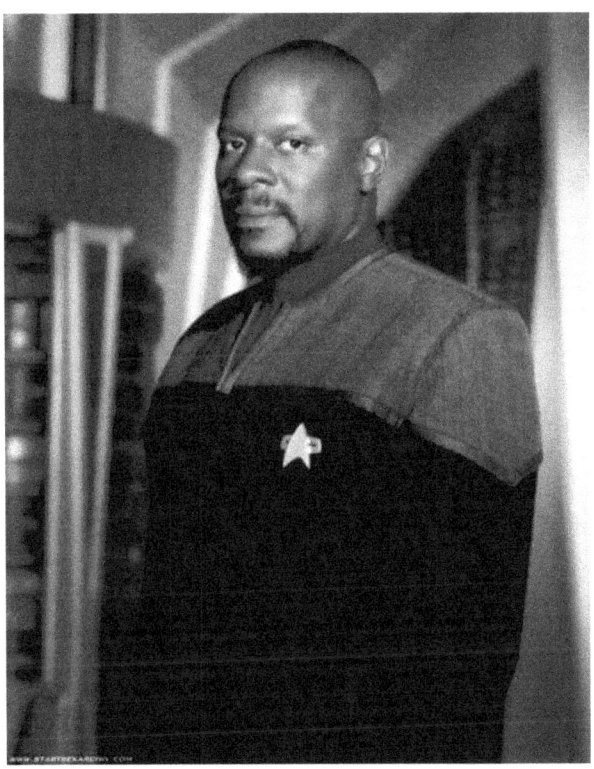

Este aficionado a la cocina y la astronomía, fue el primer oficial del USS Saratoga, puesto que abandonó para trabajar durante tres años en la Tierra y así poder cuidar a su hijo.

Ahora es el capitán de la EP9, un trabajo bastante tranquilo que le ha servido para reponerse de la muerte de su esposa Jennifer, una bella mujer que murió hace tres años a bordo del USS Saratoga, durante un ataque Borg en la llamada batalla de Lobo 359. La masacre incluyó a 40 naves de la Federación y casi 10.000 personas, aunque tanto Sisko como su hijo Jake, que entonces tenía 9 años, consiguieron salvarse.

Descontento inicialmente con su nuevo destino, una adecuada reflexión le hizo rectificar, especialmente tras la visita de la jefa espiritual de Bajor, Kai Opaka. Ella le confió un orbe, algo así como "La lágrima del profeta", mediante la cual pudo revivir el primer encuentro con su esposa. Este sistema le permitió encontrar el cinturón de Tenorios, el primer agujero de lombriz estable de la galaxia que une el cuadrante Alfa con el cuadrante Gamma a unos 70.000 años/luz de distancia.

También encontró otro agujero de lombriz, en este caso Sisko, donde se encontraron a los seres que crearon los orbes, a quienes los bajoranos rinden culto y que se conocen como "Profetas del Templo Celestial". Para que comprendiera mejor los acontecimientos, estos seres adoptaron forma humana en la memoria de Ben y le recrearon la batalla de Lobo 359, advirtiéndole que, según la profecía Bajorana, un no creyente hallaría el templo y preservaría a los profetas de las acometidas Cardassianas.

De carácter tranquilo, frecuentemente solitario y ordenado, posee una gran calma exterior que le permite tener una mente ágil, algo que aprendió de su anterior capitán, el vulcano Storil. Sabe trabajar con la nueva tripulación, es leal hacia sus amigos, lo que le ha obligado a defender a Odo y Dax cuando fueron acusados de asesinato, desobedeciendo las leyes. Su respeto hacia Kira, además, le ha llevado a arreglar algunos asuntos en los que el gobierno de Bajor choca con las normas de la Flota Estelar. Su amistad con Dax es curiosa, pues anteriormente era un varón, quedando sumamente sorprendido cuando vio a Dax como una bella y joven mujer en lugar del hombre mayor que previamente le había guiado.

Receloso con Quark, especialmente porque sabe bastante acerca de los Ferengis, suele, no obstante, negociar con él para conseguir que se convierta en un miembro útil para la estación. Igualmente conflictiva es la relación con su hijo, pues apenas tiene tiempo para estar juntos, pero ambos han superado juntos la muerte de Jennifer y suelen disfrutar con los juegos de béisbol en las holosuites.

TERRY FARRELL
Jadzia Dax, Oficial Científico

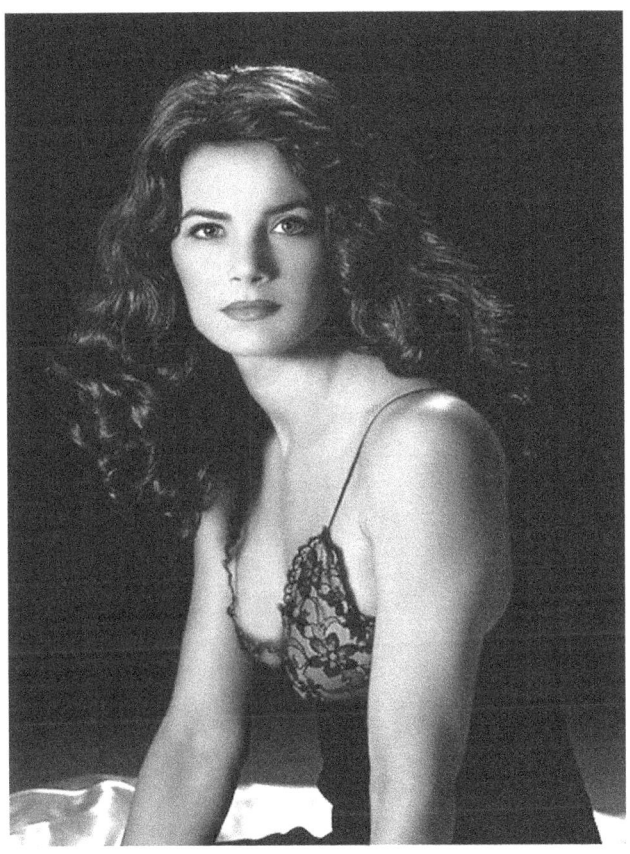

De nombre Theresa Lee Farrell Grussendorf, nació en Cedar Rapids, Iowa, USA, el 19 de noviembre de 1963. Pronto dejó su ciudad natal en Iowa y se trasladó a México, D.F. a los 15 años de edad, como estudiante de intercambio. Ese tiempo en su vida la aficionó a las grandes ciudades, retornando poco después a Nueva York para seguir en la escuela secundaria y trabajar como modelo. Poco después consiguió un contrato exclusivo con la revista Mademoiselle.

Después de 18 meses ingresó en la Kate McGregor Stewart de NY para estudiar arte dramático y en 1983 participó en el serial "Paper Dolls". Aunque solamente duró 13 episodios, le sirvió para conseguir un papel importante en otro telefilme con Rodney Dangerfield, además de diversos trabajos como modelo. En 1990 interpretó el principal personaje femenino en "Hellraiser III", y poco después fue reclutada por la serie "Star Trek: Espacio Profundo Nueve", para el papel de Jadzia Dax.

Filmografía

1982 Off the Wall 1984
Portfolio
1986 The Deliberate Stranger
1986 Back to School
1986 Beverly Hills Madam
1987 Off the Mark
1992 Hellraiser 3
1993 Red Sun Rising
1993 Danielle Steel's "Star"
1998 Legion
2000 Tripping the Rift

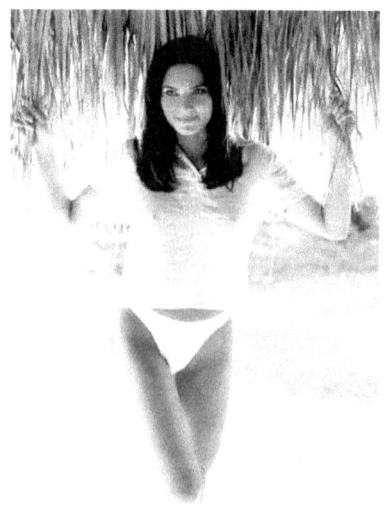

JADZIA DAX

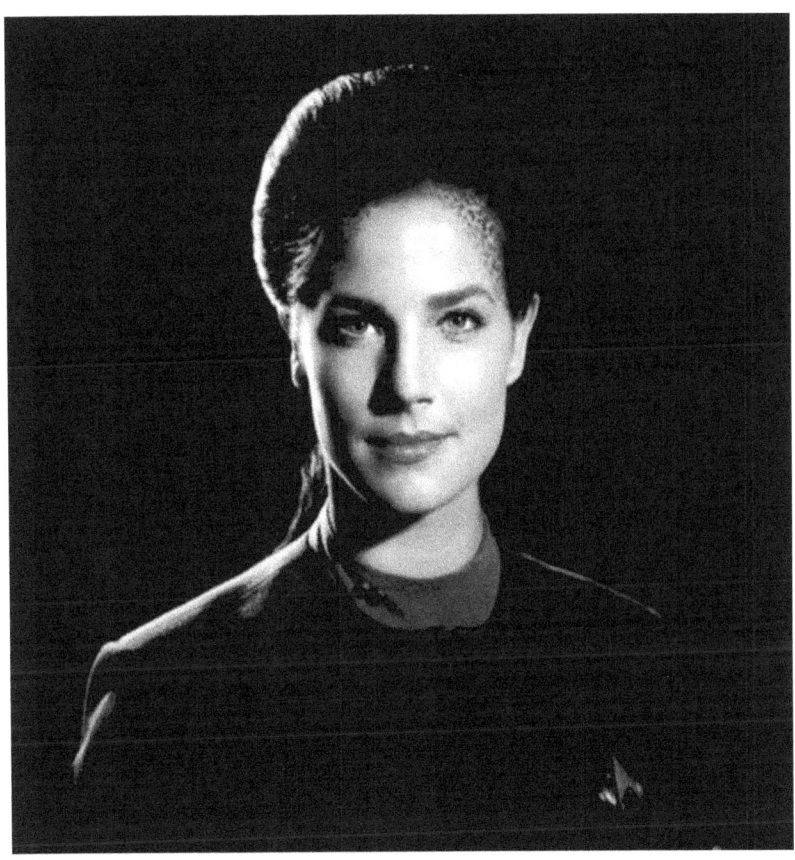

Nacida en 2341, esta Trill, resultado de la unión de dos entidades que coexisten en una relación simbiótica, posee una bella apariencia humanoide, aparentemente de 28 años, aunque realmente tiene ya 300 años. De gran inteligencia y encanto, estudió en la Academia de la Flota Estelar entre los años 2359 y 2363, aunque anteriormente fue un varón que era especialista en artefactos sumergibles. Madre de 2 hijos como Dax y padre de 3, cuando se unió a Dax obtuvo todo su conocimiento, memorias y sabiduría, incluso toda su amistad de 20 años con el Comandante Sisko mientras vivía en su anterior anfitrión, Curzon. Está casada con Worf en la fecha estelar 51247.5.

Una vez fallecido Curzon, el Trill se implantó quirúrgicamente en la cavidad abdominal de Jadzia, un proceso muy complicado que incluye pruebas psicológicas, médicas, etc.

Tanto Dax como Odo, tienen más en común que cualquier otro habitante de EP9, pues son diferentes a los demás humanoides con los que trabajan. Odo, como metamorfo, tiene habilidades físicas superiores a los demás, mientras que Dax, con la sabiduría y memorias de varias vidas, ha conseguido una perspectiva que los demás nunca alcanzarán. Aunque entre Odo y Dax nunca ha habido una relación amorosa, entre ellos hay una camaradería especial.

Cuando Jadzia muera, el Trill será trasplantado a otro huésped, y así recordará todo la vida de Jadzia y de todos los huéspedes anteriores.

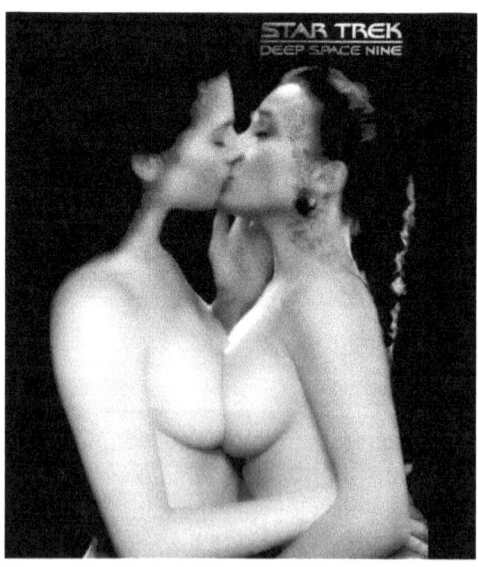

Una foto poco conocida de Terry Farrell

ALEXANDER SIDDIG
JULIAN BASHIR, OFICIAL MÉDICO

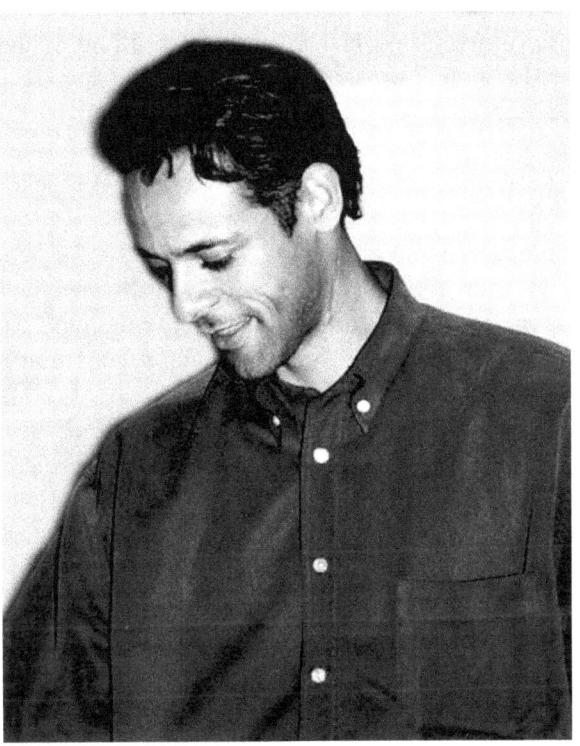

Alexander Siddig, que interpreta al doctor Julián Bashir, sabía desde siempre que deseaba trabajar en el teatro, aunque su gran deseo era originalmente ser director, no actor. Inseguro por su destino, estuvo varios años sin tomar ninguna decisión, trabajando en un almacén de ropa para hombres, hasta que su ambición consiguió empujarle y correr el riesgo de abandonar su trabajo. Pronto entró en una escuela de arte dramático, en la creencia que aprender a actuar le daría los contactos necesarios para poder ejercer como director. Irónicamente, una vez que comenzó a actuar, no pudo parar y pronto se encontró con su papel en DS9.

Proveniente de Sudán, África, de madre inglesa y padre sudanés, Alexander Siddig y su familia retornaron a Inglaterra cuando él solamente tenía un año y una vez allí ingresó primero en la escuela pública y posteriormente en la Universidad de Londres durante un año. Después de su breve paso en la tienda de ropa, se dedicó a estudiar en la Academia de Londres de música y en la Escuela de Arte Dramático. Aquí sus clases lo condujeron al primer trabajo como actor, encarnando a Arthus en una obra de Shakespeare.

Después de tres años, se graduó en la Academia y fue aceptado en la compañía de teatro de la Biblioteca de Manchester en Londres. Allí efectuó papeles de poca importancia, en concreto "Simbad el marino", trabajo que abandonó porque estaba seguro que le estaba llevando a un callejón sin salida.

Su ambición seguía siendo dirigir, algo que conseguiría finalmente en una obra sobre Julio César. Simultáneamente le ofrecieron un rol temporal en la televisión, para una serie titulada Battalions de seis capítulos. En 1991 Siddig interpretó a un palestino y posteriormente le ofrecieron actuar como el Rey Faisal, en otra producción de la televisión.

Poco después efectuó una audición para los ejecutivos de la Paramount que estaban buscando nuevos actores para la continuación de Star Trek. Algunos días después se encontraba ya camino a Hollywood, donde le hicieron leer unas frases para el papel de Bashir Julián, un médico castrense joven, inexperto, que había llegado a la Starfleet en búsqueda de aventuras. Su especial acento influyó y le pidieron que estuviera preparado ese mismo fin de semana. Nuevo vuelo a Londres para organizar sus cosas y vuelta a Hollywood inmediatamente.

Su tío es Malcom Mc Dowell, quien interpretó a Soran en "Star Trek generación".

Filmografía esencial:

2005 Kingdom of Heaven
2002 Reing of FIRE
2000 Límite vertical

JULIAN BASHIR

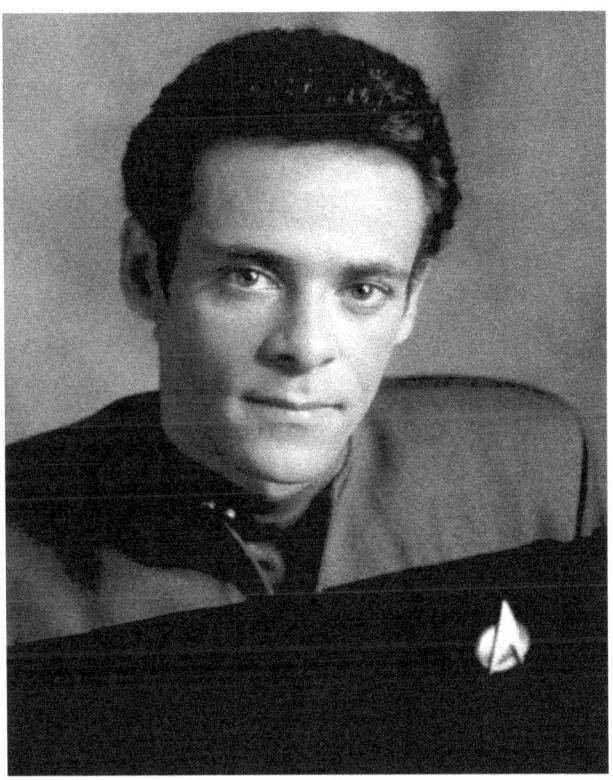

Nacido en 2341, este hijo de un diplomático de la Federación comenzó desde los 5 años a inclinarse por la medicina operando a su osito de peluche. Desdichadamente, a los 10 años un trágico suceso le hizo reflexionar sobre su vocación.

Viviendo con su padre en Ivernia 2, durante una tormenta de iones murió una niña que podría haberse salvado si alguien le hubiera administrado una hierba común. Ese desconocimiento de la medicina le impulsó a acudir a la academia de la Flota Estelar y a su escuela de medicina desde el 2359 hasta 2369.

Una vez licenciado trabajó en el hospital, pero al principio sólo se le permitía realizar tareas insignificantes, incluso hacer bebidas para las visitas o de limpieza. En una ocasión y durante una emergencia médica, tuvo la oportunidad de prestar ayuda a los doctores y salvar varias vidas.

Cuando finalizó sus estudios en la Flota Estelar consiguió en el 2369 un destino en la estación EP9 bajo el mando del capitán Sisko, un trabajo que le entusiasmó, especialmente por la gran posibilidad de tener aventuras. Su primera ocupación en EP9 fue conseguir reorganizar y equipar la enfermería que había sido desmantelada por las tropas cardassianas.

Sentimentalmente sabemos que durante una estancia en Paris se enamoró de una bailarina y tuvo la intención de casarse con ella y quedarse allí trabajando en una clínica parisina, pero Bashir decidió rechazar la oferta y trabajar para la flota estelar. Una vez allí se interesó por la oficial científica Jadzia Dax, aunque después de meses de reuniones platónicas y desaires corteses, Julián finalmente captó el mensaje y empezó a dirigir sus atenciones hacia otra parte. También tuvo un raro romance con una oficial Elasiana de la Flota Estelar, llamada Melora Pazlar. Ella había llegado a bordo del USS Yellowstone en el 47229.1 para hacer una serie de estudios en el Cuadrante Gamma.

RENÉ AUBERJONOIS ODO,
OFICIAL DE SEGURIDAD

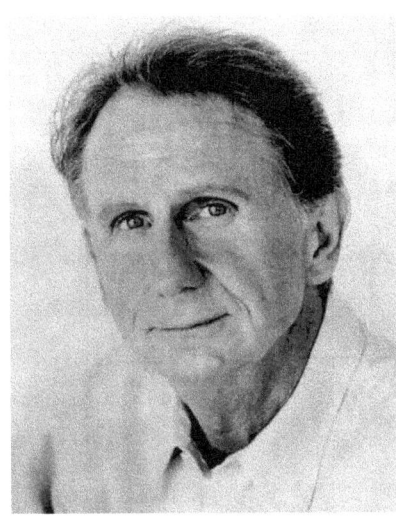

Rene Auberjonois ha tenido una larga y variada carrera, tanto en el cine como en la televisión. Los espectadores de Longtime TV pueden recordarle como Clayton Endicott III, un papel durante seis años que le hizo ganar un premio.

Nacido en 1940 en New York City, es descendiente de una familia artística: su padre era escritor y su abuelo un pintor suizo bien conocido. Su padre era también corresponsal de prensa y por ello tenía que viajar mucho, viviendo no solamente en New York, sino en el condado de Rockland, París y Londres.

De hecho, la carrera de Rene Auberjonois ha sido bastante ilustre, marcada por triunfos y muchos premios. Al principio trabajó en Broadway en un musical con Katharine Hepburn, trabajo por el que le concedieron un Tony; este galardón se repitió por otros trabajos en Broadway, concretamente por su personaje de Buddie Fidler. También fueron importantes sus interpretaciones del Rey Lear y Ricardo III.

Auberjonois debutó en el cine en 1970 con el director Robert Altman en la película "M.A.S.H", siguiendo con "Pete 'N Tillie", y "Hindenberg" con George C. Scott, así como con la versión de 1976 de "King Kong" y una secuela de "Loca Academia de Policía 5".

"Cuando leí el guión experimental de DS9 supe que mi personaje era maravilloso; muy excitante. He visto muchos guiones

y éste era algo especial, aunque ciertamente difícil. Había muchos actores deseosos de conseguir el papel, y acudí cuatro o cinco veces al estudio para convencerlos, así como en busca de agentes que influyeran".

Como muchos actores, Auberjonois no suele estudiar mucho sus personajes antes de trabajar. Sin embargo, durante el rodaje de la serie ha estudiado constantemente su papel.

"He trabajado mucho en el espejo y oyendo mi propia voz en una grabadora".

Está convencido de que su experiencia en el teatro ha sido decisiva, especialmente para conseguir que su extraño personaje pareciera natural.

"He estado trabajando durante años en el negocio del cine y el teatro; no soy un descubrimiento de una noche. He aceptado este trabajo en Star Trek porque pensé que era una cultura y un movimiento intenso, con miles de entusiastas seguidores".

Sea como fuere, tanto Rene Auberjonois como su personaje Odo, son parte integrante del universo de Star Trek.

Filmografía esencial:

2006 El último unicornio
2004 Geppetto´s Secret
2004 Eulogy

Odo

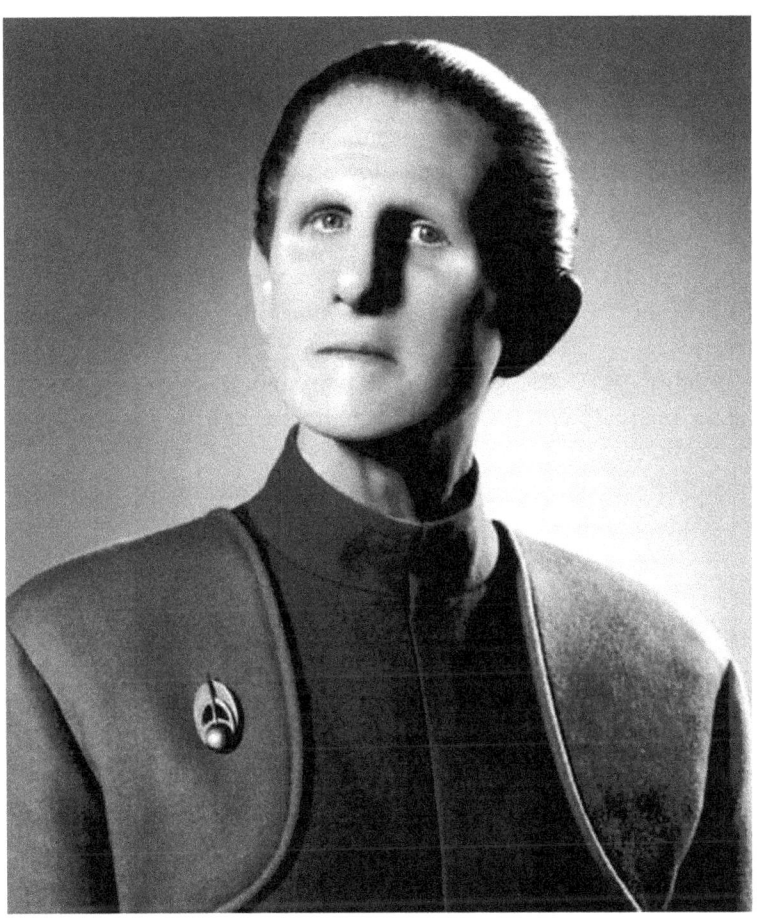

Los orígenes de este Jefe de Seguridad metaformo son un misterio, pues solamente sabemos que fue encontrado 50 años antes de la llegada de la Federación al espacio de Bajor, en el 2337, en el cinturón de Denorios. Durante la época de ocupación cardassiana, el jefe de la estación era Gul Dukat, y este confió en Odo como jefe de seguridad por su alto sentido de la justicia y el hecho que era inmune a todas las tentaciones humanas: dinero, comida, sexo y poder.

Esta honestidad e imparcialidad de Odo hizo que conservara su puesto cuando la Federación y Bajor se hacen cargo de la estación. Otros detalles de su personalidad son la austeridad, el cinismo y la rectitud, además del gran sentido del orden que asumió de los cardassianos, aunque no aprueba sus métodos.

Como metamorfo, puede tomar la forma de cualquier cosa, no necesariamente formas humanoides, aunque suele adoptarlas para no llamar la atención. Algunos detalles humanoides como el pelo le suponen un gran esfuerzo, y ello le obliga a que cada 16 horas de las 26 que tiene el día bajorano, deba pasar unas horas en su cubo para regenerarse.

El nombre de Odo proviene del bajorano que le encontró, y aunque se ha criado con los bajoranos anhela encontrar a los suyos y conocer su cultura.

Considerados como amigos, Quark y Odo mantienen una relación extraña, como el ratón y el gato.

COLM MEANEY
MILES O'BRIEN, OFICIAL JEFE DE OPERACIONES

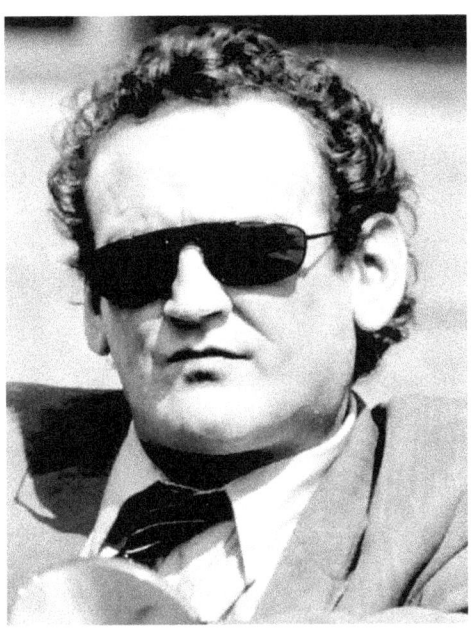

Colm Meaney no tienen un papel sencillo en Star Trek, pues como O'Brien no consigue destacar entre sus fans. Sin embargo, a pesar de su precario trabajo se siente excitado y abrumado simultáneamente.

Nacido en Dublín, Irlanda, Meaney comenzó a estudiar teatro a los 14 años y después de terminar sus estudios en la High School entró en la escuela de teatro de Abby, un tradicional organismo irlandés, y continuó así como actor profesional.

Pasó ocho años en Inglaterra, viajando con varias compañías de teatro y eso le permitió llegar hasta la televisión en la producción de la BBC "Coches Z", así como en producciones británicas independientes antes de marcharse a Nueva York.

Ha trabajado también en numerosas compañías de cine independientes, una de cuyas películas consiguió un premio en el festival de Cannes de 1996. En la medida en que su carrera como actor continuó prosperando, Meaney tuvo serias dificultades para poder compaginar su trabajo en Star Trek.

Trabajó junto a Anthony Hopkins, Hugh Grant, Steven Seagal, y hasta le vimos en "Dick Tracy". También tuvo cierto reconocimiento en 1994 por la película de Miramax "Snapper", siendo nominado al Globo de Oro como el mejor actor. Ha aparecido más recientemente en "El último Mohicano" y en algunos episodios de Remington Steele, Luz de Luna y Darkside.

Filmografía esencial:

2006 The Metrosexual
2004 Layer Cake
2004 Blueberry

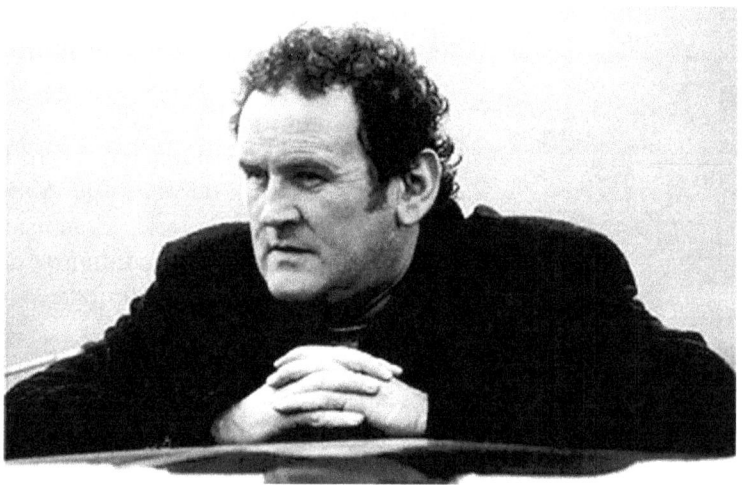

MILES O'BRIEN

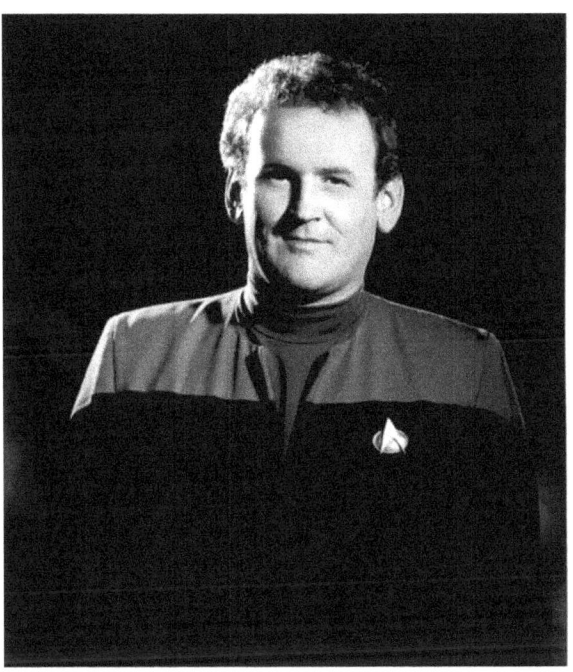

Nacido en Killarney, Irlanda, en el año 2328, realmente sus padres le inculcaron la afición a la música, pero cuando manifestó sus deseos opuestos y no aceptó ingresar en la Academia Aldeberan de Música, se entristecieron.

Ingresó en la Flota Estelar en el año 2346 y allí su personalidad jovial ocultó al principio sus verdaderas habilidades como mecánico, graduándose con el cuarto puesto de su promoción en la Academia de la Flota Estelar.

Primero trabajó en varias naves ejerciendo como jefe del transportador, no declarándose ningún accidente en sus 22 años de servicio, llegando al USS Enterprise bajo el mando del capitán Picard en el año 2364. En 2369 consigue la oportunidad de su vida y deja el Enterprise para ocuparse del mantenimiento de la estación

EP9, donde demuestra gran pericia al controlar las sucesivas crisis a causa del defectuoso equipo cardassiano. Ello le ha ocasionado tener un profundo resentimiento hacia los cardassianos, ya que ha sido testigo de algunas de sus matanzas, especialmente en la colonia Setlik 3 donde participó en las operaciones de rescate.

Sentimentalmente encontró en Keiko Ishikawa a la mujer de su vida, una botánica del Enterprise de origen japonés. La boda se llevó a cabo en el Ten-Forward, en el USS Enterprise, el 23 de mayo de 2367, siendo padrino Data en sustitución del padre de ella, mientras el capitán Picard dirigía la ceremonia. Unos meses más tarde Keiko dio a luz a una niña llamada Molly, y más tarde tuvieron también un hijo varón.

Cuando llegó a EP9, Keiko no se sintió feliz al ver ese lugar, pues el claustrofóbico ambiente no parecía tener posibilidades de promoción, y no lo veía como el lugar ideal para que creciera su hija. Finalmente, la propia Keiko solucionó el problema al proponer formar una escuela en la estación, regresando la felicidad a su matrimonio.

NANA VISITOR
KIRA NERIS, PRIMER OFICIAL

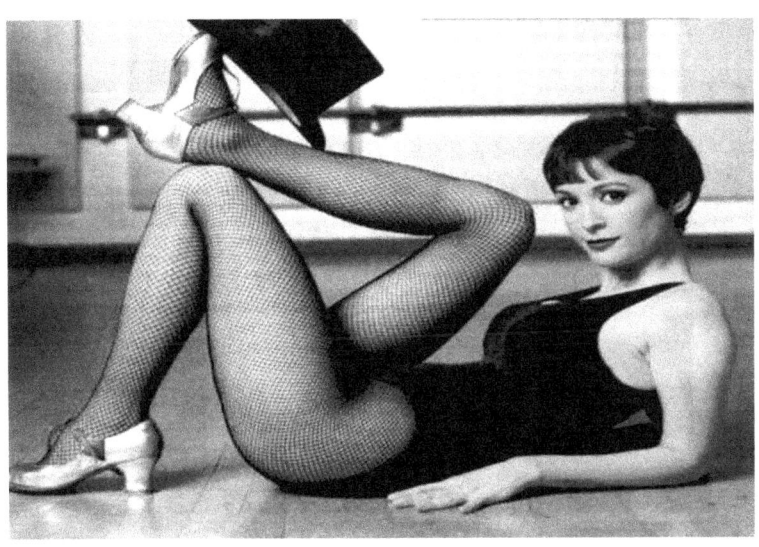

Resistente pero vulnerable, e incluso secretamente romántica, Kira es un interesante personaje de DS9 interpretado por Nana Visitor. Ella recuerda vagamente la inquietud que había por Star Trek cuando era niña, especialmente cuando acudió a una convención de aficionados celebrada en Boston. Allí se quedó fascinada por este mundo y cuando volvió a Nueva York para aprender arte dramático llevaba ya dentro de su mente ese mundo de estrellas y navíos.

Su madre era profesora de ballet clásico en un estudio de danza y su padre coreógrafo en algunos musicales de Broadway, por lo que las inclinaciones artísticas de su hija fueron bien acogidas. Inicialmente le habían introducido en el mundo de la danza, pero el ballet clásico no encajó en sus deseos, aunque siguió aprendiendo baile moderno y participando en los musicales de la High School secundaria y posteriormente en la Universidad de Princeton.

En el cine se inició junto a Angela Lansburry, así como en obras menores que prefiere no recordar, la mayoría relacionadas con el cine de terror. Sin embargo, cuando se efectuó un nuevo casting para el serial Star Trek no dudó en acudir y se concentró intensamente en el corto papel a interpretar. Como quiera que la prueba debiera ser dramática visualizó su propia experiencia en el parto, hizo las dos escenas requeridas y la Paramount la contrató inmediatamente.

Durante el rodaje de DS9, Nana siguió manteniendo contactos diarios con su hijo y esposo Alexander Siddig con quienes vive en Los Ángeles, acudiendo igualmente a cuantas convenciones es invitada. Ella nunca mostró señales de cansancio cuando debía firmar cientos de autógrafos y dedicatorias, otorgando a cada fans el tiempo que fuera necesario. Consciente de la pasión que Star Trek generaba, ha intentado satisfacer a todos, buscando con su mirada una conexión más real.

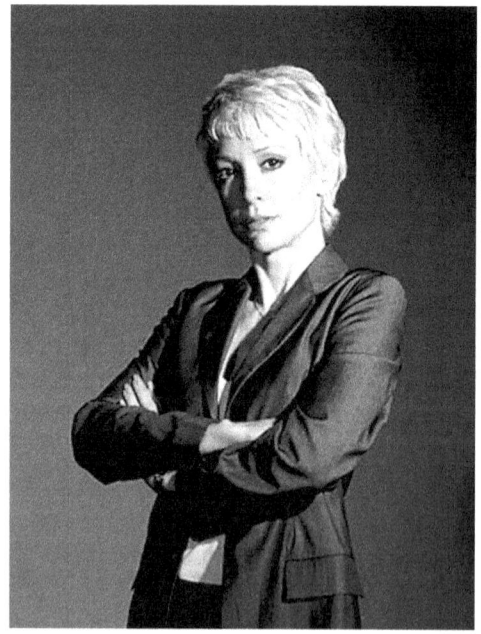

KIRA NERIS

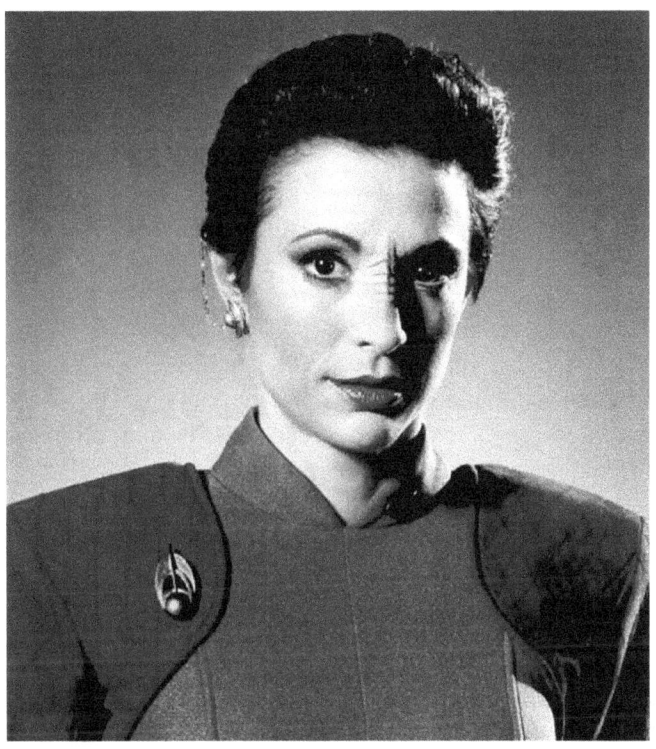

De raza Bajor, esta bajorana nacida en Dahkur (Bajor), en 2343, es una persona que creció en un mundo hostil sin libertad, pues los cardassianos habían invadido y conquistado su planeta. Por ello, su niñez estuvo marcada por el terror de la ocupación que le ocasionó un fuerte resentimiento, convirtiéndola en una terrorista contra los cardassianos desde que fue lo bastante mayor como para empuñar un fáser. Estuvo unida inicialmente en la lucha junto a su padre, un granjero que fue asesinado, y a su madre, una pintora que murió de desnutrición en el campamento de refugiados de Singha cuando Kira tenía 3 años, y por eso con apenas 12 años era ya una activista eficaz.

Con el tiempo, la amenaza cardassiana ha desaparecido de su mundo, y para compensar tanto dolor ha buscado el consuelo de Kai Opaka, una líder religiosa de Bajor, quien convenció a Kira que tenía que aprender a aceptar la violencia que está dentro de ella, pero intentando controlarla.

Por estos motivos Kira se opuso a la alianza de la Federación con Bajor, pues no podía aceptar que la gestión de su espacio fuera competencia exclusiva del gobierno provisional de Bajor. Sin embargo, ahora las cosas han cambiado y sabe que el apoyo de la Federación ayudará a Bajor a su reconstrucción y a evitar la amenaza de otra invasión cardassiana.

Torturada y preocupada por su pasado belicoso, donde originó numerosas matanzas, debía procurar convencer al capitán Sisko que estaba preparada para desempeñar el cargo de primer oficial en la EP9 y no mezclar este trabajo con sus sentimientos personales.

Para mitigar su mente torturada, ha desarrollado una amistad estrecha con Trill, una simbión que guarda bien las confidencias, aunque mantiene serias discrepancias sobre los Ferengis, de quienes desconfía.

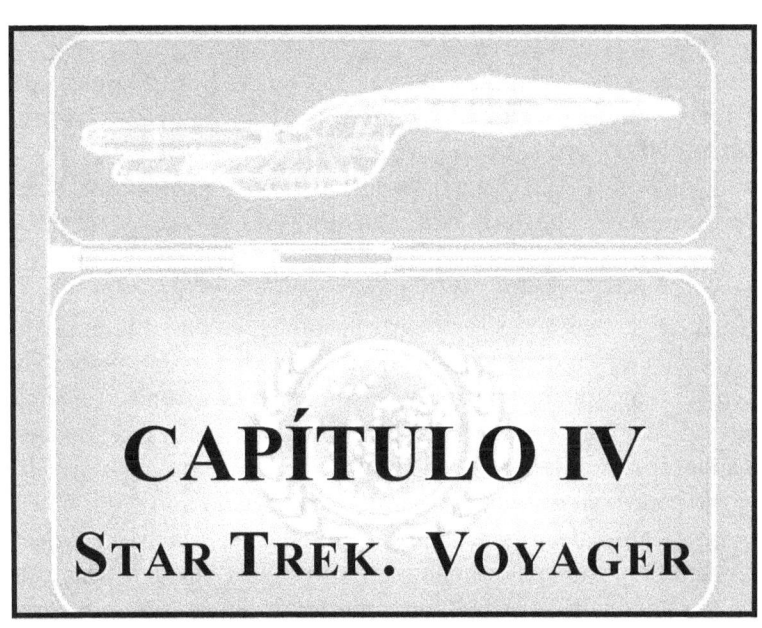

CAPÍTULO IV
STAR TREK. VOYAGER

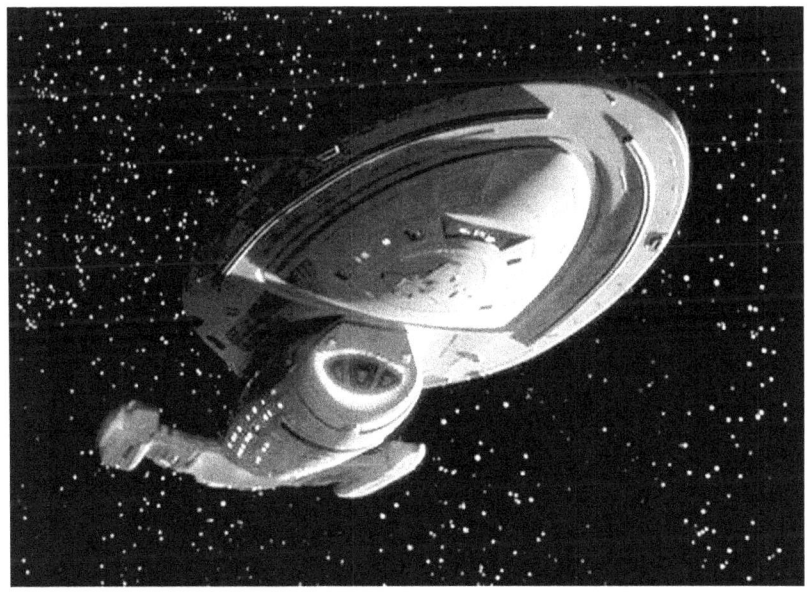

En 1995 Star Trek dio otro paso adelante con el lanzamiento de "Star Trek: Voyager", para la nueva cadena televisiva de la Paramount, UPN. La serie fue creada por los productores Rick Berman, Michael Piller y Jeri Taylor, y protagonizada por Kate Mulgrew como la capitana Kathryn Janeway al mando de la nave estelar Voyager.

Esta cuarta serie sobre el maravilloso mundo de Star Trek, compuesta de una serie de personajes insólitos, es con diferencia la peor aceptada, y mucha de la responsabilidad recae sobre la protagonista femenina que sustituye a los capitanes varones. La poca credibilidad del personaje ocasionó no pocas protestas de los aficionados. El problema, aunque algún grupo feminista así lo creyera, no estuvo en el hecho de ser una mujer, y no un varón, quien llevara las riendas del nuevo Enterprise, sino en la actriz elegida. Hosca, varonil y sin concesiones a mostrar una imagen sexy, su trabajo ocasionó un rechazo casi absoluto desde los primeros fotogramas. No hubo manera de encajar a esta madura actriz al lado de actores tan emblemáticos y carismáticos como Shatner o Stewart.

La serie "Voyager" llegó como consecuencia de la fiebre de los fans por contemplar nuevas aventuras de Star Trek. Si estas necesidades eran justas o no, lo cierto es que "Voyager" no consiguió que los aficionados olvidaran a los personajes anteriores, por lo que podríamos considerar que fue la causa de que las series anteriores volvieran a ganar adeptos. Diversos expertos sostienen que el declinar de estas aventuras no fue debido a esta serie, sino simplemente a que su permanencia en la pequeña pantalla era ya inadecuada. Todos parecían tener opiniones distintas, por lo que los productores administrativos Jeri Taylor y Rick Berman tomaron nota de todos estos comentarios y prometieron una dirección acertada para "Voyager" en la tercera temporada.

La esencia del argumento nos habla de una nueva nave espacial y una misión que les lleva a un cuadrante desconocido de la galaxia, a 70.000 años luz. Ahora, el único modo de regresar es colaborar estrechamente con los Maquis.

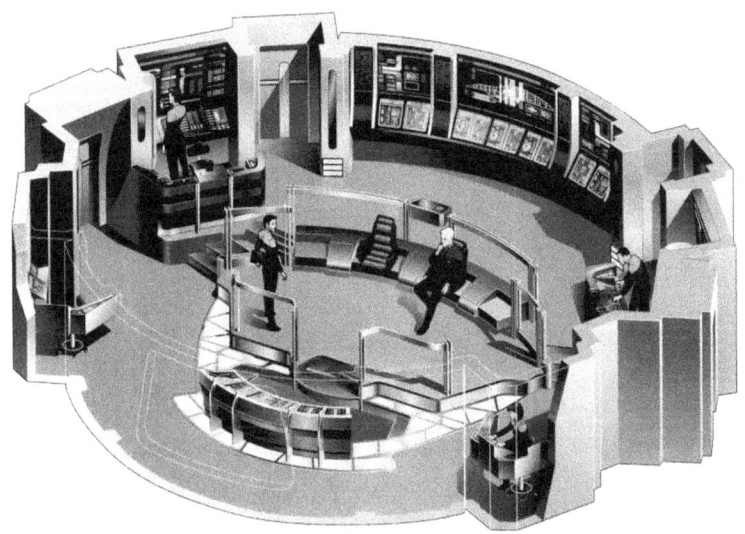

Puente del Voyager

Dijo Jeri Taylor (guionista):

"Yo me siento muy satisfecha con la segunda temporada. He tomado nota de todas las opiniones sobre lo que estamos haciendo y aunque no podemos controlar todos los ingredientes ni anticipar los resultados, trataremos de agradar a la mayoría de los aficionados. Pienso que este año surgiremos con muchas historias poderosas; historias muy fuertes."

Además, después de dedicar algún tiempo mirando episodios de la serie original clásica, con ocasión de celebrar su trigésimo aniversario, Taylor admite que:

"Había un sentido de la camaradería y la diversión muy intensas en la serie anterior y Voyager penosamente carece de ello. Esta parece ser la apuesta más importante para los próximos días de trabajo, ya que se trata de inyectar sentido del humor y de aventura a todos los actores."

"Antes de regresar al hogar, nosotros vamos ahora a explorar el Cuadrante Delta con un espíritu robusto; después todos volveremos al punto de partida. Queremos más acción y más aventura, y quisiera recobrar algo del espíritu original Star Trek; era

mucho más divertido. Los personajes, además de expertos oficiales tenían sus propios problemas personales y familiares, todos bien estructurados y desarrollados. Otro imperativo para la nueva temporada es traer nuevas especies procedentes del exterior. El Cuadrante Delta es muy popular porque allí está Kazon, una raza que significó mucho en la primitiva serie. Es muy interesante aportar nuevos personajes extranjeros, más adversarios y quizá las mismas razas que ya vimos en la Nueva Generación y que Espacio Profundo Nueve ha utilizado ya".

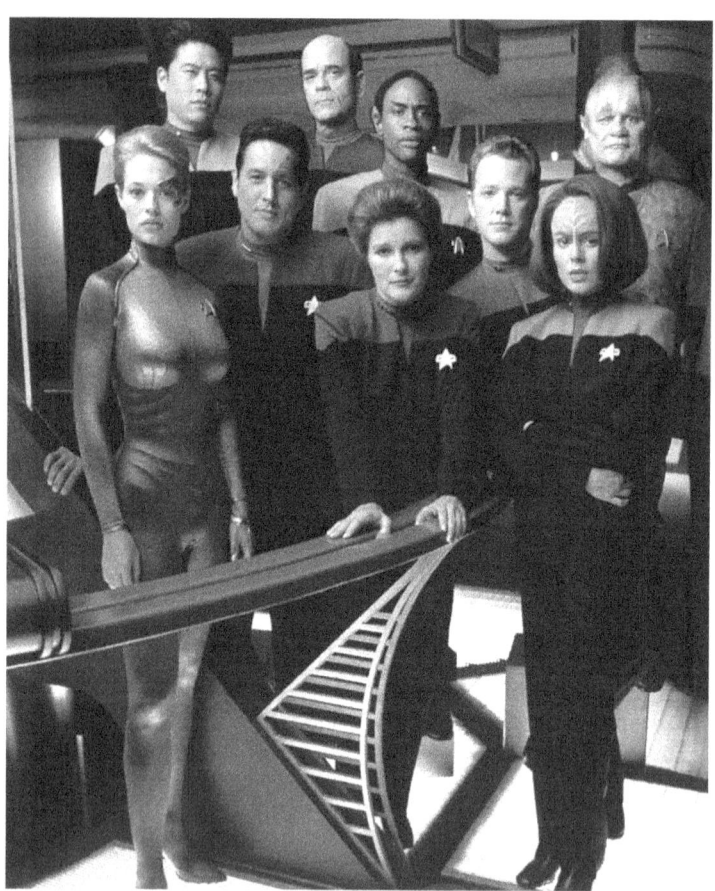

Estos son los personajes y sus intérpretes: KATHRYN JANEWAY, Capitán (Kate Mulgrew) TUVOK, Jefe de Seguridad (Tim Russ)

DOCTOR MÉDICO de Emergencia Holográfico (Robert Picardo)

CHAKOTAY, Lider de los Maquis y Primer Oficial de la Voyager (Robert Beltran)

NEELIX, nativo de esa zona del espacio. Cocinero, Mantenimiento, Guía... (Ethan Phillips)

KES, nativa Ocampa, amante del anterior (Jennifer Lien).

B'ELANNA TORRES, Jefe de Ingenieros, medio Klingon y antigua Maquis (Roxann Dawson).

HARRY KIM, Oficial de Operaciones (Garrett Wang) TOM PARIS, Piloto (Robert Duncan McNeill)

SEVEN OF NINE, un humano asimilado de los Borg que encuentran en su periplo (Jeri Ryan)

Voz de la computadora (Majel Barrett Roddenberry)

La temporada contó con 16 episodios:

1.2. EL GUARDIAN (Caretaker)

El Voyager acude para investigar la desaparición de una nave Maquis en una tormenta de plasma en las Badlands. Janeway decide utilizar los servicios de un joven oficial de la Flota Estelar, ahora encarcelado, antiguo mercenario, ofreciéndole la rehabilitación.

Pero súbitamente el Voyager es impulsado a 70.000 años luz del lugar por una fuerza irresistible, a un lugar donde se encuentran con una entidad muy poderosa que cuida de una raza humanoide. El problema se agudiza con el retorno, pues saben que les llevará cien años.

3. PARALLAX

El Voyager detecta una llamada de auxilio cuando regresaban al Cuadrante Alfa. La nave se encuentra a punto de estallar, en el mismo borde de una singularidad cuántica. Tratando de ayudarles el Voyager queda también atrapado en ella y toda la tripulación percibe intensas distorsiones del espacio y tiempo.

4. TIME AND AGAIN

Una grieta subespacial atrapan a Janeway y Paris cuando investigaban una masiva onda de choque que viajaba por el espacio y ya ha arrasado un planeta. El viaje en el tiempo les lleva justo un día antes del cataclismo, por lo que intentarán impedirlo.

5. PHAGE

Las reservas de dilitio de la nave se están agotando y para buscar el mineral acuden a un planeta arrasado y sin vida. Allí es herido Neelix por un misterioso alienígena, pero Chakotay le encuentra y le lleva con el doctor, aunque el diagnóstico es grave, pues tiene sus órganos vitales muy dañados y sólo puede estabilizarle durante unas pocas horas.

6. THE CLOUD

Las reservas de energía del Voyager se están agotando y para reponerlas debe entrar en el corazón de una gran nebulosa con vida propia. Una vez allí se encuentra con un extraño campo de fuerza e intensos fenómenos electromagnéticos. Sus manipulaciones ocasionan daños a esa forma desconocida de vida, y ahora deberán tratar de ayudarla.

7. EYE OF THE NEEDEL

Un agujero de gusano podría conducir al Voyager al Cuadrante Alfa, lo que supone una gran alegría. Harry Kim les informa que desafortunadamente mide sólo 30 cm de diámetro, lo que imposibilita el viaje de la nave.

8. EX POST FACTO

Acusado injustamente de asesinato, Paris es condenado por una raza conocida como los Baneans. El planeta está en guerra y la condena consiste en revivir el asesinato una y otra vez, cada 14 horas. Afortunadamente Tuvok puede salvarle, pero debe darse mucha prisa, porque la condena puede volverle loco en poco tiempo.

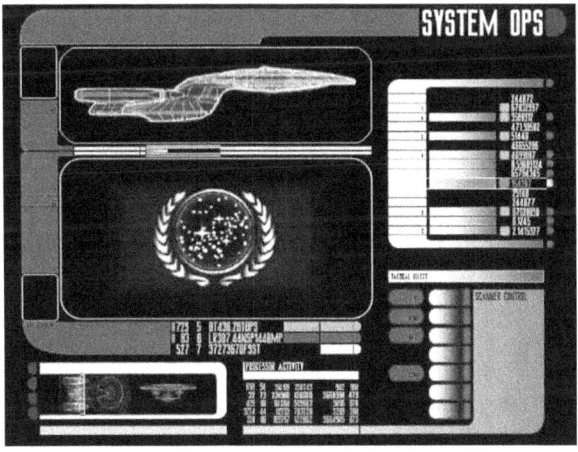

9. EMANATIONS
Mientras exploran el emplazamiento donde hallaron un nuevo elemento químico, la tripulación del Voyager descubre la descomposición de unos extrañísimos cuerpos alienígenas. Esto es lo que da origen al mineral, el cual se encuentra en el cementerio. En la huida desaparece Kim, pues ha sido transportado a un mundo extraño.

10. PRIME FACTORS
Una extraña civilización conocida como los Sikarians, establece contacto con la tripulación del Voyager. Son muy amables y además poseen la tecnología necesaria para que puedan volver a casa. Janeway hace todo lo posible por no perder esta oportunidad, pero la raza reacciona con hostilidad ante su petición, ya que sus antiguas leyes prohíben la utilización de esta tecnología incluso con extranjeros.

11. STATE OF FLUX
Una nave Kazon aparece en el espacio mientras investigaban un planeta de clase M. Afortunadamente está desactivada, por lo que Janeway envía un equipo a analizar los restos. Toda la tripulación está muerta menos uno que está inconsciente, existiendo numerosas pruebas de que hubo una traición abordo.

12. HEROES AND DEMONS
Varios tripulantes han desaparecido durante la recreación del poema épico Beowulf. Harry Kim y posteriormente Tuvok y Chakotay deben ser rescatados por El Doctor, quien deberá entrar en la sala de hologramas, sobrevivir al monstruo y rescatar a los desaparecidos.

13. CATHEXIS
Por fin ha podido ser recuperada la lanzadera en donde iban Chakotay y Tuvok, pero Chakotay está en coma y Tuvok inconsciente. La memoria de la nave ha sido borrada y no se puede averiguar lo ocurrido, aunque la presencia allí de un tercer pasajero,

una invisible forma de vida, se convierte en una amenaza mortal.

14. FACES

Los Vidiians capturan a Paris y B'Elanna Torres cuando estaban investigando un planeta, informándoles de que están pasando una terrible plaga que les desfigura. Deseando encontrar la cura, utilizan su tecnología para separar en dos a B'Elanna, una como Klingon y la otra como humana. El problema es que surgen dos personalidades aparentemente opuestas que deben trabajar unidas para escapar.

15. JETREL

Neelix conoce nuevos datos sobre su vida cuando una lanzadera alienígena llega con noticias. Parece ser que hace 15 años sobrevivió a un holocausto que mató a un cuarto de millón de personas y ahora los supervivientes están muriendo de una extraña enfermedad de la sangre. Para solucionarlo tendrán que buscar a un científico llamado Jetrel.

16. LEARNING CURVE

El final de la nave Voyager parece cerca cuando las cápsulas de bio-gel, que utiliza para almacenar los datos de la computadora, se están degenerando. Todo se complica cuando un grupo de Maquis se revelan, negándose a continuar obedeciendo las órdenes de la Flota Estelar. Para evitarlo, Tuvok debe adiestrar a cuatro oficiales Maquis en temas de protocolo y disciplina.

ACTORES Y PERSONAJES DE "VOYAGER"

KATE MULGREW
KATHRYN M. JANEWAY

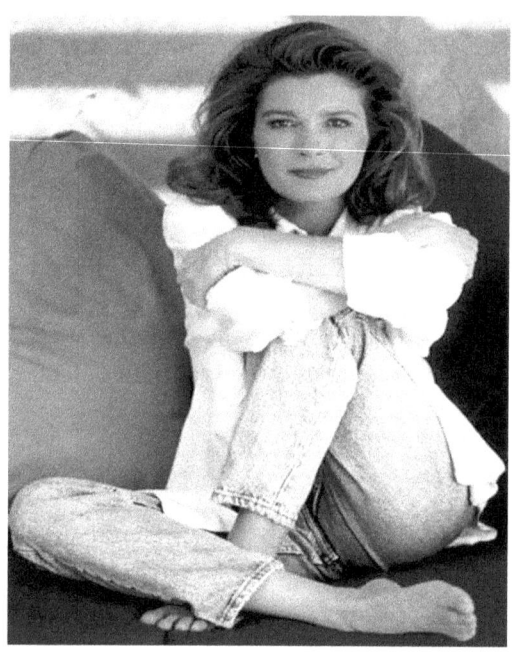

"Ha sido un trabajo duro, muy desafiante –nos dice la protagonista principal Kate Mulgrew-. *Estoy trabajando en tantos niveles diferentes como Kathryn Janeway que se ha ejercido una presión estresante sobre mi destreza y capacidad. Pero, según creo, esto seguirá así".*

Cuando descansa en su remolque de la Paramount Pictures, después de filmar una escena para Star Trek: Voyager, continúa: *"Yo tengo que asimilar toda la basura normal que forma parte de cada escena hasta que encontramos la buena. Actuar bien es mi ultimátum, mi objetivo. Debo hacer de Janeway un personaje creíble".*

La capitana Kathryn Janeway, claro, se siente orgullosa de dirigir el Voyager, el cual sirve como casa a una tripulación de aproximadamente 140 individuos y que es el punto focal de las aventuras de Star Trek. En el episodio de estreno, "El Guardián", La Flota Estelar ha llamado al Voyager y Janeway debe entrar en acción para encontrar a los Maquis. Finalmente, una ola de desplazamiento interestelar deja a ambas naves atrapadas en una región remota del espacio, a más de 70.000 años de luz de casa, lo que obligando a la Flota Estelar y a la tripulación de Maquis a enterrar el hacha de guerra y unirse para encontrar una forma de regresar. Janeway permanece en la silla de capitán junto con el capitán Maquis, un nativo americano llamado Chakotay (Robert Beltran), como su Primer Funcionario. Tom Paris (Robert Duncan McNeill), un anterior Funcionario de Flota Estelar no acepta de buen grado este hecho e insiste en que debe ser él quien pilote el Voyager.

También se encuentra Tuvok (Tim Russ), un Vulcano no demasiado eficiente como oficial Táctico de Seguridad, pero que también es un buen confidente. Les acompañan Harry K (Garrett Wang), un reciente graduado de la Academia de la Flota Estelar, que hace las funciones de Oficial de Operaciones en su primera misión; B'Elanna Torres (Roxann Biggs-Dawson), una Klingon, escogida como Ingeniero Jefe, mientras que Neelix (Ethan Phillips) hace el trabajo de cocinero de la nave, guía y hombre de confianza; Kes (Jenni Lien), es ayudante de Neelix, y finalmente Doc Zimmerm (Robert Picardo), como el médico holográfico.

Este trabajo es una situación interesante para Janeway como una científica apasionada que ha recibido el legado de su padre, también un científico inteligente. Pero en la Academia, Janeway consiguió unir el reglamento del ejército y combinarlo con las disciplinas exigidas por la Flota Estelar.

"Ella tiene un sentido muy estricto de las órdenes, y no se las cuestiona. Ese suele ser el mejor camino para un líder".

Sin embargo, en ocasiones debe insistir para intentar modificar alguna orden que considera errónea, aunque al final termina por aceptarla. Ella es intensa, compasiva, aparentemente serena y muy agresiva si es necesario. También puede ser abrupta si ello conduce al éxito de la misión y no hará ninguna cosa sin sentido, sobretodo aquello que altere las órdenes recibidas.

Por supuesto está abierta a sugerencias y muchas veces podemos verla cambiar de pensamiento u opinión en medio de una acción, si los razonamientos son lógicos. Hay una gran flexibilidad en su carácter, aunque su rostro no parezca mostrarlo. Entonces, en esos momentos demuestra que es una mujer, no solamente una capitana. Realmente es una criatura de la Tierra y siempre está recordando el pasado, su propio pasado. Recuerda al hombre que amó y su perro detrás de ellos. Así pues, Janeway tiene un conflicto que marca su vida actual.

"Amo actuar, pero también amo estar con mis hijos. Amo pensar, la intimidad, pero actuando con frecuencia me llego a olvidar de mi vida personal. Así que –continúa-, *todas estas cosas están trabajando en todo momento dentro de Janeway. Si puedo transmitir lo que estoy intentando hacer, bajo todo el complejo idioma de Star Trek, muy técnico, entonces habré triunfado. El resumen es que soy una persona que ama lo que hace, pero, en gran parte, está ligada emocionalmente al lugar de donde procede".*

"Tengo que decir que la serie es de gran envergadura y que el personaje es abrumador incluso para un hombre. Algunos de los antiguos actores han venido para saber un poco sobre la serie y eso me halaga, aunque Robbie McNeill siempre está metiéndose en mi remolque, molestándome. Me agrada mucho Ethan Phillips y no pienso que sea terrorífico. Tim es grande. Estoy convencida de que no hay ninguna manzana podrida en el equipo".

¿Y qué hay sobre las relaciones personales de Janeway?

"Ella ha dejado atrás a su hombre, Mark, y su perro -revela Mulgrew-. *Es una situación que la entristece mucho. Comprende que quizá deba estar en el espacio toda su vida y quizá no pueda comunicarse con su esposo en mucho tiempo. Pensando en él no consigue encontrar la paz."*

Para escapar de las presiones de su trabajo y encajar su personal interrumpida, Janeway se pasa el tiempo en la sala holográfica del Voyager, donde puede jugar y leer. Del mismo modo que Picard gustaba de envolverse en el universo de Holodeck Dixon Hill, Janeway se envuelve en las holo-novelas.

"Ha escogido el pasado, un pasado básico, sin permitir que su amor interfiera en su trabajo. Todavía está abriéndose camino. Hay una gran robustez en ella y eso creo que es una manera maravillosa para que el público vea su tristeza, su alegría, sus posibilidades interminables que simplemente no pueden expresarse en la nave".

"Es muy interesante para mí trabajar con efectos especiales. Es una parte íntegra de lo que hacemos aquí, pero también podría trabajar sin ellos. He aprendido en unos pocos meses más sobre ángulos de cámara y pantallas azules, que en toda mi anterior vida de actriz. En cierto modo es sencillo, pues solamente se requiere escuchar, mirar y observar. Una de las escenas más extrañas que he tenido que hacer hasta ahora como Janeway, es cuando nos encontramos todos desnudos en una tabla con los tubos y agujas dentro de nosotros. Fue una delicia, realmente, pero cuando terminó necesité un descanso absoluto". "Yo soy la segunda de ocho hermanos y eso me obligó a crecer rápida e intensamente. Entré muy joven como actriz en la Vew York City, experiencia que me ayudó mucho, pues entonces no era nada intrépida, y desde entonces amaba los desafíos. Nunca dejé las cosas imposibles para mañana. Siempre he deseado probar cualquier cosa que fuera excitante y aprovechaba cualquier oportunidad para pedir un casting. Podría asegurar que las metas que me he impuesto son muy altas. Todos esperan mucho de mí en esta serie y no quiero defraudarles. He sido muy consciente de lo que significaba Star Trek. John y yo miramos los episodios de La Nueva Generación y hablábamos sobre ellos –recuerda-. *Parecía ser un nivel muy alto escribir nuevas historias y no perder a los aficionados. Cuando conseguí el trabajo, me enviaron una docena de cintas de la serie anterior y quedé muy impresionada. Después supe de la gran cantidad de fans que había por el mundo".*

Star Trek   **Adolfo Pérez**

Se menciona a Mulgrew que Marina Sirtis y Gates McFadden expresaron a menudo su desacuerdo sobre el papel que los anteriores guionistas otorgaron a las mujeres de la serie, algo que parecía no encajar en la civilización del siglo XXIV. Los ojos de Mulgrew se estrechan y parece claro que hemos tocado un punto delicado.

"Todos hemos hablado varias veces sobre quién debería ser el capitán en este caso. Realmente no puede compararse a unos con otros y creo que si el actor es adecuado es igual, sea hombre, mujer o forastero. Tampoco quiero ser presuntuosa, como otras mujeres hacen, y decir que nosotras lo podemos hacer mejor que los hombres. Esa polémica estúpida nos lleva a no pocas confrontaciones. Los actores y actrices estamos haciendo algo grande y apropiado, y estoy segura que Gene Roddenberry aprobaría mi trabajo. Lo importante es que las historias sean bellas. Habrá también muchas mujeres, jóvenes y viejas, ciertamente, que se estremecerán cuando vean a una mujer en la silla del capitán en una serie de Star Trek, y muchas de ellas estarán en desacuerdo. Sin embargo, con el tiempo seguro que me pedirán autógrafos. ¿Qué ocurrirá si no me aceptan? Yo les agradecería que se tomen algo de tiempo antes de escribirme una carta sobre mi trabajo y esperen a ver varios capítulos. Les animaría a ser intrépidas en la vida y a decirles que los sueños se hacen realidad cuando aspiramos a realizar cualquier cosa, por osada que nos parezca".

"Un día llegué a casa y le dije a mi madre que quería ser actriz. Leía delante de ella un poema y todos terminamos llorando. Me gustó tanto la reacción que lo hice de nuevo. Mi madre me dijo entonces: 'Bien, si esto es serio, te permito hacerlo durante un año' Yo me puse a trabajar intensamente. Tenía entonces 13 años".

Trasladada a Manhattan a los 17 años, ingresa en la Universidad de Nueva York y en el Stella Adler Stella Adler Conservatory, una escuela muy respetada. Después de un año se marchó de Nueva York para trabajar en la Emily in an American Shakespeare, así como en Our Town y Ryan's Hope.

Los trabajos posteriores incluyeron películas como "A

Stranger is Watching", "Remo Williams: The Adventure Begins", y "Tira a mamá del tren", así como diversas apariciones en las series de televisión "Cheers" y "Murphy Brown", sin olvidar su trabajo como la esposa de Columbo.

"Mi trabajo favorito ha sido siempre el teatro. Supone un momento culminante real tener que actuar delante de la gente. Soy una de las pocas actrices que se despiertan cada día agradeciendo su trabajo. Ha sido mi pasión toda mi vida, y pienso que es simplemente un regalo de Dios".

Filmografía

The Principle (2014)
Captain Nuke and the Bomber Boys (1995) Camp Nowhere (1994)
Round Numbers (1992)
Tira a mama del tren (1987) A Stranger Is Watching (1982)
Lovespell (1979)

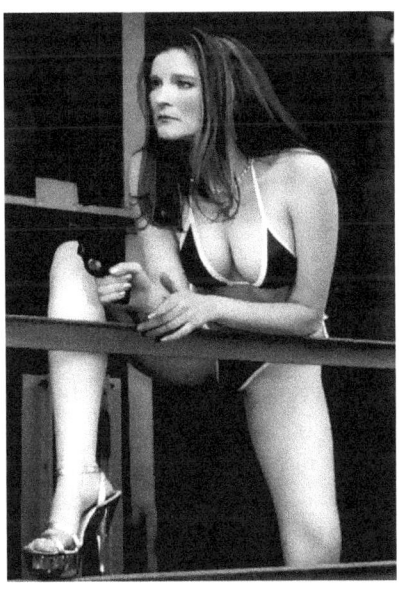

TIM RUSS
Tuvok

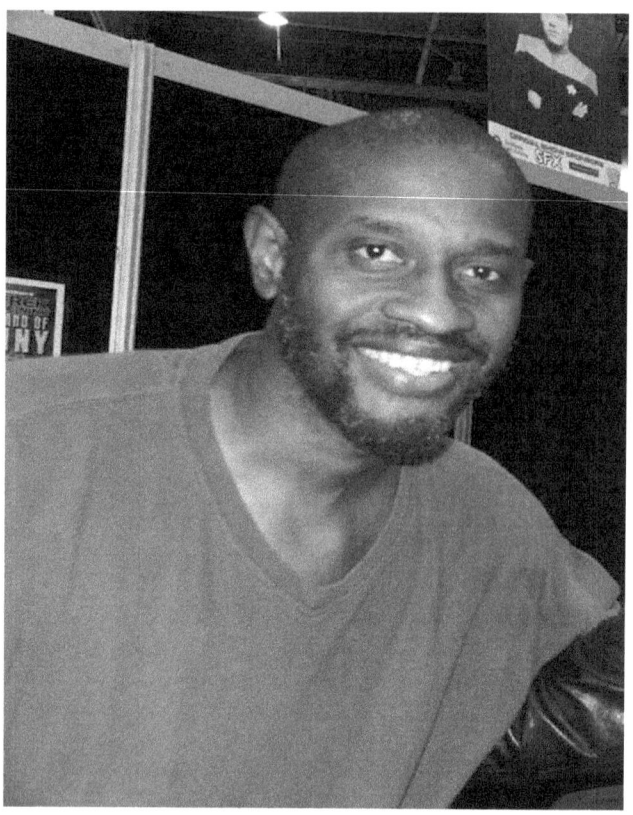

Los aficionados ya saben que Tim Russ puede cantar y que, además, vende discos. Al contrario que otros de sus compañeros de Star Trek (salvo William Shatner, quien también grabó varias canciones), posee una voz melodiosa y agradable. Este actor, que en la serie encarna a Tuvok, el jefe de seguridad, ha conseguido ocupar un puesto importante en el mundo de la canción, efectuando al mismo tiempo una gira por el país que posteriormente se amplió hasta Alemania.

La serie Voyager no permaneció en pantalla tanto como las anteriores, pero a pesar de ello consiguió mantener totalmente ocupados durante varios años a los protagonistas.

"Ahora me siento extraño, pues ya no tengo tanto trabajo, pero reconozco que lo que hicimos estuvo muy bien, y mi personaje era muy carismático, con algunas escenas memorables".

"Entre mi música y un proyecto de Internet, Farenheit 452: La Art Police, he estado trabajando bastante. Tengo también un proyecto para dirigir una película con un guión mío".

"Yo soy un actor o un cantante en cualquier momento dado, aunque quizá pueda ser ambas cosas al mismo tiempo si alguien me demanda. Me gustaría hacer una obra musical, pues mi vocación era ser cantante; lo del cine de acción vino después. Básicamente, me considero una persona que entretiene al público".

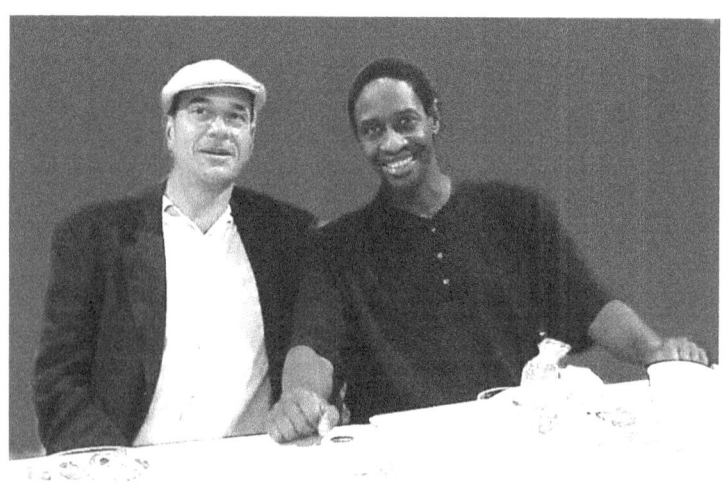

Tim Russ con Robert Picardo

TUVOK

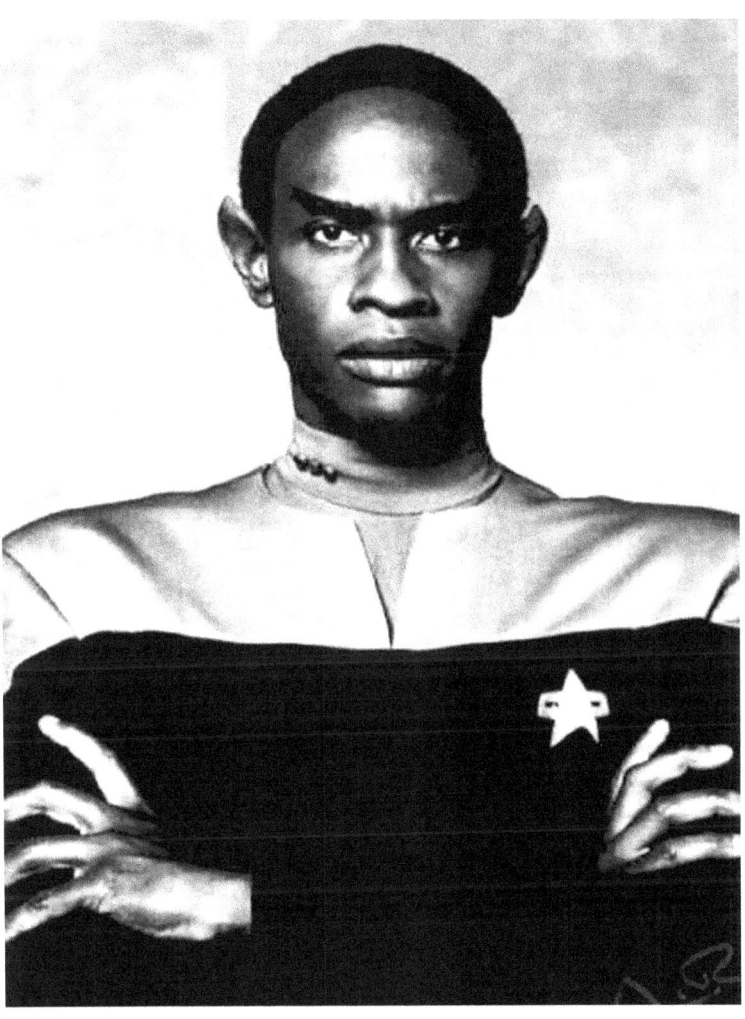

Nacido en Vulcano, en el año 2264, desde muy joven decidió unirse a la Flota Estelar, donde se formó desde 2289 hasta 2293, graduándose brillantemente a la edad de 29 años.

Su primer destino fue a las órdenes del capitán Sulu en el USS Excelsior, aunque poco tiempo después, en el 2343, fue asignado al USS Wyoming, adiestrando igualmente a los nuevos cadetes de la Flota Estelar. Esto ocurrió cuando fue llevado al Cuadrante Delta por El Guardián, pero la falta de disciplina, tanto de los cadetes como de los oficiales del Voyager, le ocasionó no pocas dificultades.

Intenso opositor a los tratados entre la Federación y los Klingon, con el tiempo incluso aportó soluciones para ello, pues vio los beneficios de dicha unión.

Casado en 2304 con T'Pely, con quien tuvo 3 niños y una hija, sirvió durante muchos años bajo el mando de la capitana Janeway, cumpliendo las funciones de Jefe de seguridad y segundo de abordo, funciones que efectúa a la perfección gracias a su carácter vulcano.

Hombre de confianza de Janeway, mantiene como hobbys la jardinería, especialmente el cultivo de orquídeas y el estudio sobre la violencia en el ser humano.

ROBERT PICARDO
DOCTOR MÉDICO

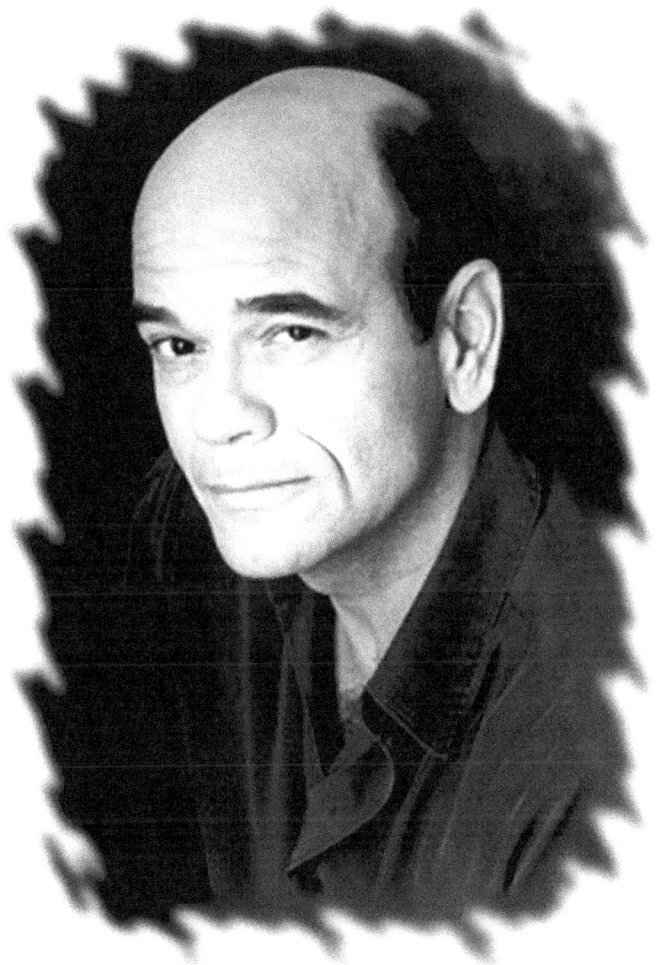

En el artículo "La Humanidad Latente" publicado en Starlog, Robert Picardo habla de sus programas informáticos de Ian Spelling.

"Cinco años llevo con esto, pero claro, en tiempo real han sido cuatro años y tres meses desde que empecé con Voyager. Ha sido un tiempo bien gastado, y la comida bastante buena".

El alter-ego de Picardo es el Doctor, y en ocasiones se le ha visto ejerciendo como tal en los momentos de descanso.

"Nosotros éramos un gran grupo de personas que teníamos un trabajo maravilloso. Mi papel era importante y si lo observan con detenimiento verán que aporta grandes momentos. Así que eso es bueno, pues las personas aprecian esos toques extras menores, la conducta extraña y ciertos rasgos de locura. Esto ocasiona que los capítulos se puedan ver más de una ocasión sin cansarse".

"Yo tenía 32 años cuando abandoné la serie y ahora la considero como una bendición y una maldición simultáneamente, pues seguimos teniendo entusiastas fieles que han estado maravillados con Star Trek, que han crecido con él y que luego han introducido a sus hijos en este universo fantástico. Esto hace que toda la familia se pueda reunir delante de un televisor para ver el mismo programa y luego comentarlo.

La parte mala es que no conocemos a la mayoría de esas pe sonas y que la serie se acabó sin posibilidad de continuar con ella. Hay "La Nueva Generación" y ahora "Enterprise", pero de "Voyager" nadie habla. Muy probablemente nunca más se rueden episodios con Data, Picard y Riker. Las personas que tienen el dinero piensan que las nuevas generaciones no están interesadas en Star Trek, y muy especialmente en Voyager.

Las series de televisión, salvo excepciones, siempre tienen esta parte maldita, pero yo creo que el público quiere estar familiarizado con los personajes. Si queremos captar la atención del público e interesarles, debemos darle, al mismo tiempo, más de lo que le gusta, pero cambiando cosas. Quieren ver cosas familiares y saber que la próxima semana sus personajes estarán de nuevo allí.

Respecto a mi personaje, pienso que era muy peculiar y su naturaleza especial afectaba a su carácter y al resto de los demás tripulantes. El Doctor es el carácter más melindroso, más astuto, y quien siempre procuraba mantener las distancias, sin tener en cuenta si esto era humano o no".

Durante su descanso de verano entre los capítulos Picardo no era tan activo, aunque tuvo tiempo para acudir a unas convenciones, grabar la nueva versión de una novela y acudir como invitado estrella con Lisa Zane en el episodio "Sarcófago" de los Límites Exteriores de Showtime (escrito por Naren Shankar, el mismo que escribió Voyager: Héroes y Demonios).

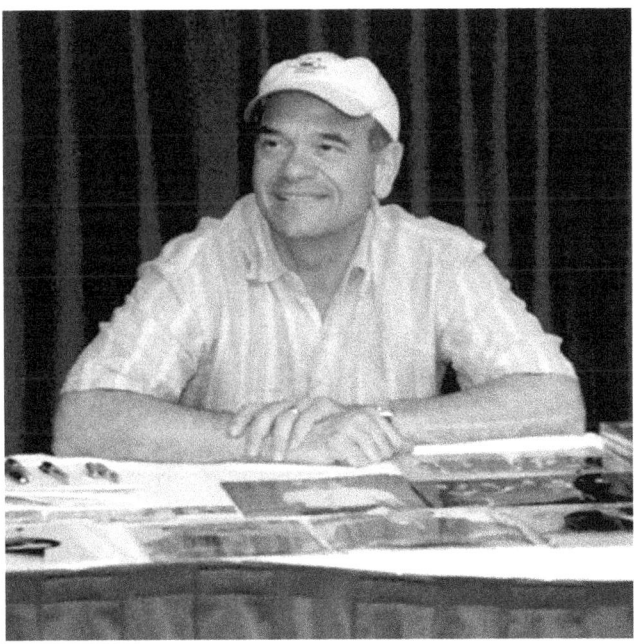

OFICIAL MÉDICO HOLOGRÁFICO

El programa holográfico de emergencia médica fue diseñado como suplemento al equipo médico de la nave. Denominado como "Programa holográfico médico AK-1", fue desarrollado en la estación Júpiter bajo la dirección del Dr. Lewis Zimmerman, asistido por el teniente Reginald Barclay.

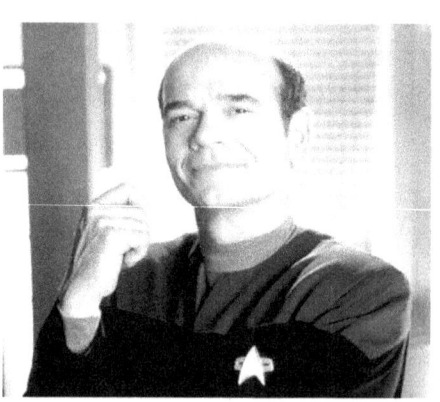

Una vez finalizado fue activado por primera vez en el año 2371 y reiniciado en 2373. El banco de datos del doctor contiene información de más de 3000 referencias médicas y la experiencia de 47 oficiales médicos, lo que significa que es un auténtico profesional.

El problema es que siendo un holograma el doctor no puede abandonar la enfermería, y por tanto tampoco puede ser transfrido fuera de la nave. Cuando murió el oficial médico del Voyager, el programa holográfico pasó a ocupar su puesto de forma permanente, primero asistido por Paris y después por Kes. Con el tiempo el programa se degradó por culpa de un accidente y se originó un grave problema, siendo la única solución aparente la reiniciación, pero ello suponía la pérdida total de su personalidad y experiencia acumulada desde su puesta en marcha. Finalmente todo acaba bien, y el doctor comprende que la tripulación del Voyager le considera como uno de ellos y no como una máquina, por lo que el doctor comienza a explorar su "humanidad".

ROBERT BELTRÁN
Chakotay, líder de los Maquis y Primer Oficial de la Voyager

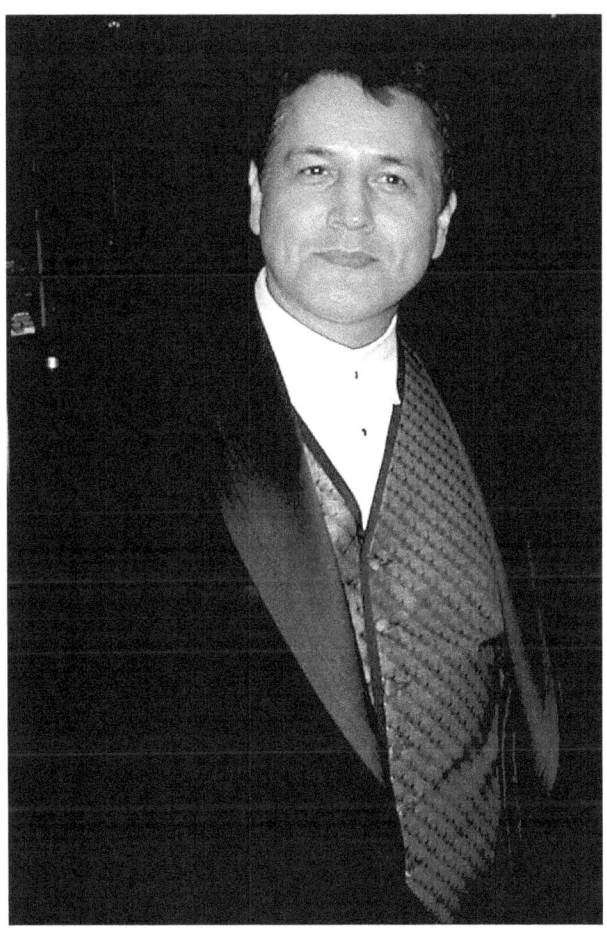

Robert Beltrán está quizá un poco más entusiasta de dejar Star Trek: Voyager que algunos de los otros actores: *"Estoy esperando empezar algo nuevo. Sé que voy a extrañar a todos, pero pienso que es tiempo para seguir. Regresaré a ser de nuevo un gitano, y los gitanos no pueden hacer planes definidos".*

El actor disfrutó de Season Seven más que de los otros, y le gustan los episodios "Shattered," las dos partes de "Workforce" y "Natural Law" donde Chakotay tuvo una participación más activa.

Beltrán ha intentado mantener alguna consistencia en su personaje y dotar a sus rasgos de cierto matiz a lo largo de todos los episodios, y cree que ha tenido éxito.

"Pienso que era una relación de simbiosis con los guionistas –explica-. *Cuando se tiene confianza en el personaje, entonces se pueden arreglar muchas cosas, como la firmeza y la lealtad, la sensibilidad que manifestó durante toda la serie. He intentado comprender que el personaje de Janeway fuera inteligente, todo poderoso, pero al mismo tiempo quisieron que Chakotay fuera más débil, pero yo hice todo lo que pude para neutralizar esa tendencia".*

Beltran habla entusiastamente sobre los fans de Voyager y su ayuda. La mayoría de los actores apoyan las causas caritativas, y la convención anual Galaxy Ball consigue siempre recaudar fondos para la Down Syndrome Association of Los Ángeles.

"Realmente tengo mucho respeto y aprecio a los fans por su lealtad a la serie. Les aprecio también por el apoyo que ellos otorgan a actos de caridad en los cuales participamos todos los actores".

Finalmente, nos queda la interrogante de si Beltrán se pondría de nuevo el maquillaje e interpretaría de nuevo a Chakotay. Su respuesta, como muchas de sus respuestas, es defendida.

"No regresaría para hacer de un invitado que aparece fugazmente en algún episodio".

Ante la pregunta de cuáles serían los requisitos para volver a Star Trek, responde: *"En principio no estaría interesado, salvo que se pudiera garantizar cierta cantidad de calidad en los guiones y en mi propio personaje".*

Chakotay

Nacido en 2335, Chakotay es nativo de un planeta cercano a la frontera Cardassiana, donde la tribu de su familia, descendientes de la Tribu del Árbol del Caucho, se vio obligada a emigrar muchos años atrás. La causa estuvo en la guerra contra los Cardasianos, en la cual murió luchando su padre Kolopak en la Zona Desmilitarizada, intentando defender las tierras de su tribu.

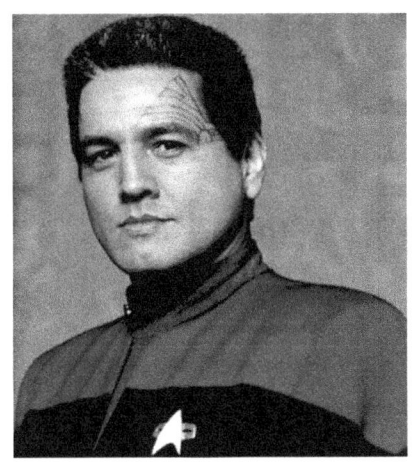

Ello le creó un gran resentimiento y desde muy joven se tatuó la cara con símbolos guerreros provenientes de la selva y que anteriormente había llevado su padre. Esa tribu intentaba ser fiel a sus orígenes y evitaban todos los avances tecnológicos posibles, como el transportador.

Con el paso de los años ingresó en la Flota Estelar, donde fue ascendido a Comandante. Cuando a causa del tratado del paz de 2370 su planeta quedó bajo el mando de los Cardassianos, Chakotay se sintió traicionado por la Flota Estelar y la abandonó para unirse al Maquis. Poco después su nave fue apresada en el Cuadrante Delta por El Guardián, pasando a formar parte de la nueva tripulación del USS Voyager, integrándose inmediatamente en la nueva tripulación. No obstante, su mirada siempre la tiene puesta en volver a casa, a La Tierra, donde se encuentran las viejas tierras de sus antepasados en Norteamérica.

ETHAN PHILLIPS
NEELIX, NATIVO DE ESA ZONA DEL ESPACIO. COCINERO, MANTENIMIENTO, GUÍA...

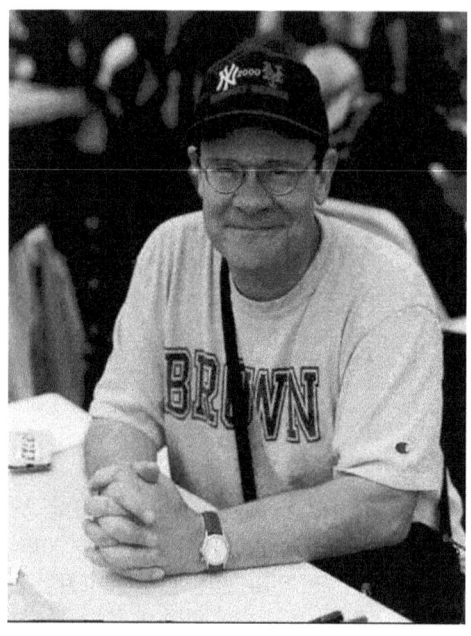

Durante el mes de noviembre de 1997, el actor Ethan Phillips fue entrevistado para averiguar su impresión sobre Voyager.

-Usted ha participado frecuentemente en los episodios de Star Trek Voyager, así como en Primer contacto. ¿Este hecho de no ser considerado como un personaje de importancia le ha afectado?

"Ha sido muy divertido trabajar en Star Trek, aunque mi papel no fuera todo lo interesante que me hubiera gustado. Realmente para mí ha sido una diversión, un disfrute este trabajo, por lo que me siento afortunado. Me considero una persona cumplidora de mi trabajo y cualquier película es siempre un desafío. Cuando se dispone de un buen guión en donde yo tengo algo que hacer, debo cumplir concienzudamente con ello. Siempre ha sido para mí un desafío cualquier papel y me valgo de todos los trucos posibles para no pasar desapercibido. Realmente me gusta venir a trabajar con un grupo de personas así. Es muy divertido".

NEELIX

Este Talaxiano, oficial de moral, guía y cocinero, habitante del Cuadrante Delta, nació en Rinax, una luna del planeta Talax. Hace algunos años hubo una guerra contra los Haakonian, los cuales destruyeron Rinax, una luna de Talax, por lo que Neelix se vio en la obligación de abandonar su mundo y vagar por el espacio dedicándose a comerciar con los restos de las naves y basura que encontraba por todo el cuadrante.

En uno de estos viajes comerciales estableció contacto con el Voyager, una nave de la Federación, y allí la capitana Janeway le pidió ayuda para encontrar su tripulación perdida. Neelix les ayudó, pero también utilizó el Voyager para rescatar a su novia. Este intercambio fue fructífero para todos y una vez que Neelix quedó impresionado por la forma que tienen de hacer las cosas en el Voyager, así como por su tecnología que permite crear agua de la nada, un recurso escaso en el sector, él y Kes se quedaron abordo del Voyager en su viaje de regreso a La Tierra. Allí ejerció de cocinero, pues no sólo preparaba los exóticos platos del Cuadrante Delta, sino que además sorprendió a la tripulación aprendiendo muchas recetas de La Tierra del siglo XX.

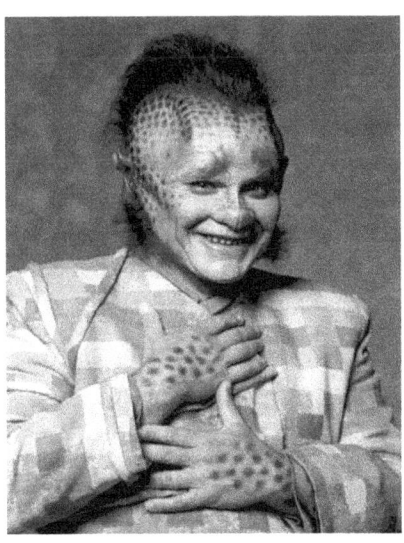

JENNIFER LIEN Kes

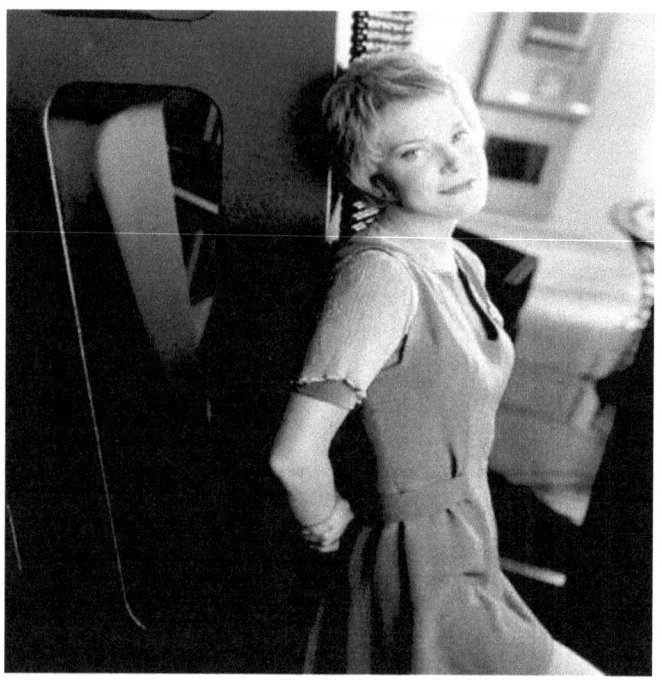

Jennifer Lien nació el 24 de agosto de 1974, en Illinois, EE.UU. Desde siempre supo que su vocación era ser actriz y animada por su maestro de inglés, junto con un maestro de actores, empezó realizando pequeños papeles en un teatro de verano. Entre las obras estaban "La tempestad" y Otelo" de Shakespeare, pasándose posteriormente a realizar algún musical contemporáneo.

En julio de 1991, cuando tenía 16 años, fue contratada por "Another World" y se marchó a Nueva York para interpretar el papel de Hannah Moore, una huérfana, donde se quedó hasta noviembre de 1992. También fue una invitada en "The Critic" y dobló la voz en "Baby Blood".

Su mejor oportunidad fue en el papel de Kes en "Star Trek: Voyager", aunque pudo simultanearlo con pequeñas intervenciones en "Duckman" y "Jonny Quest", así como aportando su voz en "El Rey León 2". En otoño de 1997 dejó Voyager y empezó trabajando en la serie animada de los Hombres de Negro.

Filmografía esencial:

Rubbernecking (2000)
Spawn (1998)
Man in Black (1997)
Jonny Quest (1996)
1997 Star Trek: Voyager
Phenom (1994)

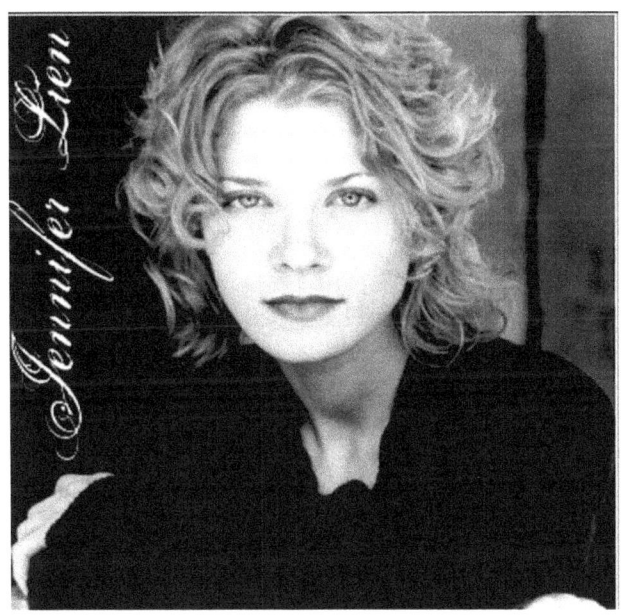

KES

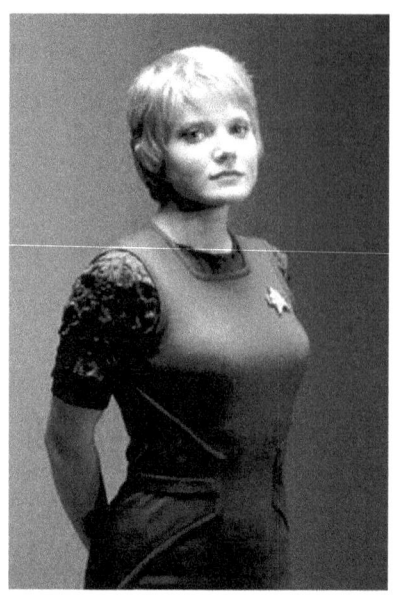

Ayudante médico de la raza Ocampa (una rara especie del Cuadrante Delta que vivía en un lugar subterráneo de un planeta protegido por El Guardián), su crecimiento acelerado le proporciona apenas nueve años de vida. Esta es la causa por la cual Kes, que realmente tiene dos años de edad, aparente 20. Poseedora de limitados poderes telepáticos, ha conseguido reforzar sus poderes mediante entrenamiento.

Nacida en 2370, se acuerda mucho de su padre Beneren, una de las personas más importantes de su mundo, pero murió cuando Kes tenía un año y este suceso impulsó a Kes a averiguar cómo era el mundo fuera de su ciudad. Su curiosidad por traspasar las fronteras le llevó hasta Neelix, del cual se enamoró, aunque tuvo que pelear por su libertad contra un Kazon llamado Ogla. Desde entonces ha permanecido en el Voyager, separada de su gente, a la que abandonó en las profundidades de su mundo, donde viven una existencia pasiva, mantenidos por los suministros de El Guardián.

Ella desea liberar a su pueblo, pero mientras tanto colabora como asistente con el programa holográfico del médico, estudiando simultáneamente medicina y jardinería aerofónica. Aficionada a la cocina, comparte allí largas horas con Neelix, compaginando los platos con el aprendizaje de las técnicas telepáticas propias de los vulcanos.

Estas habilidades aumentaron grandemente cuando el Voyager tuvo contacto con los Borg, facultad que requería cierto control. Kes continuó progresando hasta desestabilizar su estructura molecular, llegando a convertirse en energía pura. Como consecuencia de esto, abandonó el Voyager, pero dio un regalo a la tripulación al impulsarlos 9.500 años hacia el Cuadrante Alfa, ya fuera de la zona dominada por los Borg.

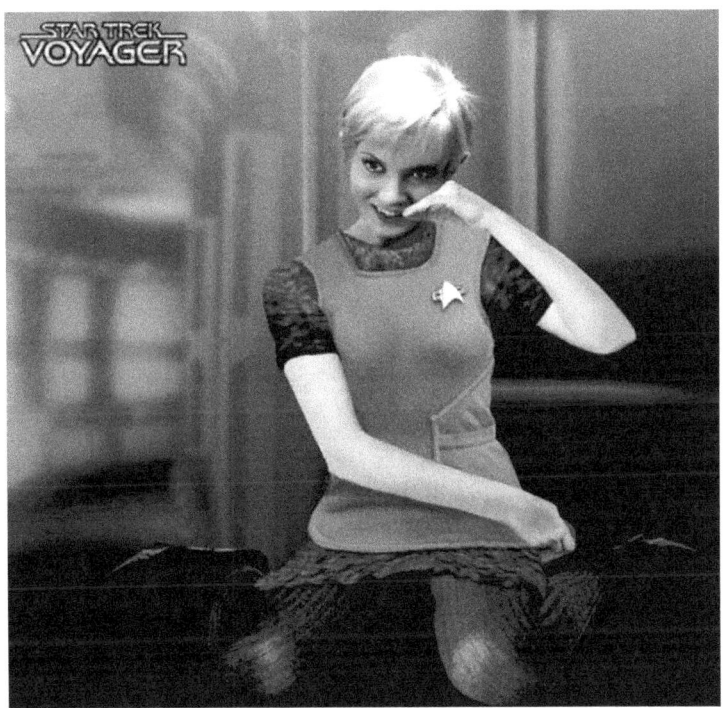

ROXANN DAWSON
B'Elanna Torres, Jefe de Ingenieros

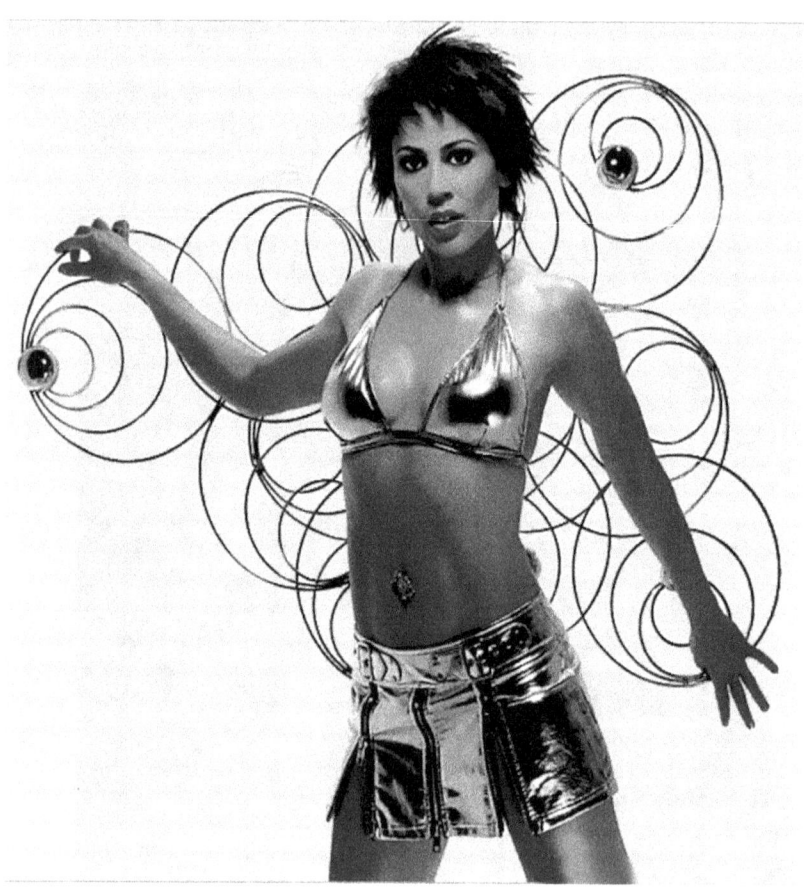

Con su papel de medio-Klingon, Roxann Dawson no se ve como un miembro más de la tripulación del Voyager. Tenía ya 35 años cuando le propusieron ser el Ingeniero Jefe Torres, un personaje que no quiere coger prisioneros pero, al mismo tiempo, aporta chispas románticas entre ella y el Teniente Tom Paris (Robert Duncan McNeill).

Nació el 11 de septiembre de 1964, en Los Ángeles.

"Todos dicen que mi carácter es duro y sexy, pero si eso es lo que ven me parece maravilloso".

Dawson dirigió algunas obras de teatro en Universidad Berkeley de California, además de algunos de los últimos episodios de la serie Voyager. Casada con el director de televisión Dawson, se considera con una inteligencia modesta, pues es consciente que esta facultad se demuestra, no se dice. Además, se alegra de que los fans la vean muy sexy.

Antes de su trabajo en Star Trek, Roxann Dawson tenía un escaso conocimiento de esta creación de Gene Roddenberry.

"No sé nada en absoluto sobre Star Trek, y quiero ser honrada con usted –le confesó a Gene-. *Debo mirar antes un capítulo esta noche para darle mi contestación y hacer la prueba de pantalla".*

Después de ver un episodio de Star Trek: La Nueva Generación, se sintió impresionada por la fuerza de los personajes, aunque todavía nadie le había dicho que su papel consistiría en ponerme un aparatoso maquillaje Klingon que le daría un aspecto no tan sexy como ella desearía. Con el tiempo se dio cuenta de la diferencia que había entre un Klingon y un humano, y eso le supuso un reto profesional que tenía que admitir. Al poco tiempo, la nave Voyager tenía ya su ingeniero.

Explorar su lado Klingon fue algo que le llevó tiempo. "Yo tenía dos caras, tanto físicamente como psíquicamente, pero con el tiempo terminé demostrando que incluso un Klingon era casi un humano. Indudablemente ha sido una experiencia única en mi vida, pero los aficionados me han recompensado por ello.

"En Star Trek: Voyager el argumento nos lleva a situaciones continuadas de vida y muerte, casi cada semana, peleando con alienígenas. Por eso, cuando hay un episodio tranquilo, con algo de romance, es cuando podía sacar mi lado sentimental. Indudablemente es excitante".

"Creo que la fuerza de esta serie está en nuestro conjunto. De hecho, ésa fue una cuestión que se mencionaba antes de cada

rodaje, algo que ningún crítico ha podido ver. Siento que la fuerza de Star Trek está en el grupo, pues trabajamos muy bien juntos, y nos compenetramos sin problemas. Yo he estado en otra serie de televisión, pero nunca he visto a actores tan unidos como nosotros. Con la introducción de Seven of Nine sé que para trabajar mis compañeros necesitaron regresar y volver a visitar los personajes como un grupo".

El episodio favorito de Dawson de esta serie fue "Extreme Risk", pues le ofreció la oportunidad a la actriz para hondar más profundamente en su personaje.

"Me gustó poder explorar un lado de B'Elanna que antes nadie había visto, y pensé que reflejó aspectos de la depresión con mucha precisión. Creo que es un episodio muy bien escrito". De hecho, durante los años en que B'Elanna intervino, demostró ser uno de los personajes más multifacéticos en Voyager. No solamente era una estudiante de la Academia, sino que poseía una gran rebeldía interior, pero todo ello buscando trabajar siempre en equipo. Indudablemente le hubiera gustado excavar particularmente en la relación entre Torres y Tom Paris, aparte de explorar la herencia Klingon de B'Elanna, (Robert Duncan McNeill).

Irónicamente, las cosas fueron mucho más sencillas cuando ella se quedó embarazada.

"Eso era... cómico –dice-. *Después de un rato rodando, evitando la cámara filmar de la cintura para abajo, evitando que se viera mi barriga, cuando nos teníamos que besar no podíamos contener la risa".*

Su embarazo, claro, alteró el curso de su personaje en la cuarta entrega.

"Tengo que decir que he trabajado con personas asombrosas, pues me dieron un horario muy cómodo y siempre acomodándose a mis necesidades. Si había una escena en la cual se necesitaba humo, y ellos sabían que no podía respirarlo, dejaban ese plano para otro día o agregaban el humo en la post-producción, algo que indudablemente costaba dinero. Tampoco quisieron que desapareciera de la serie, sino que siguieron manteniendo vivo a mi

personaje, consiguiendo algunos primeros planos muy buenos".

Fue tan apasionante esta circunstancia, que de hecho Dawson regresó al trabajo simplemente 10 días después de dar a luz a su hija Emma Rose en diciembre de 1997, aunque otros datos hablan de que fue el 16 de enero de 1998 a las 7:52 de la mañana.

"Me gustaría que en la serie hubieran salido más conflictos con mi personaje, porque pienso que ayudan a hacer las cosas más interesantes. Cuando ella es demasiado saludable y está satisfecha de sí misma, todo perfecto, es aburrida. La prefiero cuando está desarreglada".

Como con muchos de los actores en Voyager, Roxann proviene del teatro. Nacida y criada en Los Ángeles, estudió en el Theater Arts at the University of California at Berkeley, y después de la graduación, apareció en Broadway y producciones al margen, así como en un teatro regional antes de comenzar su andadura en la televisión.

"Adoro participar en estas convenciones de Star Trek, porque me recuerdan el teatro. Añoro mi época teatral tanto como la serie Voyager. Uno de las cosas que amo en el teatro vivo es que estoy en contacto con su público. Por eso, cuando voy a estas convenciones y tenemos el contacto con el público, averiguamos lo que les afectó y lo que no les afectó. Necesito oír sus pensamientos para realmente darme cuenta que ellos tienen unos sentimientos muy fuertes relacionados con nuestros personajes".

"Lo peor de todo era la máscara que debía ponerme. Llevaba dos horas de trabajo, una media hora a 45 minutos para quitarla, y eso abrasa mucho la piel. Como actriz, pienso que es duro. Ya sé que muchas personas dicen que las máscaras a veces pueden ayudar a crear un carácter, una mirada, pero con B'Elanna yo la consideré tan cerca de mí que realmente entendí su carácter".

B'ELANNA TORRES

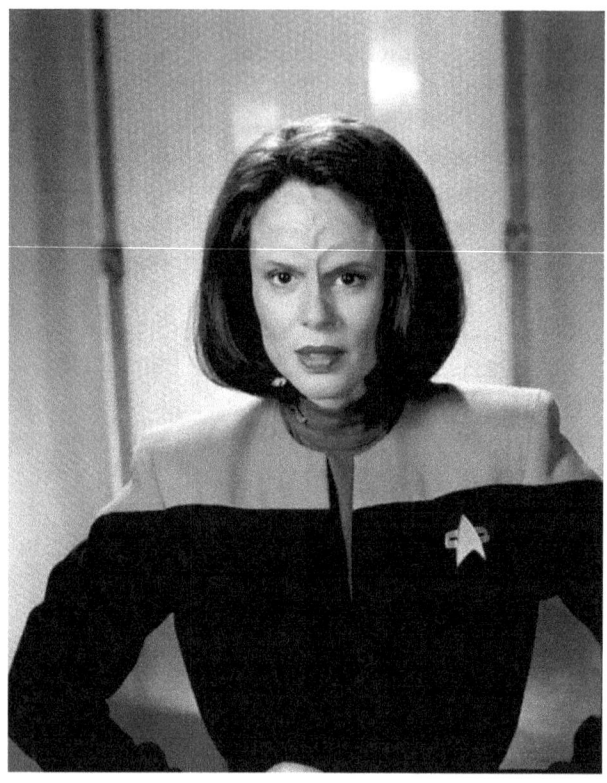

Al Jefe de Ingenieros B'Elanna indudablemente su doble origen le ha causado no pocos problemas, en especial en su personalidad. De niña, vivió con su madre Klingon en Kessick 4, pues la relación con los humanos era difícil, hasta tal punto que muchos de sus problemas fueron los causantes de que tuviera que abandonar la Academia de la Flota Estelar en su segundo año de carrera. En ese momento se unió al Maquis, donde logra encontrar su puesto bajo el mando del capitán Chakotay. Afortunadamente, en el momento en que las tripulaciones del Voyager y del Maquis se unen en el Cuadrante Delta, es ascendida a jefe de ingeniería del Voyager.

Tan eficaz es su labor que Janeway nunca se ha arrepentido de haberla nombrado ingeniero jefe, ya que ha demostrado ser dura, honesta, conocedora de sus funciones e independiente, tal y como ella misma fue durante su juventud.

Indudablemente la conducta de B'Elanna es rara, fruto de la lucha interior por su mezcla de razas, algo que nunca logró superar, pero en el Voyager ha aprendido a controlarse mejor y a trabajar en equipo.

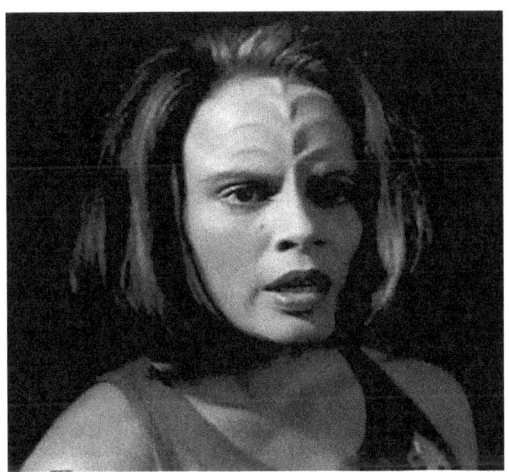

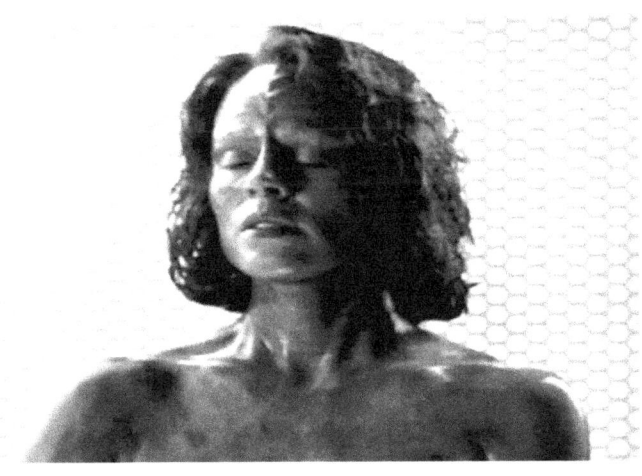

GARRETT WANG
HARRY KIM, OFICIAL DE OPERACIONES

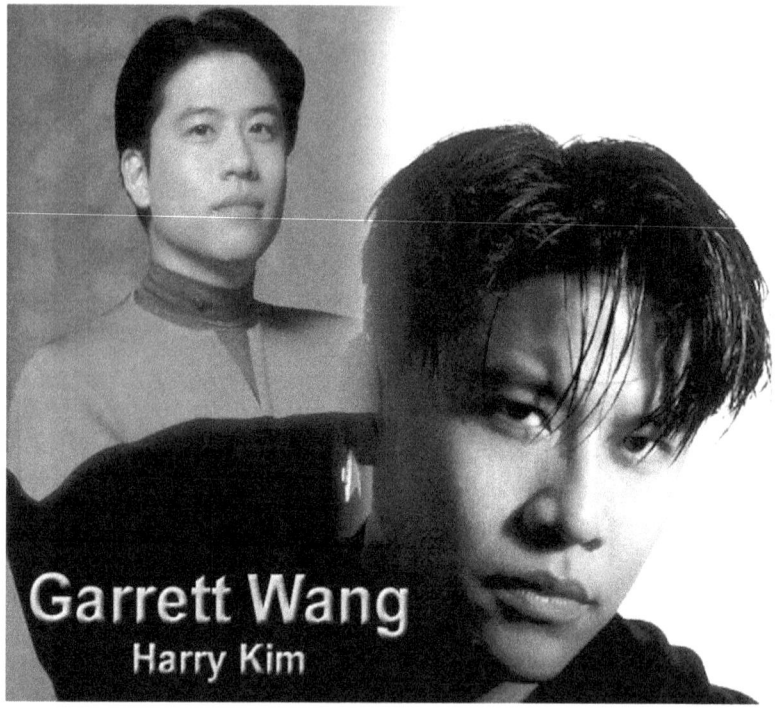

Garrett Richard Wang nació el 15 de diciembre de 1968 en la Ribera, California, de padres inmigrantes chinos, viviendo inicialmente en Indiana, después en las Bermudas y finalmente en Tennessee. Después se graduó en Harding Academy High School de Memphis, y trasladó a Los Angeles para asistir a UCLA, dónde se especializó en estudios asiáticos.

"Cuando quieras hacer algo, debes antes tener buenas expectativas -afirma Garrett Wang-. *Algunos están convencidos y otros dudan demasiado".*

"Mi personaje en Star Trek puede hablar de primera mano sobre las expectativas reales y las no realizadas aún. Algunas de las cosas que me han pasado desbordaron mis expectativas y debido a Voyager me encontré trabajando en un mundo fantástico".

"Para ser mi primer trabajo, muy opuesto a la mayoría de los otros miembros de la serie, creo que ha sido estupendo. Sin embargo, hay cosas que deberíamos haber explorado más intensamente, pues se tocaron de modo demasiado superficial. Ésa puede ser una desilusión, pero, en conjunto, la experiencia ha sido buena".

"Cuando todos los demás decían, 'Oh, esto no lo puedo hacer', yo siempre salía diciendo, 'OK, saltaré fuera del edificio, como si fuera Jackie Chan' ".

"Tengo una buena relación con los otros actores. Esto es de verdad una familia y aunque siempre hay alguna clase de competición, todos nos amamos".

Filmografia

2000 Pinata
1998 Ivory Tower
1997 Hundred Percent
1995 "Star Trek: Voyager" TV 1995
Angry Cafe
1994 All-American Girl

HARRY KIM

El Oficial de comunicaciones Harry nació en 2349, estudiando en la academia desde 2367 hasta el 2371. Recién graduado en la Academia -donde era el editor del periódico local y publicó algunas noticias sobre los Maquis, las cuales fueron fuentes de debate-, ingresó en la Flota Estelar. Su primer destino fue el Voyager, pese a su inexperiencia, pues le consideraron suficientemente cualificado. También, y como consecuencia de su inexperiencia, se le acusa de cierta ingenuidad. Desde sus llegada al Voyager ha mantenido una gran amistad con Paris, y se siente muy interesado por sus problemas.

Aficionado a tocar el clarinete, siente un gran amor por su familia con la que se mantuvo constantemente en contacto durante su estancia en la Academia de la Flota Estelar. Más dolorosa fue la separación forzosa ocasionada por su traslado al cuadrante Delta.

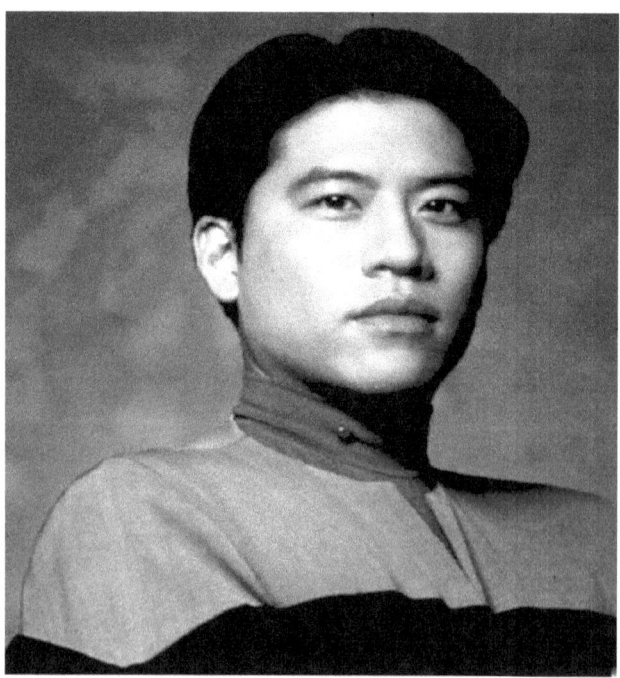

ROBERT DUNCAN MCNEILL
Tom Paris, Piloto

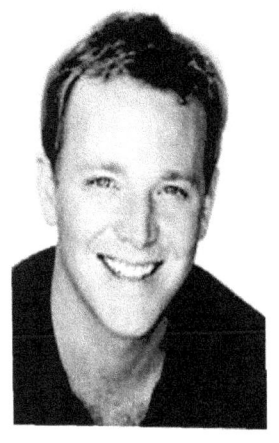

Nació el 9 de noviembre de 1964 en Carolina del Norte.

"Es difícil separar la faceta de actor con la de director, pero al menos lo intento cuando interpreto el papel de Mcneill. Hay actores que le dicen al director lo que debe hacer y suelen dar siempre sus opiniones, pero yo intento no hacerlo demasiado. Mi sentimiento es que cuando no estoy dirigiendo, quienquiera que lo esté está haciendo su trabajo y dispone de sus propios informes y formas de pensar. Si yo estoy actuando como actor debo hablarle como tal.

'*Si tuviera en la mente ambas facetas, director y actor, seguramente me distraería interpretando, pensando en cosas técnicas. Realmente intento no hacerlo, aunque me gusta dirigir y quiero dirigir más. Quizá porque algunas personas me ven un poco como director o por lo menos saben que tengo cierta experiencia, salen furtivamente fuera cuando estoy en acción fija. No obstante, si surge un problema suelo ayudar a los directores, pero antes les pregunto si desean mi ayuda. He dirigido tres capítulos de Voyager y estoy muy orgulloso de ellos, pues resultaron muy bien. Pienso que todos hemos disfrutado cuando he dirigido. Star Trek les ha dado la oportunidad a muchas personas para dirigir y producir, para extender sus carreras más allá de actuar. Los productores me han hecho un favor dejándome dirigir, pero también soy muy cuidadoso con el trabajo".*

"'*He notado que los productores quieren sentirse cómodos y por eso no desean a demasiados actores que dirijan otros episodios porque afecta la planificación. ¿Pero, quién sabe? Yo estaría feliz de dirigir otra serie de Star Trek".*

"Mi hijo nació unos meses antes de que empezara a rodar Star Trek, por lo que no sabe nada excepto que su papá hablaba mucho de Voyager. Mi hija, que tiene nueve años, tiene una memoria vaga de mi vida antes de Voyager, cuando yo estaba como la mayoría de los actores, yendo de un proyecto a otro.

Hice mucho teatro también, y he estado trabajando en Nueva York durante meses, aunque normalmente tenía a mi esposa conmigo. Era un modo diferente de vida, casi como un gitano errante. Así que, será interesante ver lo que pasa cuando acabe Voyager. Ésa es otra razón para que me atraiga dirigir, pues proporciona más estabilidad".

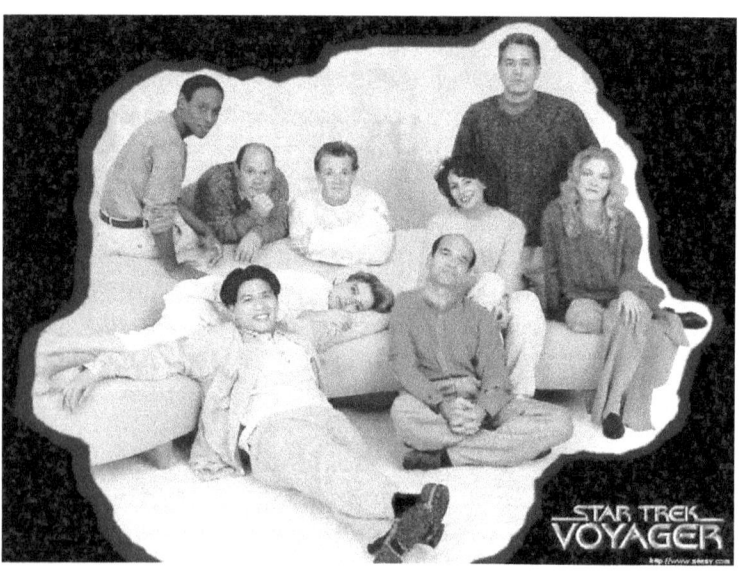

TOM PARIS

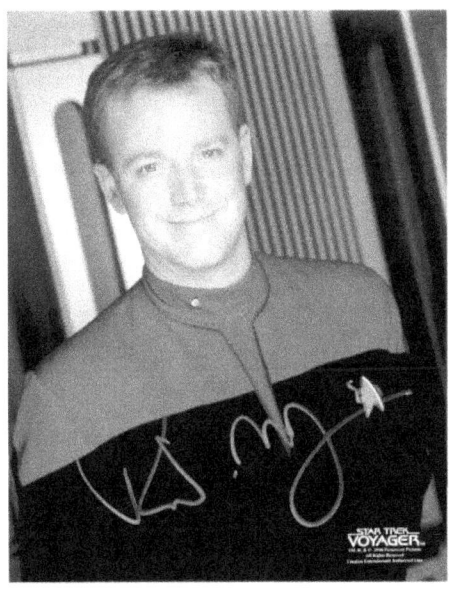

Tom Paris proviene de una familia con destacados oficiales de la Flota Estelar, entre ellos a su bisabuelo, abuela, padre y tío, estos últimos almirantes. Recién unido a la Flota Estelar se vio involucrado en un terrible accidente que costó muchas vidas, pero no quiso pedir disculpas, aceptó su responsabilidad y fue sometido a un consejo de guerra. Este problema le obligó a unirse a los Maquis, donde sirvió junto a Chacokay, aunque fue capturado en su primera misión por la Federación y enviado a rehabilitación en la Tierra en una colonia penal en Nueva Zelanda.

Posteriormente, la capitana Janeway le reclutó en su tripulación para apresar a Chaquetay en Badland, ofreciéndole el indulto y una segunda oportunidad para su carrera. Afortunadamente no tuvo que traicionar a nadie, pues tanto Paris como los Maquis se unieron definitivamente a la tripulación del Voyager.

Esos problemas parecieron afectar más a su familia que a él mismo, ya que sus delitos eran como un borrón en el historial de la familia Paris.

JERI LYNN RYAN
SEVEN OF NINE, UN HUMANO ASIMILADO DE LOS BORG

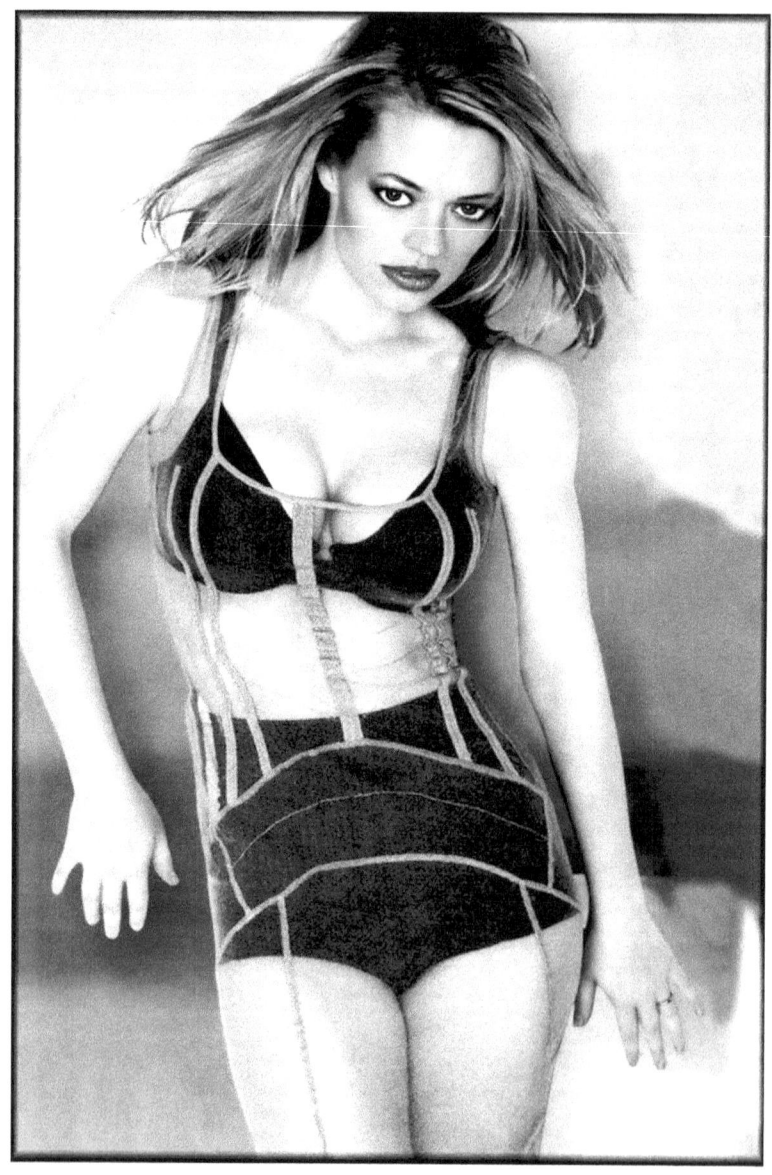

Nació el 22 de febrero de 1968 en Munich, Alemania.

Jeri Ryan ha saltado a la popularidad por su papel de Seven of Nine en "Star Trek: Voyager". Desde la época en la cual Sigourney Weaver encandiló a los espectadores con su amago de striptease espacial en "Alien", ninguna otra heroína del cine de ciencia-ficción había sido capaz de romper tantos corazones.

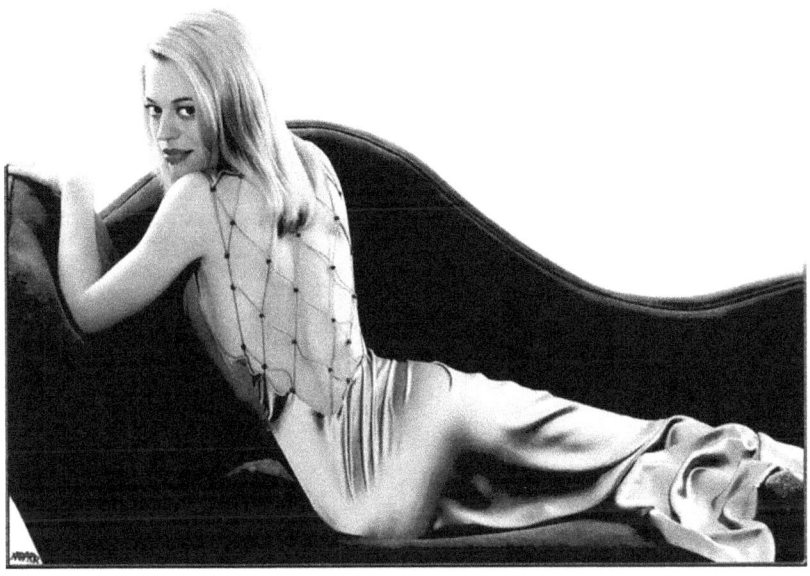

Ryan formó parte de la serie en el capítulo dos y ahora conoce a millones de entusiastas de este maravilloso engendro que lleva el más sugestivo traje espacial de la historia. Antes de eso, intervino en "Dark Skies" y en la serie televisiva "Melrose Place"; también se la pudo ver en "Nightmare in Columbia County" y "In the Line of Duty: Ambush in Waco.

Ryan participó en "Down With Love" con Ewan McGregor, así como en "Drácula 2000" y "The Last Man".

Antigua estudiante en la Northwestern University, actuó en varias obras de teatro y fue nombrada miembro del comité ejecutivo de ATAS. Nacida como Jeri Lynn Zimmermann en febrero de 1968, de Jerry y Sharon Zimmermann, Ryan ha vivido en EE.UU. y Munich, Alemania, trabajando también en el ejército de Kentucky destinado en Hawai.

Fue declarada Miss Northwestern Alpha Delta Phi Pageant en 1989 en la universidad, además de ganar el concurso por su trabajo en "Les Miserables", y otro premio a la mujer más bella en bañador. Después ese año ganó el título de Miss Illinois Pageant y siguió participando en concursos hasta hacerse con el premio de Miss América Pageant 1990. Pero si usted piensa que ella es solamente un cuerpo espléndido pero dotado de poca inteligencia, está equivocado, pues debería saber que tiene el National Merit Scholar.

Aunque actriz completa, Ryan considera que su papel más importante fue el de ser madre de Alex. *"Como madre, soy más paciente y me siento más completa. Nadie podría convencerme mientras estaba embarazada de cómo de mágico sería ser madre".*

Jeri destacó, y eso lo sabemos, especialmente por el sugestivo traje que lleva en Star Trek y el semanal TV Guide se refirió a ella como "La alienígena que nos embriaga con su presencia". El redactor Ron Miller dijo, "Uno consigue creerse que ella hace estremecer a todos los varones de Star Trek, Voyager".

El nombre de su personaje en Voyager es Seven of Nine (Siete de Nueve), una abreviatura de Seven of Nine Tertiary Adjunct of Unimatrix Zero-One, o algo así. "Hemos hecho tan aerodinámica a Ryan que nos da pena cuando se quita el traje
–afirma su productor Rick Berman-. Siete es una criatura sensual mitad Borg mitad humana y parece una versión extraterrestre de Catwoman, encajonada en un catsuit ultraligero, mientras que en las manos y rostro se la ven las señales de los Borg".

Ryan dice que para el primer traje debía tener la cabeza bien recta para enfundármelo, pero los siguientes son más livianos, aunque la sigue costando trabajo respirar. Lo cierto es que lleva casi una hora ponérselo, aunque siempre tiene varios ayudantes que quieren intervenir en el proceso.

"El mayor problema es que cuando quería ir al baño todo el mundo se enteraba, por lo que mi vanidad se venía abajo. Hubo un momento en que decidieron que tenía unos momentos concretos para ir, y todos aprovechaban para descansar".

Para ayudar a Ryan a lograr la perfección de un Borg, el departamento de composición hizo una cara de yeso, un proceso que requirió 45 minutos respirando a través de dos pajas introducidas en la nariz. Eso siguió con un molde de dos horas del cuerpo entero.

Filmografía:
Mortal Kombat (2010)
Down with Love (2003)
Drácula (2000)

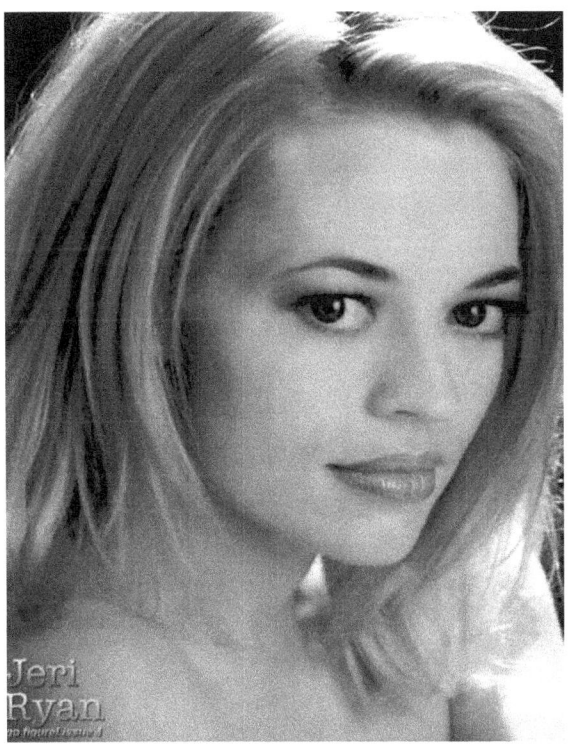

SEVEN OF NINE

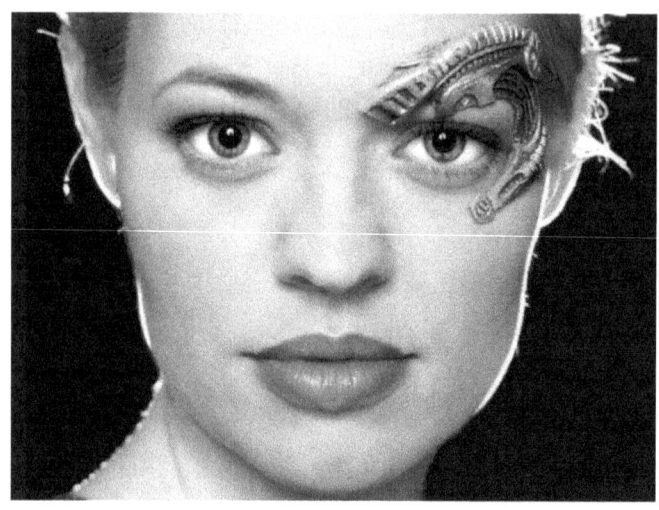

Esta especie cibernética humana, trabaja en el USS Voyager sin asignación formal bajo el nombre completo de Annika Hansen. Nació en Colonia Tendara, FE 25479, aunque los Borg la conocen bajo la denominación "Seven of Nine". Fue desconectada de la mente Colectiva Borg a través de la neutralización del neurotransmisor de la columna vertebral.

Con el tiempo se consiguió eliminar un 82% de los implantes Borg de su cuerpo, aunque los restantes bio-implantes han sido estabilizados, pues son críticos para su soporte vital.

Los registros de la flota indican que Seven of Nive tiene unos padres que dejaron un puesto remoto en el Sector Omega y que fueron hacia el cuadrante Delta en la pequeña nave "The Raven". Es posible que la familia Hansen fueran los primeros humanos que han sido asimilados por los Borg.

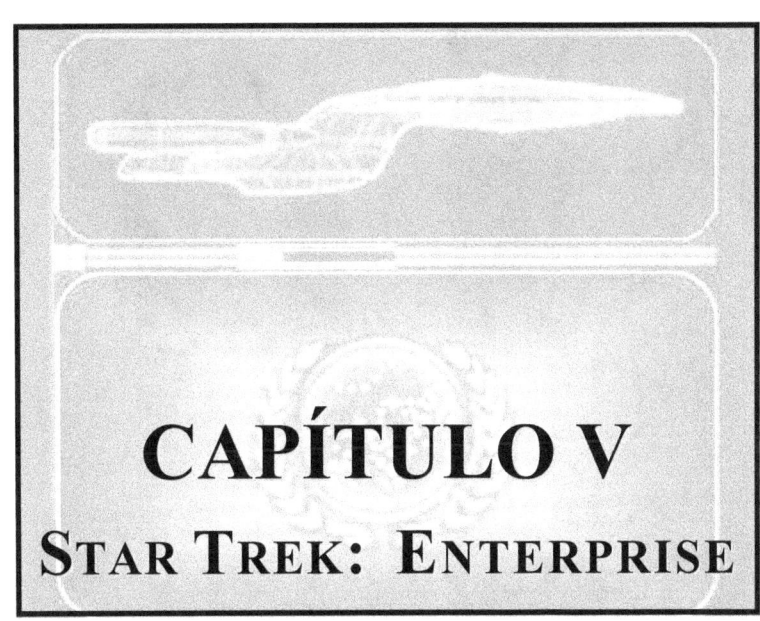

CAPÍTULO V
STAR TREK: ENTERPRISE

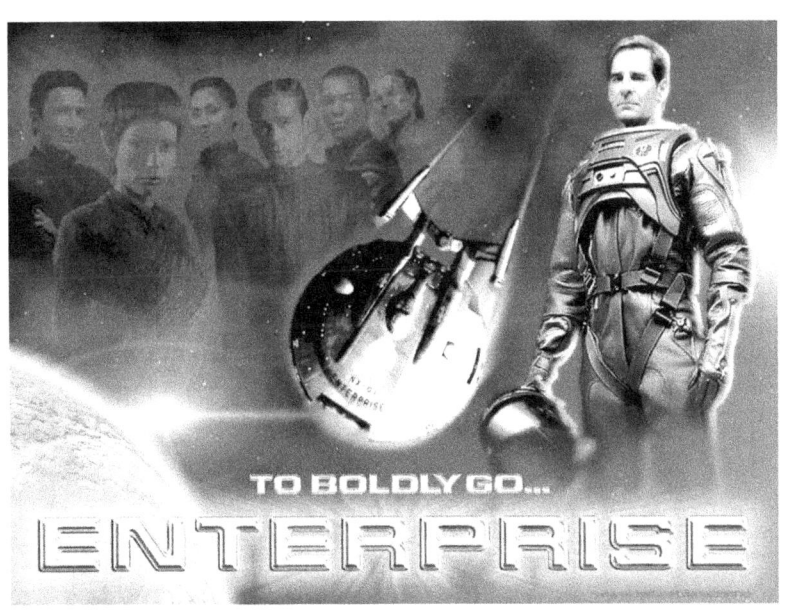

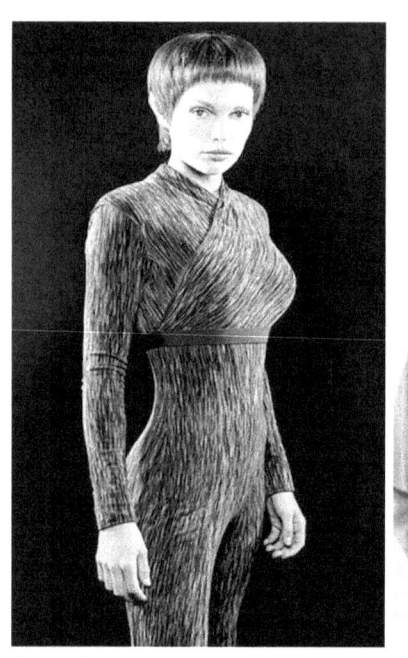
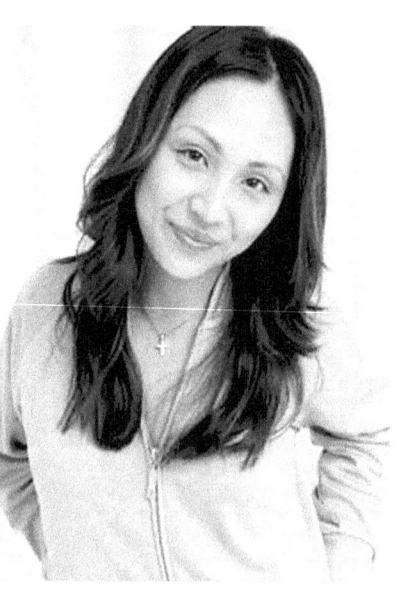
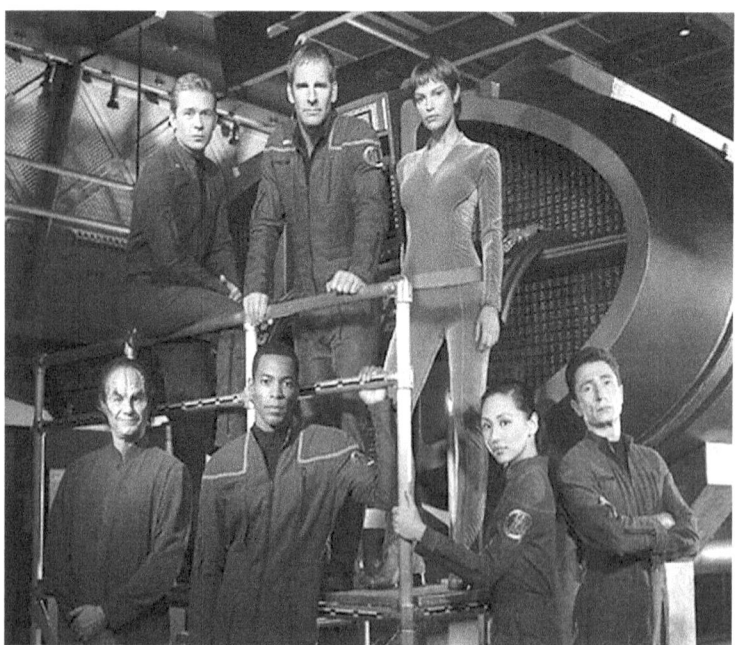

En 1999 "Espacio Profundo Nueve" llegó a su fin después de siete años, equiparando así la duración de "La Nueva Generación". Poco después del final comenzaron a circular rumores acerca de una nueva serie de la saga, que estaría situada en el siglo XXII y trataría acerca del surgimiento de la Federación. Los productores Rick Berman y Brannon Braga comenzaron a trabajar en la creación de una nueva serie televisiva que sería emitida después del final de "Voyager". Dos años más tarde, mientras Voyager culminaba sus siete temporadas en el aire, los rumores se hicieron realidad. Paramount Pictures confirmó que el conocido actor Scott Bakula sería el protagonista de esta nueva serie, llamada "Enterprise", la cual fue finalmente estrenada en septiembre de 2001 en la cadena UPN. Esta serie, desdichadamente, aún no ha podido verse en la mayoría de los países, pero ya se encuentra distribuida en DVD.

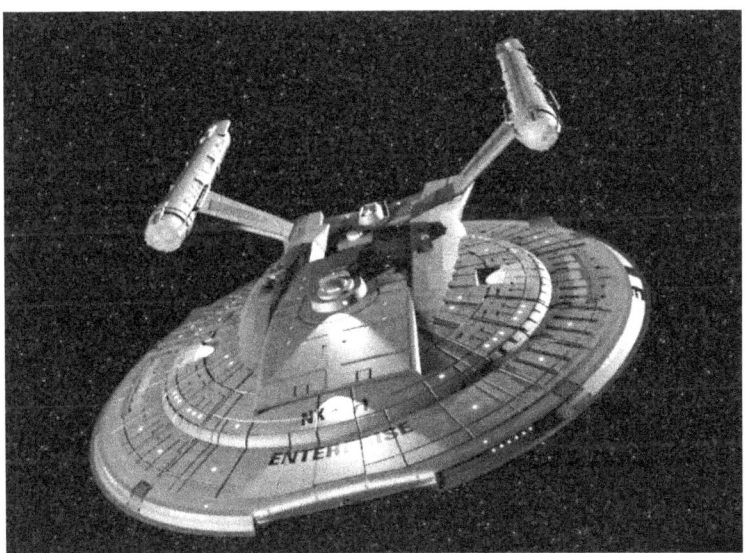

La serie se desarrolla en el siglo XXII, 150 años antes de los viajes del Capitán Kirk y su tripulación, en una época donde los viajes espaciales son aún algo relativamente nuevo y los humanos y los Vulcanos todavía están comenzando a conocerse.

La historia comienza en el año 2151 con el lanzamiento de la nave Enterprise al mando del Capitán Jonathan Archer (Scott Bakula), un varón humano de poco más de 40 años. Incansable explorador y una persona dotada de gran personalidad y curiosidad innata acerca del universo, no teme cuestionar o desobedecer órdenes cuando lo cree necesario.

Sabemos que siente un profundo rencor hacia los Vulcanos a quienes culpa de obstaculizar el progreso de la Humanidad, lo que ocasiona algunos roces con la Sub Comandante T'Pol (Jolene Blalock), una mujer Vulcana que aparenta unos 30 años de edad, de aspecto sobrio pero sensual. T'Pol es la oficial científica asignada para vigilar el progreso de la Humanidad a bordo del Enterprise y aunque considera a los humanos primitivos e irracionales, tiene gran respeto por el Capitán Archer y con el tiempo llegó a convertirse en uno de sus oficiales más leales.

El jefe de ingenieros de la nave es el Comandante Charlie "Trip" Tucker (Connor Trinneer), un humano de poco más de 30 años procedente del sur de Norteamérica que destaca por su trabajo como ingeniero, aunque tiene poca experiencia en las relaciones con otras culturas.

Como oficial médico está el Doctor Phlox (John Billingsley), un extraterrestre exótico que está fascinado con la Humanidad y aprovecha su asignación en el Enterprise para estudiar la conducta humana. Su peculiar forma de curar se denomina como "medicina intergaláctica", por lo que curarse supone toda una aventura con feliz resultados.

Al timón se encuentra el Alférez Travis Mayweather (Anthony Montgomery), un hombre joven que prácticamente nació en el espacio y debió ser criado por ello en naves de carga. Ha pasado más tiempo en el espacio que cualquier otro miembro de la tripulación, viajando a docenas de planetas y conociendo varias razas extraterrestres.

El oficial encargado de la seguridad es el Teniente Malcolm Reed (Dominic Keating), un humano de entre 25 y 30 años de edad procedente de Inglaterra, con aspecto de rudo soldado.

Riguroso con las normas militares y las órdenes, esta postura le lleva a no pocas contradicciones, aunque en realidad es un hombre tranquilo y tímido.

Finalmente, está el Alférez Hoshi Sato (Linda Park), una mujer humana de origen asiático de 25 años que está a cargo de las comunicaciones de la nave, pero que también actúa como traductora, ya que es una experta en lenguajes y puede emitir varios sonidos alienígenas que ningún otro humano es capaz de producir.

Tanto el argumento, como los efectos especiales y la interpretación son de alta calidad, superando con mucho a las anteriores entregas. Desdichadamente solamente se emitió durante cuatro temporadas, y eso que los primeros días de emisión la audiencia fue muy alta, decayendo poco a poco. Las nuevas generaciones ya no parecían estar interesadas en la nave Enterprise y su emblemática tripulación. Afortunadamente, tanto la serie como las películas ya están en la historia del cine y cuentan con millones de fans distribuidos por todo el mundo.

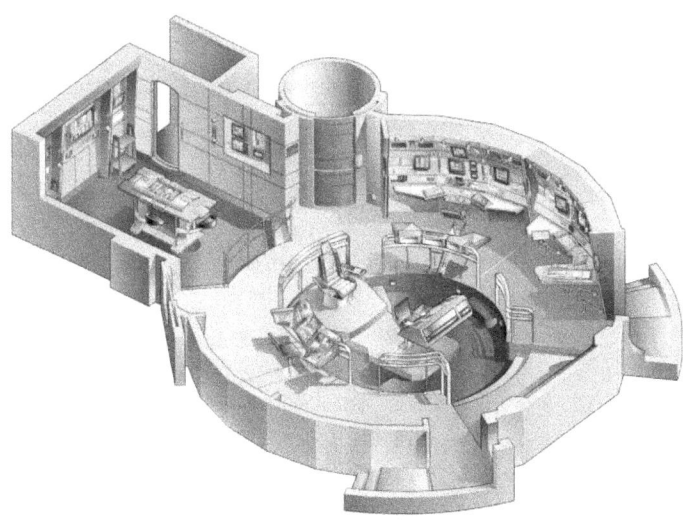

ACTORES Y PERSONAJES DE "ENTERPRISE"

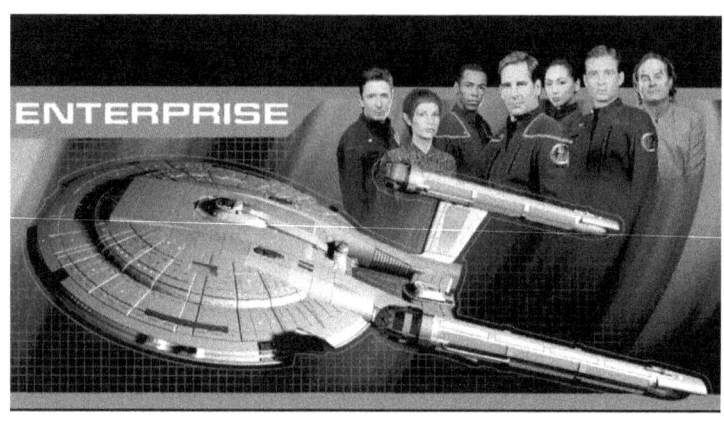

ANTHONY MONTGOMERY
ALFÉREZ JONATHAN TRAVIS MAYWEATHER

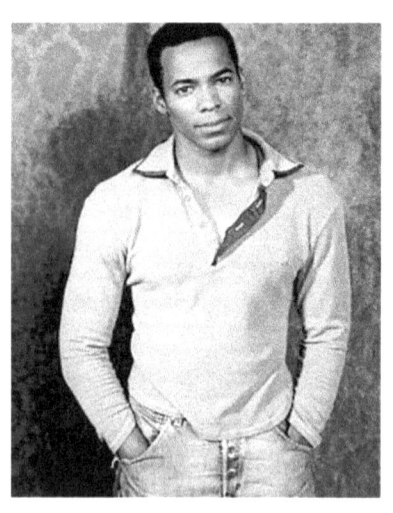

Anthony Montgomery nació en Dublín, aunque trabajó como AIO a tiempo completo en los Países Bajos. Su formación académica incluye un BA en psicología por la Universidad Dublín y un masters en Análisis Laboral antes de irse a los Países Bajos. Su investigación en psicología está centrada en examinar los antecedentes y los resultados de la interferencia entre el trabajo y el hogar, o la manera en que el trabajo y la vida casera pueden ser incompatibles para algunas personas.

Actualmente está implicado en desarrollar diversas herramientas de organización para los trabajadores con el fin de ayudarles a integrar su hogar con el trabajo, para que en ambos se encuentren felices.

JONATHAN TRAVIS

Nacido en la Tierra, pero desconociéndose su localización exacta, Jonathan Travis es conocido igualmente como A.T. Montgomery, su nombre en la vida real.

Su especialidad en la serie es como timonel y se piensa que tiene unos 25-28 años, habiendo nacido en una nave de transporte de gran alcance. Su educación le ha convertido en un piloto de gran talento, con un instinto incomparable para el viaje por el espacio. También parece saber encontrar sitios interesantes para explorar y descansar, así como es hábil evitando toparse con situaciones conflictivas.

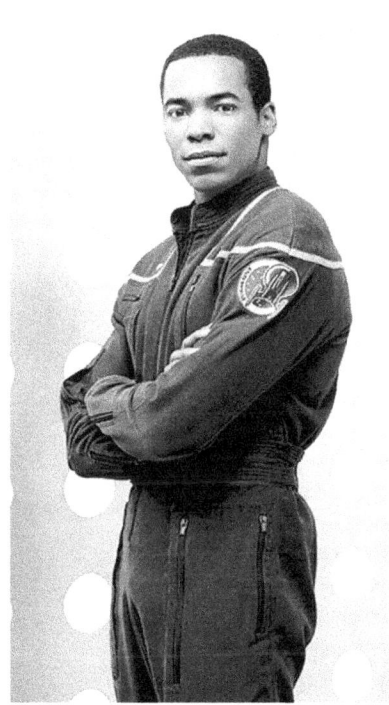

CONNOR TRINNEER
COMANDANTE CHARLIE "TRIP" TUCKER

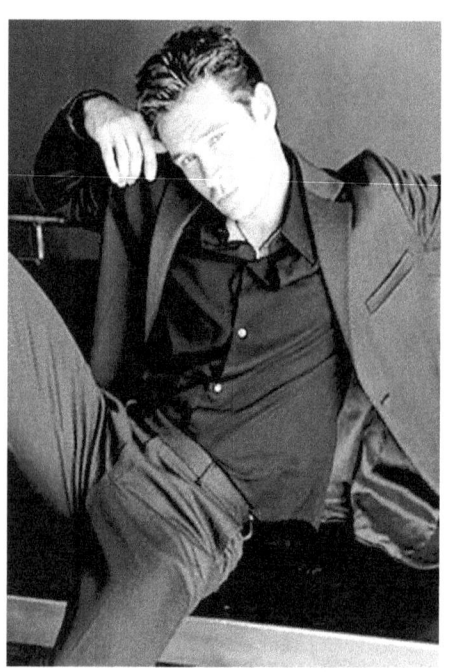

Nacido el 19 de marzo de 1969 en Walla Walla, Washington, EE.UU., este actor de ojos azules y pelo castaño es el comandante Tucker del Enterprise.

Educado en el Pacific Lutheran University Washington, se graduó en Bachelors of Fine Arts in Acting, razón por la cual no se le conoce ninguna novia formal. También ha asistido a la University of Missouri Kansas City.

Vive en Los Ángeles y es un gran aficionado al surfing. En la serie, es el Ingeniero jefe, nacido en la Tierra.

Su dirección es:
    Connor Trinneer
    'Enterprise'
    c/o Paramount Pictures
    5555 Melrose Ave
    Los Ángeles, CA 90038

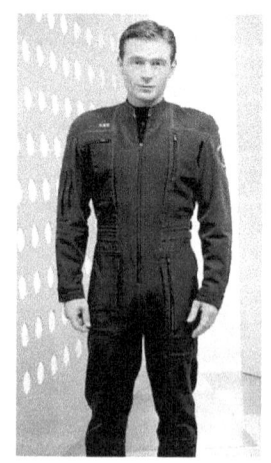

DOMINIC KEATING TENIENTE MALCOLM REED

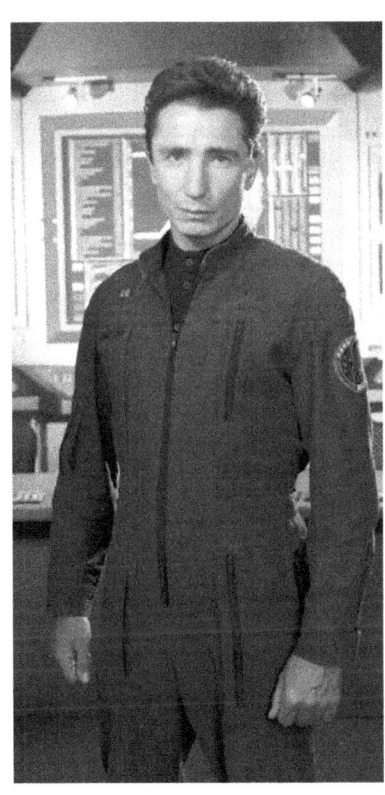

Nacido el 1 de julio en Birth Place, Leicester, Inglaterra, ha participado en varios programas de televisión como "Bill", "Club del Paraíso" y "Días de gloria". En el teatro intervino en "The Pitchfork Disney", "Hamlet", "Amongst Barbarians", "Life Class" y "Alfie", además de "The Christian Brothers", "Rosencrantz and Guildenstern Are Dead", "The Best Years of Your Life", "Screamers", "Private Times", "Lady Windemere's Fan-Mr. Hopper" y "General

Dominic es un actor de talento muy versátil que interpreta al Teniente Malcolm Reed en la serie Star Trek: Enterprise. Residente con su novia en Los Ángeles, estudió en el Uppingham School de Leicester, graduándose

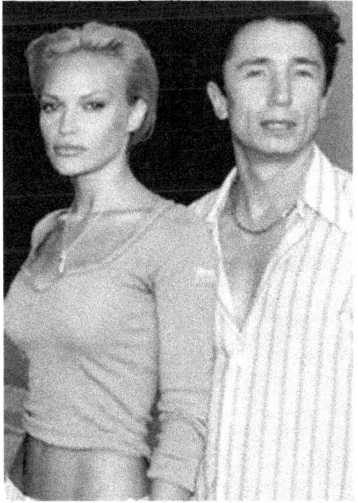

igualmente con honor en History from University College London. Después de varios años de actuar en el teatro y anuncios, asumió el papel de Tony en la serie británica Desmond. Cuando finalizó después de seis años de éxito, Dominic se dirigió a Hollywood. Su primer trabajo en los EE.UU. fue como estrella invitada en el programa de Zalman King's, La Calle del Amor. También participó en Buffy, la matavampiros, Unidad especial 2, Poltergeist y El Legado, entre otros, así como en algunos episodios de Los Inmortales.

Todos estos trabajos esporádicos los abandonó cuando fue requerido para los nuevos episodios de Star Trek: Enterprise.

Interpreta el papel de Oficial Táctico nacido en la Tierra.

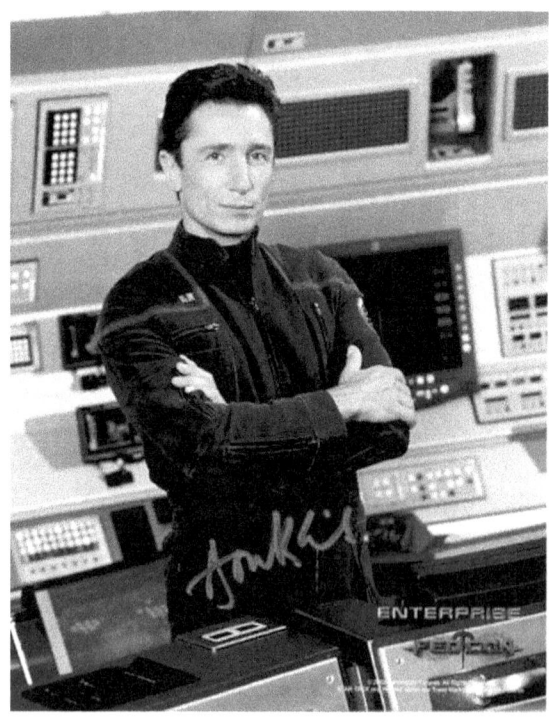

JOHN BILLINGSLEY
DOCTOR PHLOX

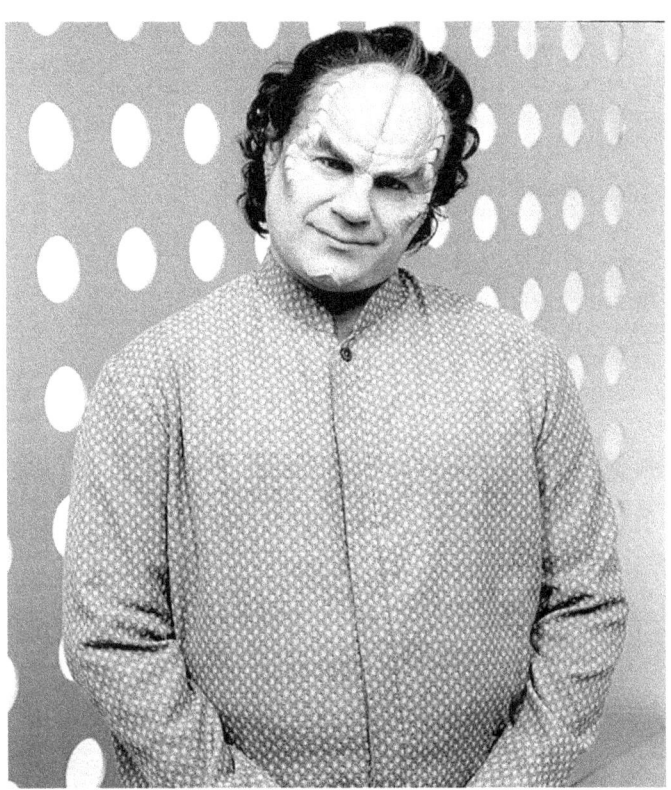

Juan Billingsley nació en Pensilvania, en el seno de una familia que se trasladaba con frecuencia de domicilio. Cuando llegaron a Weston, Connecticut, Billingsley intervino en diversas obras, lo que le motivó a estudiar teatro en la Universidad de Bennington en Vermont. Más adelante, se trasladó a Seattle en donde sus habilidades como presentador en diversas producciones regionales le proporcionaron cierta fama.

En 1989 Billingsley fundó una compañía de teatro que tenía como objetivo aumentar la afición de los jóvenes, trabajo que desempeñó durante cinco años dirigiendo y efectuando demostraciones. Después le hemos visto en el filme

"Cocodrilo Dundee en Los Ángeles" y "La casa de cristal," así como en alguna película independiente. También ha intervenido en algunas series televisivas, incluida "Expediente X".

Es el jefe médico de la nave.

Filmografía esencial:

2001 Cocodrilo Dundee en Los Ángeles
2001 The Glass House 1999
Kate's Addiction 1999 Tuesdays
With Morrie 1998 Eden

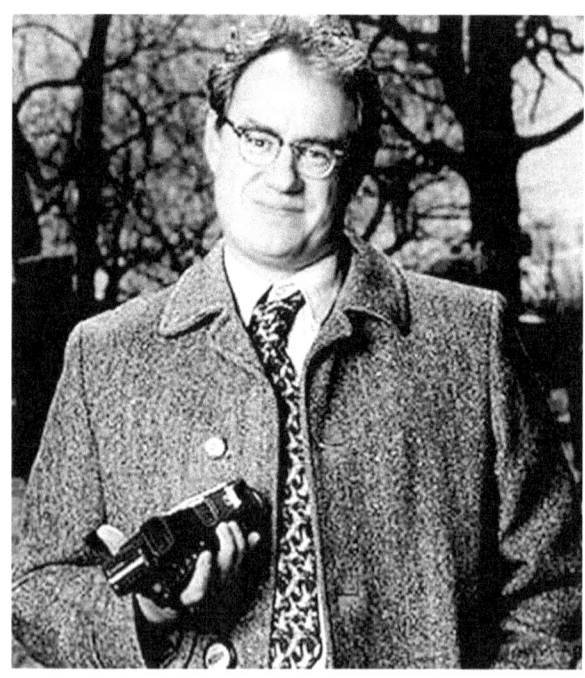

JOLENE BLALOCK SUB COMANDANTE T'POL

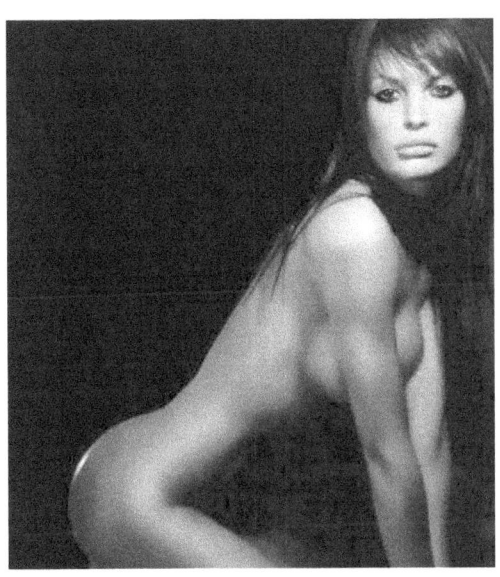

Nacida en San Diego, Jolene Blalock abandonó su casa a los 17 años para seguir una carrera largo tiempo planeada. Viajando a través de Europa y Asia tuvo que trabajar en diversos oficios, entre ellos como agente de seguros. En 1998 regresó a los Estados Unidos para trabajar como actriz suplente, casi como un extra, así como en diversas campañas publicitarias. Estos trabajos la llevaron hasta Toronto, donde consiguió debutar como actriz en la televisión. Su magnetismo y comodidad ante las cámaras pronto se hicieron notar, interviniendo en los telefilmes "Jason y los Argonautas" (2000) y "On the Edge" (2001).

Después de tener que efectuar por tres veces el casting para el serial Enterprise, fue admitida para formar parte de la tripulaón en su misión de viajar a las estrellas. En 2001, la actriz apareció en "Diamond Hunters" y "Jason Buchanan", dos miniseries dramáticas para la televisión.

Este primer oficial procedente de Vulcano, con su sensualidad saliendo a través de su gélida boca, cuenta con más admiradores que cualquier otro actor de la serie.

LINDA PARK Alférez
Hoshi Sato

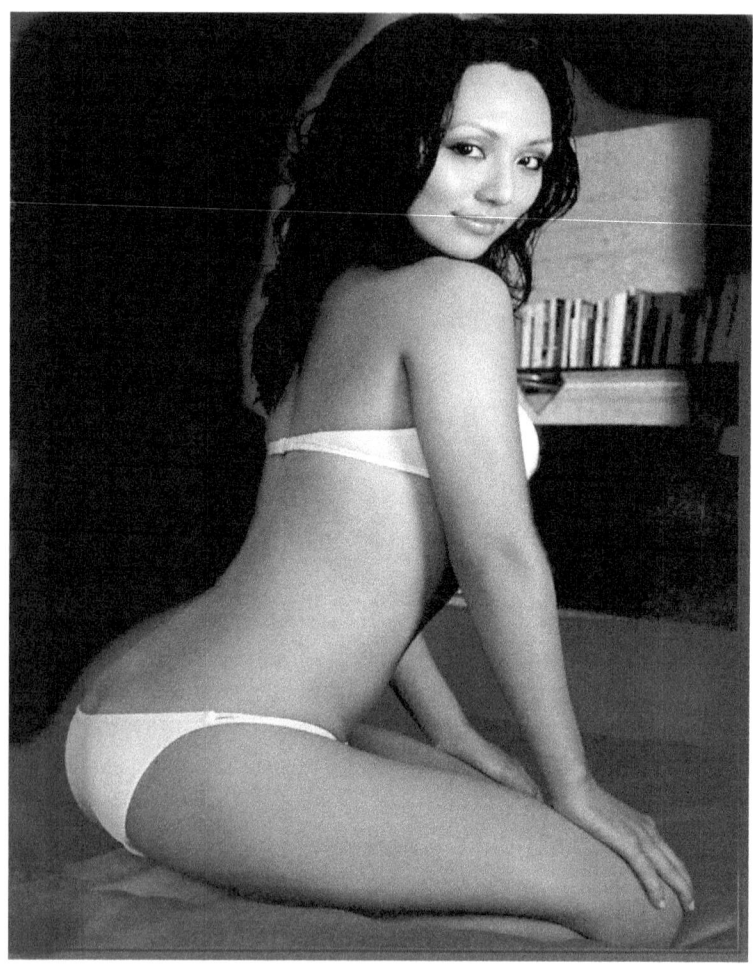

Linda Park creció en San José, California y estudió arte dramático en Boston. Recién llegada a la TV trabajó en "Popular", y más recientemente en el filme "Parque Jurásico III" (2001) y en "Honor" (2005).

SCOTT BAKULA
JONATHAN ARCHER

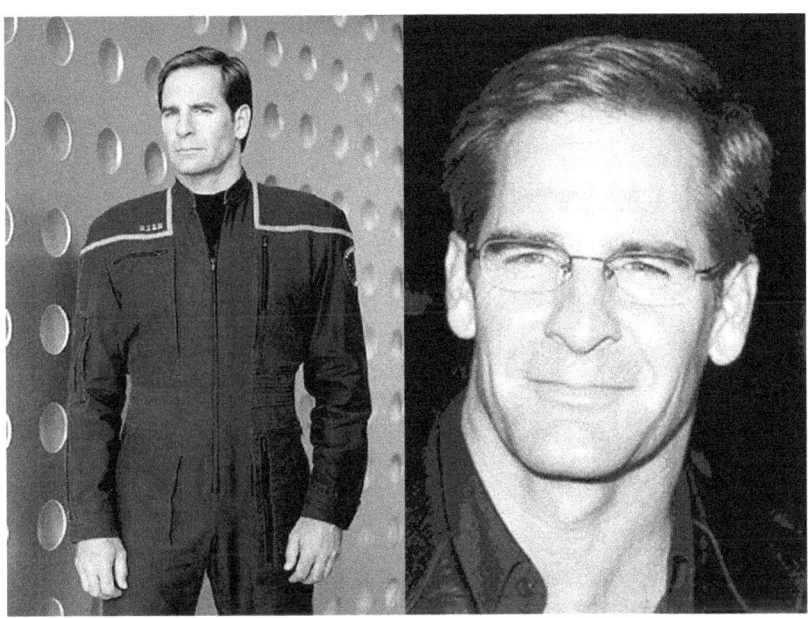

Casado con Krista Neumann entre los años 1981-1995, se divorció para unirse a Chelsea Field. Con su primera mujer tuvieron a su hija Chelsy en 1984, su hijo Cody (adoptado en 1991), y a Wil en 1995.

Es bastante conocido por interpretar al viajero del tiempo Sam Beckett en la serie de ciencia-ficción "Salto Quántico", aunque también se le conoce por sus trabajos en Broadway y el cine. Hijo de un músico, fue cantante en la St. Louis Symphony antes de asistir a la Universidad de Kansas, además de efectuar diversos trabajos en el teatro regional y la comedia musical.

Su debut en Broadway fue en 1983 con "Marilyn: Una fábula americana", interviniendo como estrella invitada en las series "My Sister Sam" y "Designing Women" durante los años ochenta. En 1988 fue nominado a un Tony por su trabajo en "Romance" y al año siguiente fue cuando protagonizó "Salto Quántico", ganando en 1992 un Globo de Oro y siendo nominado cuatro veces, así como para varios Emmys.

En la serie interpreta al capitán del Enterprise.

Filmografía esencial:
2016 Me Him her
2001 Life as a House 2001
What Girls Learn 200
Luminarias
1999 American Beauty
1995 The invaders 1989
The Last Fling

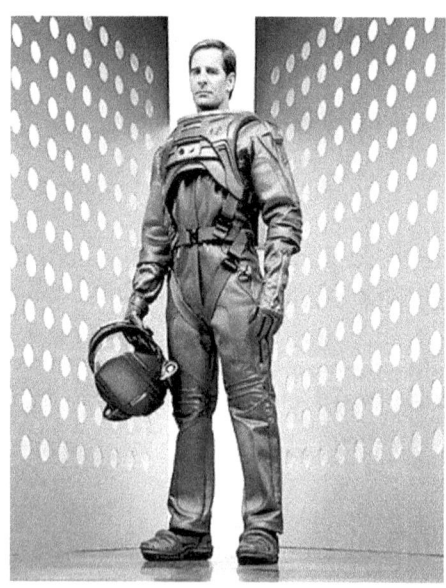

Primeros episodios de un total de 52

1. BROKEN BOW (1 y 2)

Después de que la raza humana tuviera su primera ventura en el viaje interestelar con el Capitán Jonathan Archer al timón del Enterprise, la misión de la tripulación es devolver a un Klingon herido a su gente. Pero cuando otra raza llamados los Suliban secuestran al Klingon, deben hacer un desvío inesperado para recuperar su carga preciosa, lo que ocasiona una crisis interestelar diplomática peligrosa.

Notas: Las dos primeras entregas tuvieron un presupuesto de $10-$15 millones y tenían como premisa no establecer comparaciones con las anteriores. T'Pol sería llamado T'Pau originalmente, pero se hizo necesario cambiarlo para evitar confusión con el T'Pau del episodio de la Serie Original "Time".

El filme estuvo dedicado a los bomberos heroicos que perdieron sus vidas en los atentados a las Torres Gemelas.

2. FIGHT OR FLIGHT

La tripulación continúa su exploración espacial y en su viaje encuentran una nave extranjera donde descubren 15 cadáveres de humanoides que parecen haber sido parte de un experimento científico. La horrenda visión incita a regresar a la Tierra, pero Archer insiste en continuar la misión y averiguar más sobre los muertos abandonados. El problema surge cuando los extranjeros que estaban realizando esos experimentos empiezan a atacarles.

3. STRANGE NEW WORLD

El Enterprise investiga un planeta inhabitado que resulta ser más peligroso de lo esperado. Los miembros de la tripulación que visitan el planeta son infectados por un polen que induce alucinaciones y paranoia.

4. UNEXPECTED

Cuando la nave llega para ayudar a un extraño que tiene

problemas con su fuente energética, todo parece sumamente amistoso pues se trata de una mujer muy bella. Poco después descubren que ella está embarazada, pero no pueden ayudarla pues no saben nada de las características físicas de esa raza.

5. TERRA NOVA

La tripulación del Enterprise altera su curso para investigar el misterio de Terra Nova, una colonia legendaria cuyos habitantes desaparecieron misteriosamente hace décadas. Pero cuando llegan, sus descendientes se han vuelto belicosos y deben pelear con ellos.

Nota: El director titular LeVar Burton interpretó a Geordie LaForge en Star Trek: La Nueva Generación, y también dirigió varios episodios de TNG, DS9 y Voyager.

6. THE ANDORIAN INCIDENT

La tripulación llega a un antiguo santuario espiritual de Vulcano, a pesar de la preocupación de T'Pol por lo que allí existe. Al aterrizar, descubren que el monasterio ha sido invadido por Andorianos, una paranoica raza con una larga historia de conflicto con los Vulcanos. Archer descubre pronto que la tripulación del Enterprise ha entrado en medio de una Caja de Pandora interestelar.

Notas: Jeffrey Combs había interpretado un papel similar en "Choque" y "Weyoun" de Star Trek: Espacio profundo Nueve". Steven Dennis apareció anteriormente en 4 episodios de Voyager.

La directora Roxann Dawson había interpretado anteriormente a la Teniente B'Elanna Torres en "Star Trek: Voyager", habiendo ejercido también como directora en la misma serie.

7. BREAKING THE ICE

T'Pol está transmitiendo mensajes confidenciales a una nave Vulcana que ha estado a la sombra del Enterprise durante semanas. Entretanto, Archer debe intentar un rescate peligroso para recuperar dos elementos dejados en un cometa que se está rápidamente desintegrando.

8. CIVILIZATION

El capitán Archer y su tripulación descubren un planeta totalmente habitado, con una civilización menos adelantada que la Tierra. Enmascarados para parecerse a sus moradores, pronto descubren que sus habitantes padecen una enfermedad perniciosa. Cuando Archer intenta ayudarles para encontrar la fuente de la enfermedad, tiene lugar un romance con una de las nativas.

9. FORTUNATE SON

La tripulación del Enterprise debe defender a una nave de carga humana que es atacada por piratas Nausicaanos. Al llegar, se quedan sorprendidos pues esas personas no desean que les ayuden.

10. COLD FRONT

Cuando el Enterprise entra en contacto con un carguero extranjero que transporta maquinaria para observar un evento estelar espectacular, Archer los invita a su nave sin darse cuenta que hay un enemigo entre ellos.

Nota: Robert Duncan McNeill, el director de este episodio, era uno de los habituales en Voyager.

11. SILENT ENEMY

El Enterprise es atacado por una nave enemiga no identificada, lo que les obliga a conseguir nuevos cañones para defenderse.

Nota: La música de este episodio estaba compuesta por Velton Ray Bunch, quien trabajó en las series anteriores.

12. DEAR DOCTOR
La tripulación descubre un nuevo planeta con dos razas, una de ellas con una necesidad desesperada de ayuda médica y científica.

13. SLEEPING DOGS
Cuando el Enterprise se encuentra con un Klingon herido, T'Pol, Hoshi y Reed bajan una nave de exploración (shuttlepod) para investigar. Allí sufren una emboscada de unas hembras Klingon hostiles que secuestran la pequeña nave.

14. SHADOWS OF P'JEM
La última misión de T'Pol como funcionario de Starfleet, ocasiona el secuestro de Archer por una facción militante en un planeta extranjero.

15. SHUTTLEPOD ONE
Tucker y Reed partieron en una misión en un shuttlepod, cuando el Enterprise está investigando un campo de asteroides. El shuttlepod queda averiado y la situación se vuelve delicada. Cuando consiguen regresar descubren que el Enterprise quedó destruido al parecer cuando chocó en un asteroide.

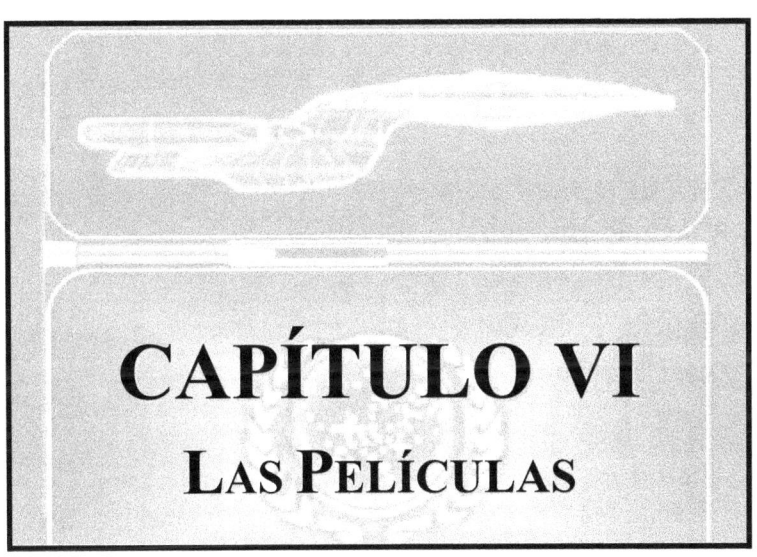

CAPÍTULO VI
Las Películas

STAR TREK, la película
Star Trek, the motion picture (1979)
131 minutos

    Director: Robert Wise Argumento:
Alan Dean Foster
Guión: Gene Roddenberry y Harold Livingstone Personajes
creados por: Gene Roddenberry
Efectos especiales: Douglas Trumbull y John Dykstra
Producción: Gene Roddenberry

Intérpretes:
    WILLIAM SHATNER: James T. Kirk LEONARD
NIMOY: Sr. Spock
JAMES DOOHAN: Montgomery "Scotty" Scott GEORGE
TAKEI: Sulu
MICHELLE NICHOLS: Uhura
DeFOREST KELLEY: Doctor Leonard McCoy
STEPHEN COLLINS: Willard Decker
PERSIS KHAMBATTIA: Llia WALTER
KOENIG: Chekov

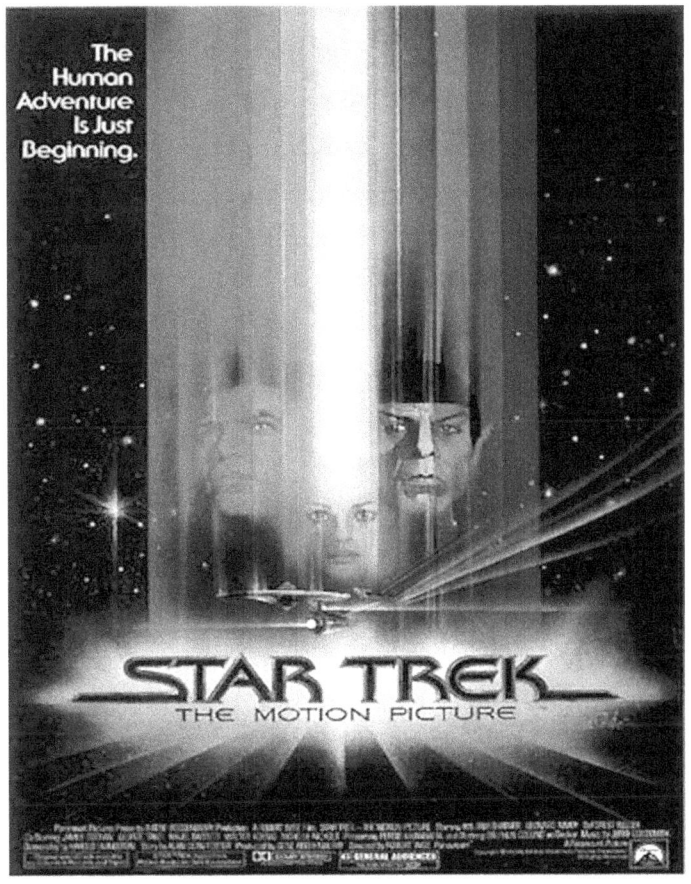

La película debería ser dirigida en principio por Bob Collins, aunque dada la posible trascendencia que pudiera tener en el futuro si los aficionados respondían bien, se cambió por Robert Wise, quien hace algunos años había realizado la mítica "Ultimátum a La Tierra." Wise era, además, un perfecto conocedor de la serie televisiva Star Trek, y por ello un profesional acostumbrado a trabajar con pocos medios económicos. Star Trek debía competir nada menos que con "La Guerra de las Galaxias", pero sin los medios técnicos ni visuales de aquella, lo que en un principio dejaba las posibilidades de éxito muy reducidas.

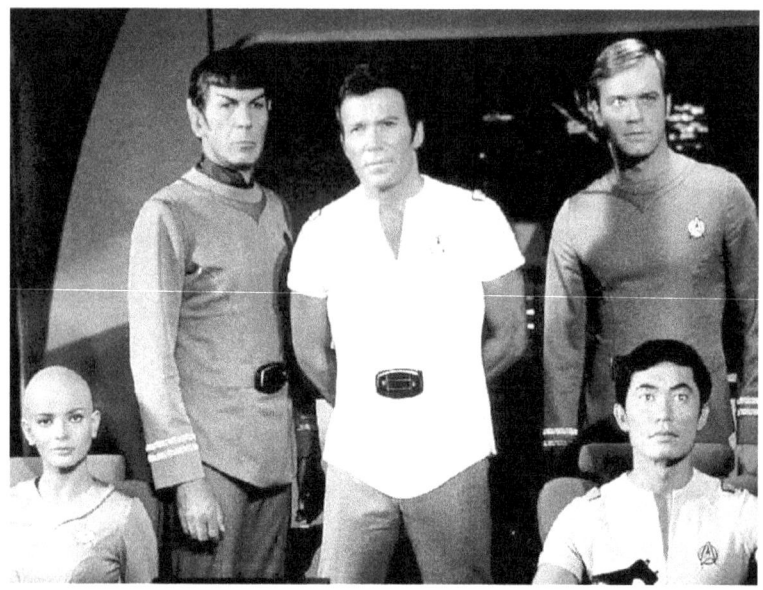

Para solucionarlo se contrató a un experto en efectos especiales llamado Douglas Trumbull y un director artístico que ya había trabajado en películas muy complejas como "Cleopatra", además de ser amigo de Robert Wise a raíz de su trabajo en el musical "West Side Story." Con el fin de no incurrir en demasiados errores sobre aeronáutica y predicciones sobre el futuro tecnológico, se pidió el asesoramiento del escritor Isaac Asimov, quien ya había sido asesor técnico en la serie de televisión.

El argumento resulta, pues, lo mejor de la película y nos cuenta el regreso del satélite terrestre "Voyager", el cual portaba un mensaje de información y paz para cualquier civilización extraterrestre que la pudiera leer, y que es interceptada por una civilización de máquinas que la confunde con El Creador del Universo.

Desconcertada esta civilización sobre los verdaderos orígenes de la nave exploradora terrestre, destruye todo cuanto se encuentra a su paso, entre ello una nave Klingon, amenazando la existencia misma de la nave estelar Enterprise. Considerados los humanos como vulgares "unidades con base de carbono", la tripulación del Enterprise deberá poner en juego todos sus recursos técnicos y psicológicos para lograr convencer y engañar a la computadora destructora sobre la inconveniencia de utilizar su fuerza.

La película supuso un serio revés para la Paramount, pues las críticas abundaron, incluso por parte de los fans, y cuestionó todo el futuro de las demás películas e incluso de la serie de televisión. Los mediocres efectos especiales, especialmente si los comparamos con "La guerra de las galaxias", el excesivo metraje y una cargante dosis filosófica en los diálogos, produjo un efecto negativo en el público. En el estreno, nadie daba ya un duro por Star Trek.

Afortunadamente la película se recuperó con el paso de los días y al menos se pudo rescatar la gran inversión realizada, lo que permitió que la Paramount se decidiera a continuar la saga. Hoy en día, sin embargo, es ya un clásico de la ciencia-ficción, aunque seguimos encontrándola excesivamente lenta y reiterativa.

Con ocasión de la nueva versión editada en DVD que se anuncia como "el montaje del director", Robert Wise declaró:

"No es habitual que un artista retome un trabajo antiguo y, de hecho, ni me lo planteo. El arte, y de una manera especial el cine que implica intrínsecamente una estrecha colaboración, no se crea "al vacío"; al contrario, es el resultado de una combinación de fuerzas y personalidades, con las lógicas limitaciones del tiempo, el presupuesto y la tecnología, convergiendo todo de una forma única y en un momento determinado.

Gene Roddenberry parecía entender conceptos como éste, y también pensaba que si Star Trek ha de ser aceptada como un reflejo de su imaginación, el viaje en el tiempo llegaría a ser una realidad. Mi experiencia como director de "STAR TREK: LA PELÍCULA" es que me he sentido más cercano a esa realidad de lo que jamás imaginé.

STAR TREK es una película de prestigio para la Paramount y su decisión era muy firme. Pero desgraciadamente, no podía evitar que el reloj siguiera avanzando en nuestra contra, y cuando empezamos a abordar los ambiciosos avances tecnológicos que nos planteábamos, nos dimos cuenta de que iba a suponer una auténtica carrera. Gracias a un reparto absolutamente entregado y a unos técnicos que iban más allá de su obligación, logramos sobrevivir al caos de las últimas semanas y entregar el filme en la fecha pactada... el 7 de diciembre de 1979. Habíamos eliminado docenas de escenas con diálogos cruciales para incluir después los efectos especiales, pero luego no quedó el tiempo necesario para combinar debidamente ambos elementos. Y de nuevo gracias a la ayuda de Paramount, hemos podido completar la película como "El Montaje del Director". Al margen de haber encontrado un nuevo y, creo, ajustado montaje para el film, hemos completado aquellas secuencias que dejamos a medias en 1979, consiguiendo además una mejor mezcla de sonido. Ha sido una oportunidad que jamás creí que fuera a tener, algo por lo que estoy más agradecido de lo que pueda expresar con mil palabras. Gene Roddenberry tenía razón...viajar en el tiempo es posible".

STAR TREK II: la ira de Khan
Star Trek II: The wrath of Khan (1982)
109 minutos

        Director: Nicolas Meyers
        Consultor ejecutivo: Gene Roddenberry
        Guión: Jack B. Sowards
        Historia de: Harve Bennett y Jack B. Sowards
        Productor: Robert Sallin
        Efectos especiales: IL&M

Intérpretes:
 WILLIAM SHATNER: Almirante James T. Kirk LEONARD NIMOY: Spock
 DeFOREST KELLEY: Doctor Leonard McCoy
 JAMES DOOHAN: Scotty
 WALTER KOENING: Chekov
 GEORGE TAKEI: Sulu NICHELLE NICHOLS: Uhura RICARDO MONTALBAN: Khan KIRSTIE ALLEY: Saavik

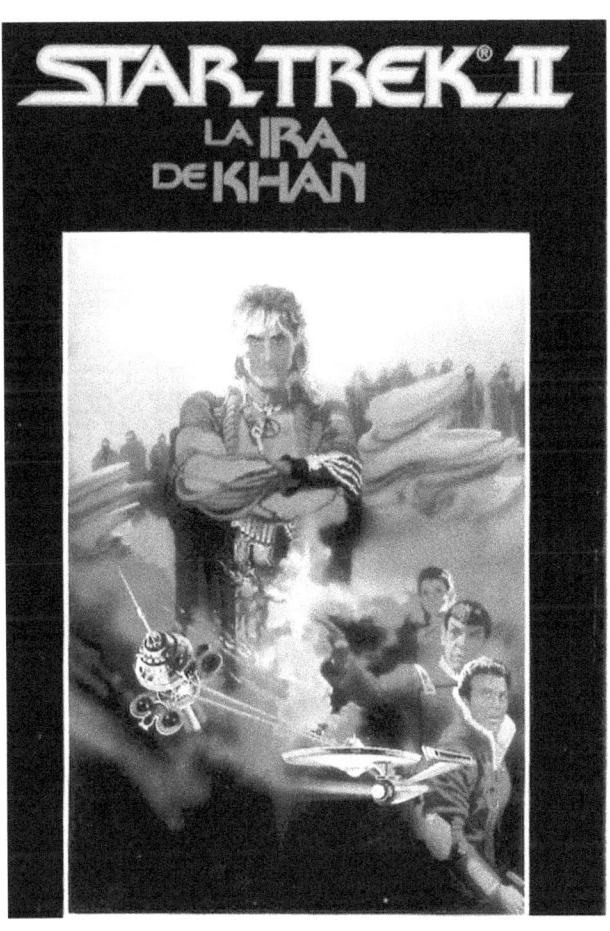

Una adecuada continuación para Star Trek (1979), aunque ahora acercándose algo más a los personajes de la serie de televisión. El megalómano villano Khan había aparecido ya en un episodio de TV del año 1967 titulado "Semilla espacial", y el director Meyer juega esencialmente con este hecho que los aficionados a la serie se supone tenían en la memoria. Otra cosa es que el espectador novato en la serie se encuentre desconcertado por la familiaridad de los personajes, aunque una pequeña aclaración del personaje Kirk parece que es suficiente.

Con el traidor cósmico Khan que está irritado desde que fue exiliado en un planeta-prisión y que por ello ha jurado matar al Almirante Kirk, la película avanza mucho más trágica y hasta cierto punto desagradable de lo deseado. Otros ingredientes se unen poco a poco en la película, entre ellos la presencia de los dos amores de Kirk, su mujer y su propio hijo, sin que la posición de salvador del universo le permita unirse a ellos. El planeta al borde de la autodestrucción y la necesidad de destruir

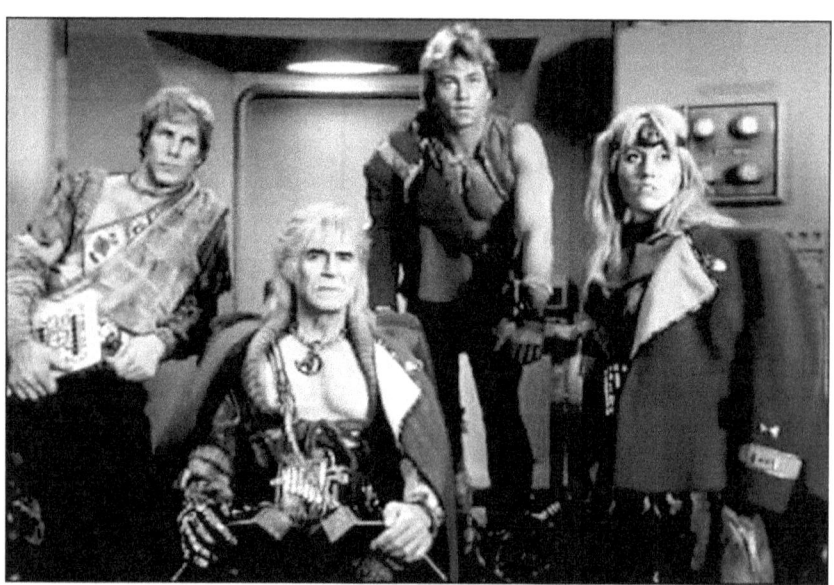

el proyecto Génesis que debía ser el mayor avance científico para la humanidad, dan como resultado un film complejo pero esencialmente bien conducido.

El Enterprise es reemplazado por el Reliant (lo que provocó iras en los fans) y estalla una guerra fría en la misma sede de la Federación. La personalidad de Spock se agudiza y su sacrificio final deja desconcertado al espectador sobre la posibilidad de una continuación. Pero Star Trek es una serie inagotable y no hay concesiones para un posible final, aunque el tiempo demostró que todo estaba sabiamente calculado para dar emociones al espectador sin quitarle nunca su juguete.

STAR TREK III: en busca de Spock The search for Spock (1984)

94 minutos

Director: Leonard Nimoy
Personajes creados por: Gene Roddenberry
Música: James Horner
Productor ejecutivo: Gary Nardino
Efectos especiales: IL&M
Escrita y producida: Harve Bennett

Intérpretes:
WILLIAM SHATNER
LEONARD NIMOY
DeFOREST KELLEY JAMES
DOOHAN GEORGE TAKEI
WALTER KOENIG
NICHELLE NICHOLS
CHRISTOPHER LLOYD

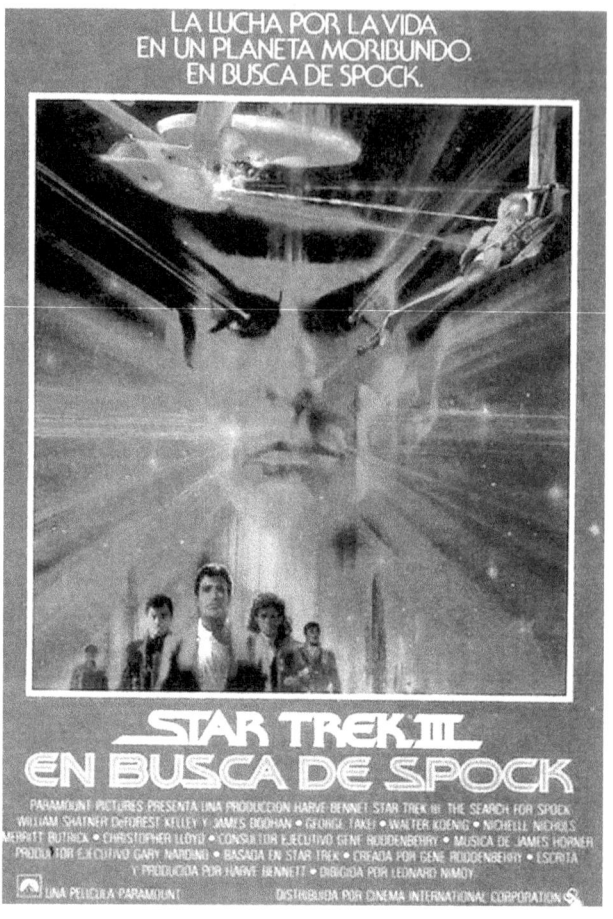

La película empieza de la única manera posible: con unos minutos pertenecientes a la película anterior, en la cual vemos el sacrificio mortal de Spock para salvar a sus amigos.

En pleno siglo XXIII el planeta Génesis acaba de nacer gracias a un revolucionario invento humano, mientras que la nave Enterprise regresa a casa para ser reparada después de la batalla con Khan. En el regreso, el teniente Saavik y el doctor Markus hacen una visita al planeta Génesis para averiguar la verdadera magnitud del descubrimiento y allí descubren que el planeta entero se autodestruirá sin remedio en poco tiempo, ocasionano una explosión que puede poner en peligro al propio Enterprise.

Uno de los más sanguinarios jefes del Imperio Klingon decide que el planeta puede ser un buen lugar para establecer sus bases militares, sin tener conocimiento de que está próxima su destrucción y para conseguir sus fines mata al hijo del capitán Kirk.

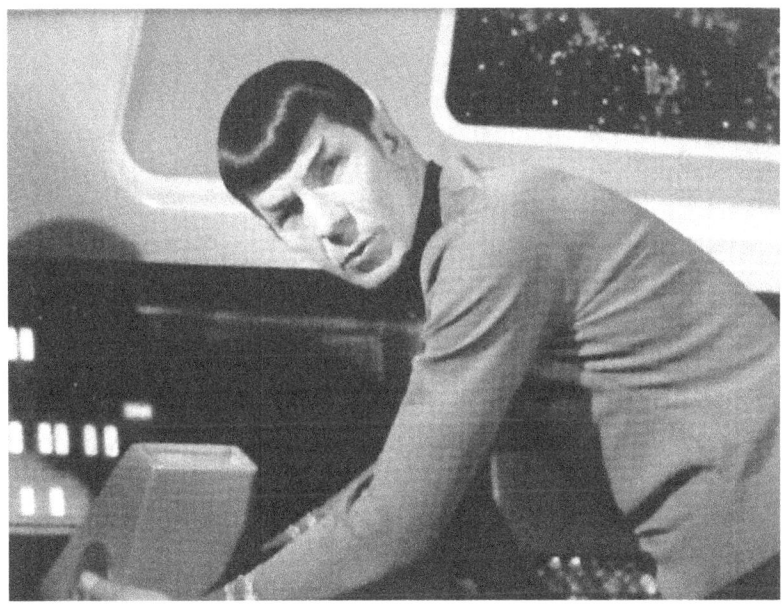

Con Leonard Nimoy como director y financiero, la resurrección de Spock era inevitable y aunque algo sofisticada puede ser creíble si tenemos en cuenta las peculiaridades de la raza vulcana. Especialmente dramática y algo fuera de lugar es la muerte del hijo del capitán Kirk, quien no había tenido tiempo siquiera de entrar a formar parte del argumento. Por lo demás, buenos efectos especiales durante la destrucción del planeta Génesis, obra de la empresa de George Lucas Industrial Ligth & Magic.

STAR TREK IV, misión: salvar La Tierra Star Trek IV: the voyage home (1986)
119 minutos

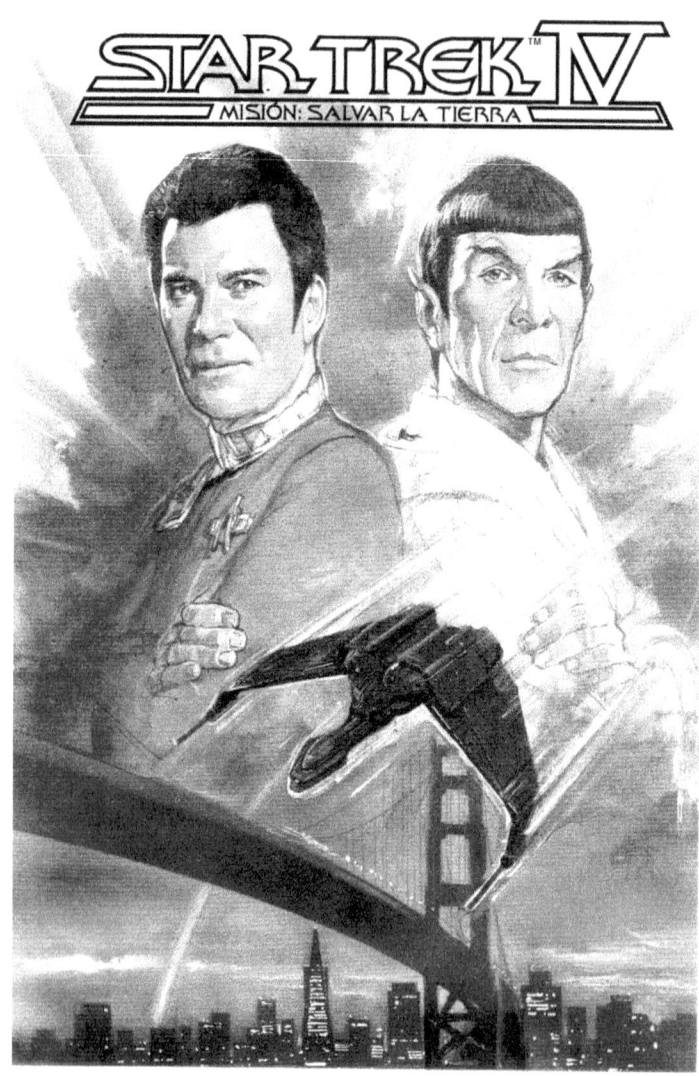

Director: Leonard Nimoy
Guión: Harve Bennett Efectos
especiales: IL&M
Personajes creados por: Gene Roddenberry
Historia: Leonard Nimoy y Harve Bennett Música:
Leonard Rosenman

Intérpretes:
WILLIAM SHATNER
LEONARD NIMOY
DeFORREST KELLY
CATHERINE HICKS
JAMES DOOHAN
GEORGE TAKEI
WALTER KOENING
NICHELLE NICHOLS

Después de gastar una enorme cantidad de tiempo en atar los cabos del lote tan complejo que dejaron en las anteriores películas, la tripulación del Enterprise destruido llega hasta el siglo XX. Su misión consiste en raptar un par de ballenas de una especie en fase de extinción, con la necesidad de ser transportadas al siglo XXIII a fin de establecer una conversación con una sonda misteriosa que amenaza destruir todo el espacio y sus habitantes. Aunque el viaje en el tiempo –realizado en una nave Pájaro de Presa Klingon) muestra algún humor discreto (lo que permite que Kirk adopte un vocabulario muy vulgar perteneciente a épocas pasadas), la película nos deleita con un tono menos sombrío que en los tres filmes anteriores. El viaje a casa es bastante confuso, ya que asistimos a un hecho inaudito en que ni Doohan ni Koenig han perfeccionado sus acentos escocés y ruso. La narración se asemeja mucho a los diferentes capítulos de la serie de televisión, con todo lo bueno y malo que ello conlleva.

Shatner, que dispone de veinticuatro horas para salvar al mundo, todavía encuentra tiempo para flirtear con la heroína (Hicks) en una cena romántica fuera de su nave, después de la cual se pone sumamente duro y responsable hasta el punto de que debe sacrificar su posible amor por la guapa chica a favor de su trabajo como salvador del mundo.

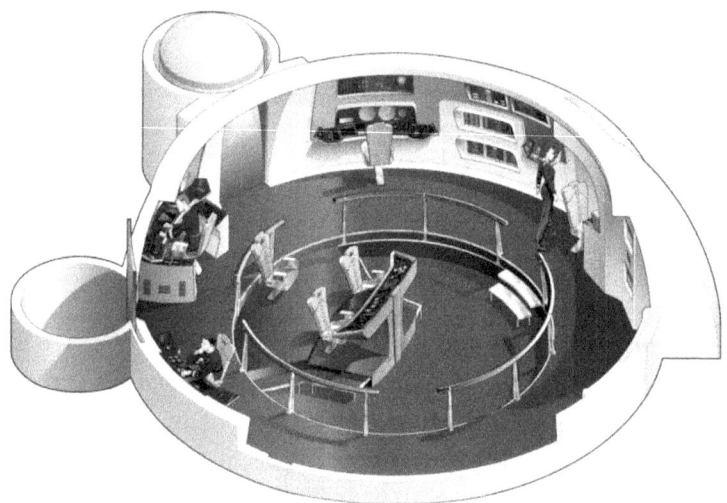

Puente de mando Enterprise 2271

Eran los años de la moda verde, de la ecología y de la necesidad de no criticar a ningún país. Una vez acabada la guerra del Vietnam era el momento adecuado para hacer una película que sensibilizara a los espectadores y para ello nada mejor que utilizar a toda la tripulación del Enterprise para salvar dos hermosas ballenas. De paso se critica la fisión nuclear, los ordenadores que no responden a la voz y se habla de unos cristales de dilithium que son tremendamente poderosos.

Por supuesto, la Confederación de los Planetas Unidos se parece más que nunca a los Estados Unidos del Espacio, entidad que si todavía no existe pronto la creará alguien.

En este filme tiene un corto papel como oficial auxiliar del Enterprise, Majet Barrett, esposa real de Gene Roddenberry.

STAR TREK V: la última frontera Star Trek V: The Final Frontier (1989)

106 minutos

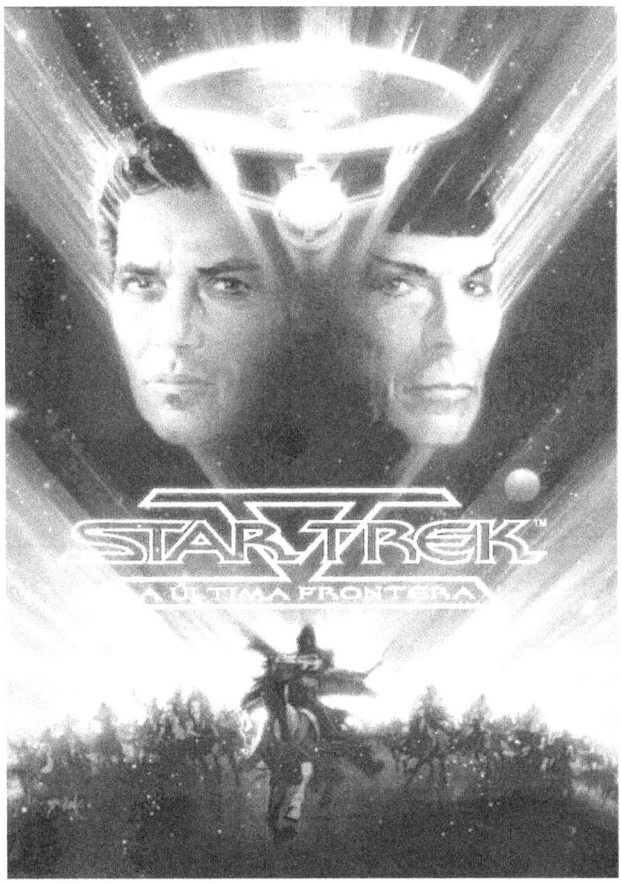

Director: William Shatner Guión: David Loughery Efectos visuales: Bran Ferren Música: Jerry Goldsmith Personajes: Gene Roddenberry

Intérpretes:
WILLIAM SHATNER
LEONARD NIMOY
DeFOREST KELLEY
GEORGE TAKEI WALTER
KOENING MICHELLE
NICHOLS JAMES
DOOHAN DAVID
WARNER

Las secuelas de Star Trek II a IV son autónomas de la serie, y no debería sorprendernos que este filme no hubiera sido planeado como un complemento final a la serie o un espejo para lograr una continuidad. Después de la ambiciosa y discretamente fallida primera incursión en el cine con "Star Trek: la película" (1979), Harlan Ellison informó al creador de "Star Trek" Gene Roddenberry que tenía una historia única, extraordinaria, en la que la tripulación del Enterprise encuentra a Dios, y ese orgullo, que se enterró en la primera película, aquí alcanza matices increíbles. Desgraciadamente, La Frontera Final carece no solamente de los espectaculares efectos especiales de la película original, sino también de un enfoque interesante y ambiguo sobre la existencia de Dios y las preguntas que se le podrían hacer.

El pesado misticismo que ha sido siempre una parte del segmento del universo de Vulcano en Star Trek se personifica en esta película con el hermano de Spock, Sybok (Luckinbill), quien intenta parecerse en ocasiones a Jesucristo, especialmente cuando secuestra al Enterprise en un planeta distante para lograr un careo con Dios y participar desde ese momento en los designios de la Humanidad. Particularmente ridículo está Kelley en la escena en que saca a su anciano padre fuera de su miseria.

A lo largo de la película el tono es cómico y provisional. Una escena importante y bien lograda pudiera ser cuando Kirk asciende por la montaña con la sola ayuda de sus manos y p i e s , siendo rescatado en el último momento por Spock que porta unos zapatos antigravitatorios.

Pero el Dios que nos muestran aquí es un fraude, un santo sin imaginación con muchas luces alrededor y pocas en la mente, que sopla fuertemente como cualquier humano lo haría; poderoso hasta que el Capitán Kirk le pone su mano y le pide que conteste a una pregunta que la deidad no puede responder. Nosotros sabíamos que Dios era infinitamente sabio, pero este sucedáneo no parece haberse enterado de esta virtud.

El misticismo exagerado es muy típico en Star Trek, aunque para otros es su mejor baza, pero desde su época televisiva hasta el cine nos ha aportado en ocasiones historias muy poco digeribles, aunque el conjunto final siempre sea agradable, sin que aún sepamos porqué. Esta película fue posteriormente repudiada por todo el equipo artístico de Star Trek, con William Shatner a la cabeza y puso al borde de la extinción a la mítica serie.

STAR TREK VI: aquel país desconocido The Undiscovered Country (1991)
110 minutos

Director: Nicholas Meyer
Historia de: Leonard Nimoy
Productor ejecutivo: Leonard Nimoy
Música: Cliff Eidelman
Efectos visuales: ILM

Intérpretes:
WILLIAM SHATNER
LEONARD NIMOY
DeFOREST KELLEY
JAMES DOOHAN
WALTER KOENING
NICHELLE NICHOLS
CHRISTOPHER PLUMMER
DAVID WARNER

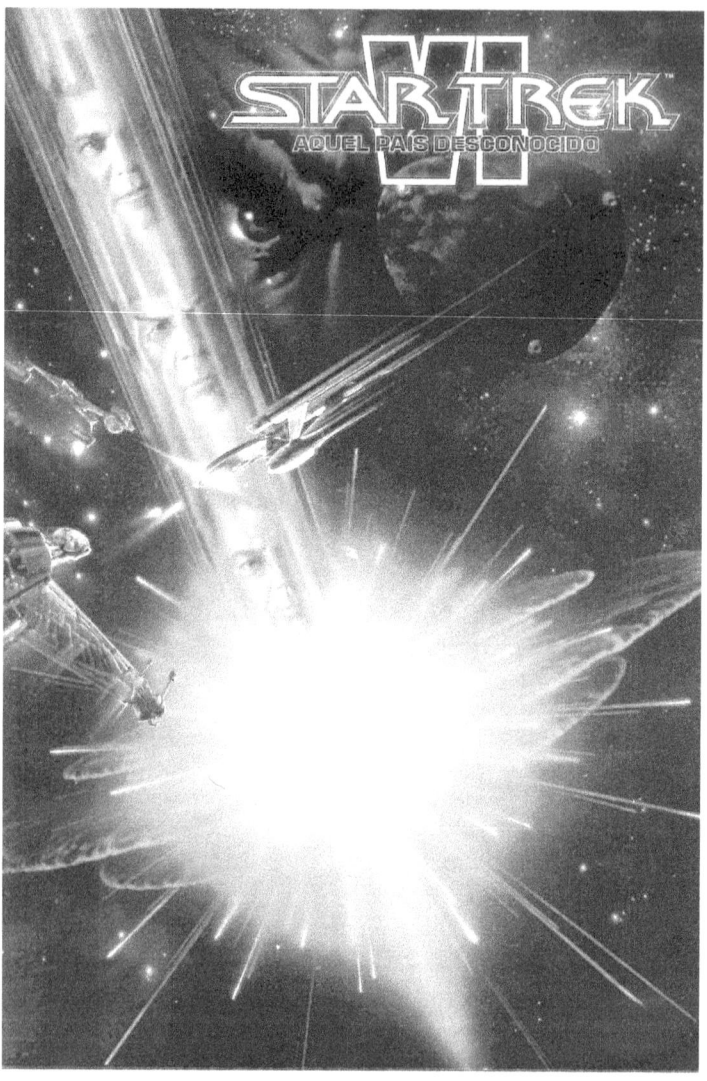

Simultáneamente con el rescate de la serie desde el desastre de "Star Trek V: La Frontera Final" (1989) y para darle un tratamiento especial en honor del 25th aniversario de la serie original, Meyer opta por un imaginativo intento más directo al inocular el universo de la Confederación con el de América.

Con su Gorbachov propio, Siberia y Chernobyl, el Imperio Klingon es reconfigurado como un equivalente de la desintegrada Unión Soviética.

Después de los años de guerra fría, el canciller Klingon Warner ofrece una paz con la Confederación, y el Enterprise es enviado como escolta de la mesa negociadora. Warner es asesinado después de la entrevista y los Klingon, que odian a Kirk le someten a juicio y le encierran en una prisión, conjuntamente con el doctor McCoy, de la que no saldrán en toda su vida. Spock, como un verdadero Vulcano, deja que los acontecimientos se desarrollen de esta manera con el fin de no provocar una nueva guerra con los Klingon, mientras que los tripulantes del Enterprise descubren que todo ha sido una conspiración para destruir las conversaciones de paz.

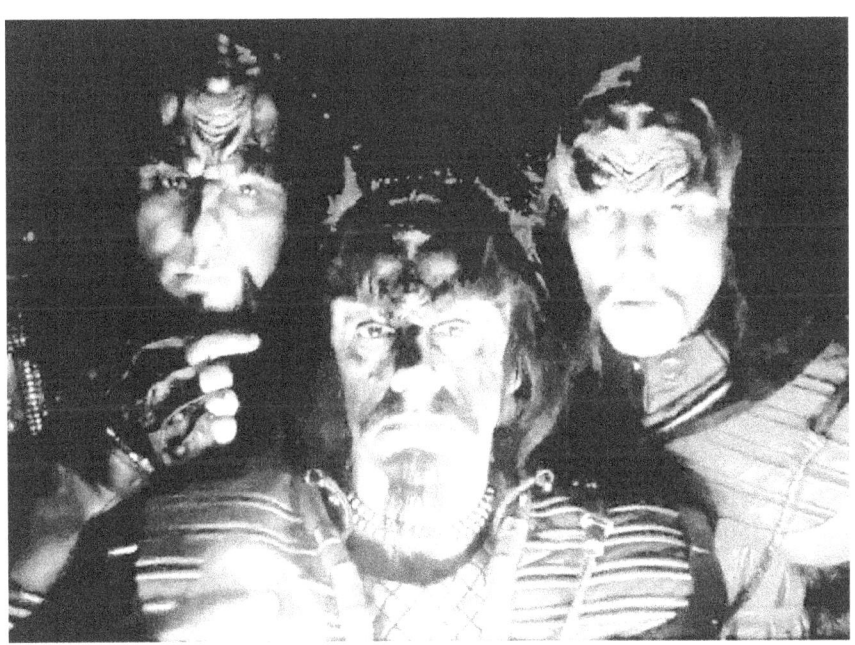

Klingon

El paso de los años se hace sentir en la serie Star Trek, especialmente en la búsqueda de nuevos argumentos que justifiquen el envejecimiento lógico de la tripulación del Enterprise, ahora ya al borde de la jubilación. Los productores se ven en la encrucijada de poner actores nuevos que quizá no sean del agrado del público, o seguir manteniendo los mismos personajes año tras año. Esto hace que en ocasiones el argumento se aparte excesivamente de la ciencia-ficción y aunque esté desarrollado en el espacio y se hable de una nave llamada Enterprise, podría estar situado igualmente en nuestra época actual.

Muchas veces se han hecho menciones de las demandas conflictivas entre amistad y política, pero no hay posibilidad que el supuestamente no-emocional Spock clasifique el futuro del universo como más importante que rescatar a sus amigos. A pesar del noble intento de hacer creíbles los comportamientos de los tripulantes del Enterprise y de tratar de enlazarles con los de La Nueva Generación, la serie ha establecido tan firmemente sus reglas que es inconcebible que alguien, por más importante que sea en el argumento, pueda valorarse más altamente que los siete protagonistas principales tradicionales. Los actores que provienen de la serie de televisión estaban totalmente identificados con el público y entrelazados en el argumento, por lo que las sustituciones son complejas y suponían un gran riesgo.

Típico de Roddenberry es la autodidacta reverencia para la erudición superficial, como ha demostrado por su afición a mencionar textos de Shakespeare siempre que dispone del suficiente tiempo para elucubrar. Que Star Trek tiene una gran carga filosófica en sus argumentos ya lo sabíamos, pero no era necesario insistir tanto en ello. La película, con todo, es una de las más logradas de la saga.

STAR TREK: GENERACIÓN
(1995)
118 minutos

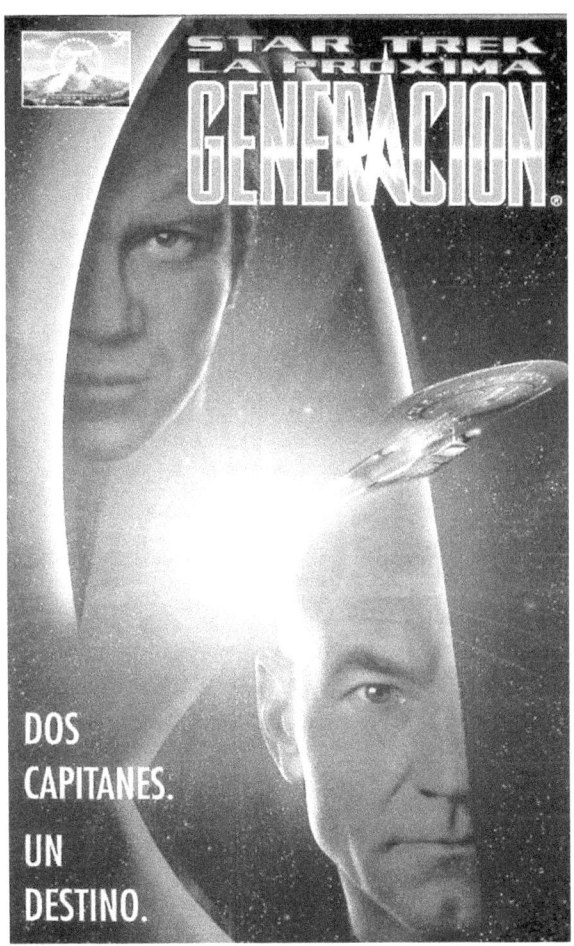

Director: David Carson
Guión: Rick Berman, Brannon Braga, Ronald D. Moore
Música: Dennis McCarthy
Efectos especiales: IL&M

Intérpretes:
PATRICK STEWART: Capitán Jean-Luc Picard
JONATHAN FRAKES: Comandante William T. Riker
BRENT SPINER: Data
LEVAR BURTON: Geordi La Forge
MICHAEL DORN: Worf
GATES MACFADDEN: Dra. Beverly Crusher
MARINA SIRTIS: Consejera Deanna Troi WHOOPI GOLDBERG: Guinan

Invitados:
WILLIAM SHATNER: Capitán James T. Kirk
MALCOLM McDOWELL: Dr. Tolian Soran JAMES DOOHAN: Capitán Montgomery Scott WALTER KOENIG: Comandante Pavel Chekov JACQUI KIM: Alférez Demora Sulu

Habiendo agotado en la gran pantalla la potencialidad comercial de la serie Star Trek original, esta vez trata de extender el interés del aficionado con la mezcla de la primitiva serie y la moderna, otorgándola el nombre de "La Nueva Generación."

En un extendido prólogo, James T. Kirk, ya apartado del servicio activo, muere aparentemente mientras está desempeñando un acto de heroísmo profesional. 70 años después, el Capitán Jean-Luc Picard de la nueva Enterprise, conduce su tripulación en una investigación por el espacio exterior, acción que involucra de una manera involuntaria a un científico loco llamado Sorian (McDowell), cuyo plan consiste en conseguir una pseudo-científica versión del Cielo, al que llama el Nexus.

Picard se mueve en el espacio-tiempo de una manera similar a como ya fue descrito en la película "2001: una odisea del espacio" (1968), pero también se incorpora a las pretensiones filosóficas y religiosas ejercidas por Gene Roddenberry, y encuentra a Kirk (muerto hace años), después de lo cual los dos capitanes consiguen pelear juntos en un viaje en el tiempo contra el científico loco Sorian. Los guionistas, por fin, habían encontrado la fórmula mágica para presentarnos a los nuevos personajes de la saga, y hemos de reconocer que ha sido un total acierto.

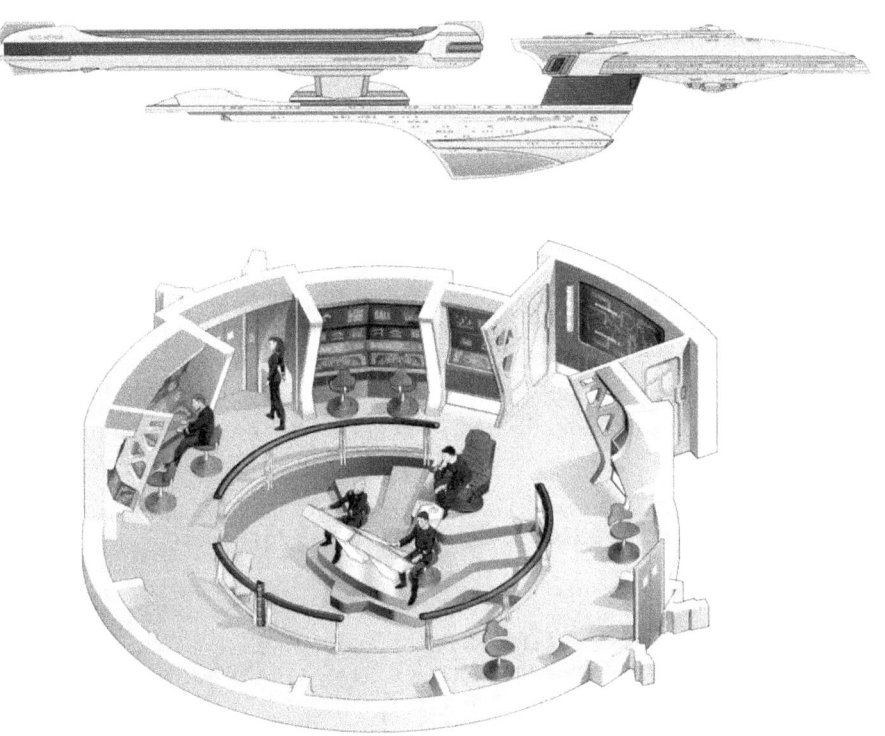

Pero como en todos los conocidos filmes de Star Trek, la trama central está sobrecargada sentimentalmente y esto produce una dispersión del interés en el espectador. Demasiados ingredientes para un solo plato. Hay una recreación de los sentimientos íntimos de los capitanes Kirk y Picard, con acentuación en sus personalidades heroicas y sacrificadas en bien de su profesión, rayando a veces en el masoquismo. No obstante, varios años después la serie siguió teniendo una gran frescura y vigor, y la Nueva Generación un gran futuro en el cine. Aparte de Data, un androide humano con emociones, los demás personajes quedan relegados a un segundo plano ante los problemas personales de Kirk y Picard. En el otro lado, McDowell disfruta siendo un malvado galáctico que emplea sus espectaculares efectos especiales, incluyendo una autodestrucción apocalíptica al tratar de que La Tierra entre en la órbita del Nexus.

La historia comienza cuando Kirk, Scotty y Chekov son invitados al lanzamiento de la más moderna nave, de nombre NCC- 1701-B, que sustituirá al viejo Entreprise. Es una Excelsior clase starship, pero durante la primera travesía, que era únicamente para ser un viaje de exhibición, la nave es forzada a realizar un rescate para que el cual no está aún preparada tecnológicamente. Con Kirk como consejero, el buque se prepara para rescatar la tripulación de uno de los dos buques que van a ser destruidos por una ola de energía. Sin embargo, el Enterprise es atrapado también por la ola y Kirk desaparece durante la liberación de la nave. Noventa años después, cuando la tripulación del Enterprise celebra la promoción de Worf a Comandante, Picard es informado de las muertes de su hermano y su sobrino.

STAR TREK: FIRST CONTACT (1998)
110 minutos

    Director: JONATHAN FRAKES
    Guión: BRANNON BRAGA y RONALD D. MOORE
    Música: JERRY GOLDSMITH

Intérpretes:
    PATRICK STEWART: Capitán Jean-Luc Picard
    JONATHAN FRAKES: William Riker
    BRENT SPINER: Data
    VAR BURTON: Geordi La Forge
    MUCHAEL DORN: Worf
    GATES McFADDEN: Dra. Beverly Crusher
    ALICE KRIGE: Reina Borg

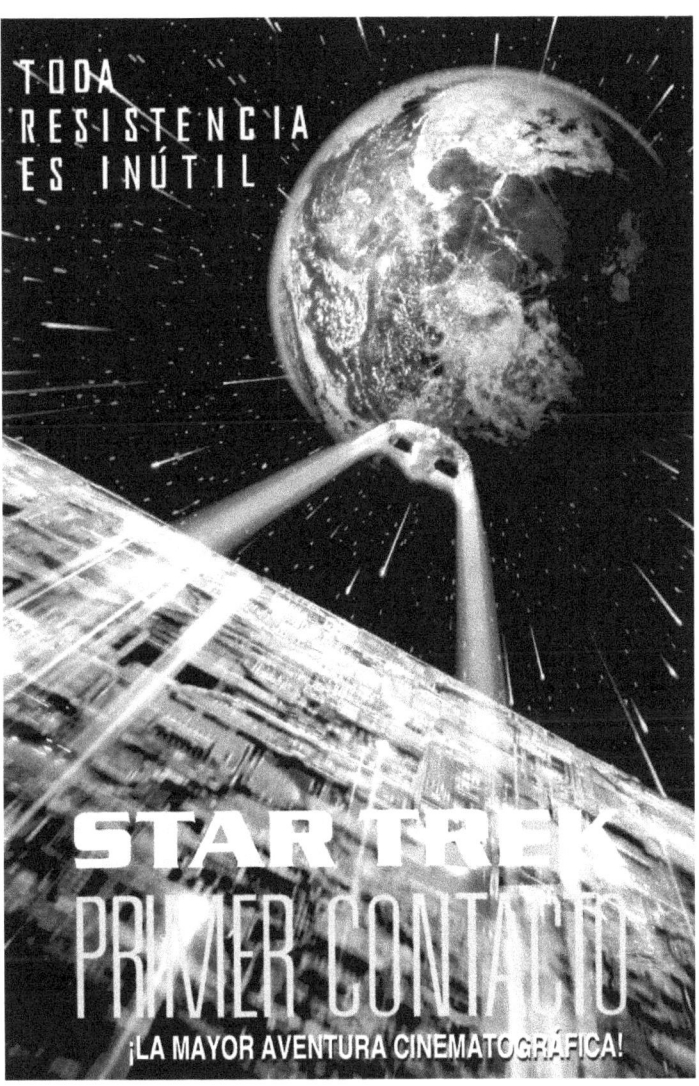

Con el perfecto relevo generacional efectuado en la película anterior y enlazando con la serie de televisión, vemos ahora al Capitán Picard que debe hacer frente a una invasión de los Borg. Estos poderosos e insaciables enemigos después de penetrar en la zona espacial que controla la Federación de Planetas, se dirigen al planeta Tierra para someter a sus habitantes. Picard ya había tenido en otras ocasiones enfrentamientos con los malvados Borg, mitad máquina, mitad seres orgánicos, y en una ocasión fue apresado por ellos y reprogramado mentalmente. Esto le permitió conocer perfectamente sus pla nes y captar sus pensamientos hostiles. Gracias a ello, y sabiendo previamente sus intenciones, puede abortar su intento de invasión terrestre, aunque no puede impedir que los Borg realicen un salto hacia atrás en el tiempo, hacia lo que se denominó Nueva Era Medieval, después de la Tercera Guerra Mundial.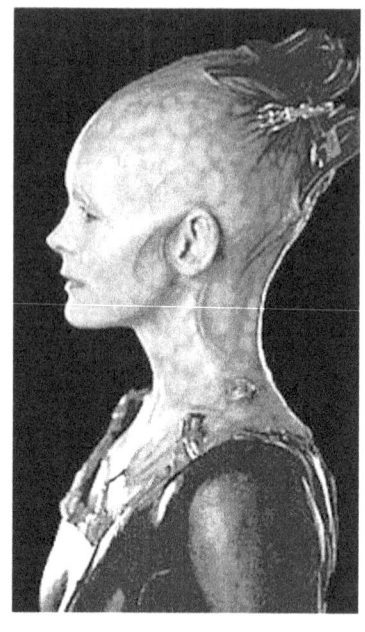

Este argumento, que en principio parece sencillo de explicar, es objeto de numerosos añadidos que generan confusión al espectador no versado en la serie Star Trek de televisión. En este supuesto, la confusión argumental es alta y es posible que no se entienda la trama de la película hasta más allá de la mitad. Una vez superada esta confusión, la película se ve con agrado y podemos considerarla como una de las más logradas de la larga serie de Star Trek para el cine.

La película está dirigida por el actor Jonathan Frakes, uno de los personajes claves de La Nueva Generación, y efectuando labores de dirección en Espacio Profundo Nueve y Voyager, también de la serie para la televisión.

La película tuvo bastante éxito en el mundo entero y solamente en Estados Unidos logró 90 millones de dólares en el momento de su estreno.

INSURRECCIÓN
Insurrection (1999)
105 minutos

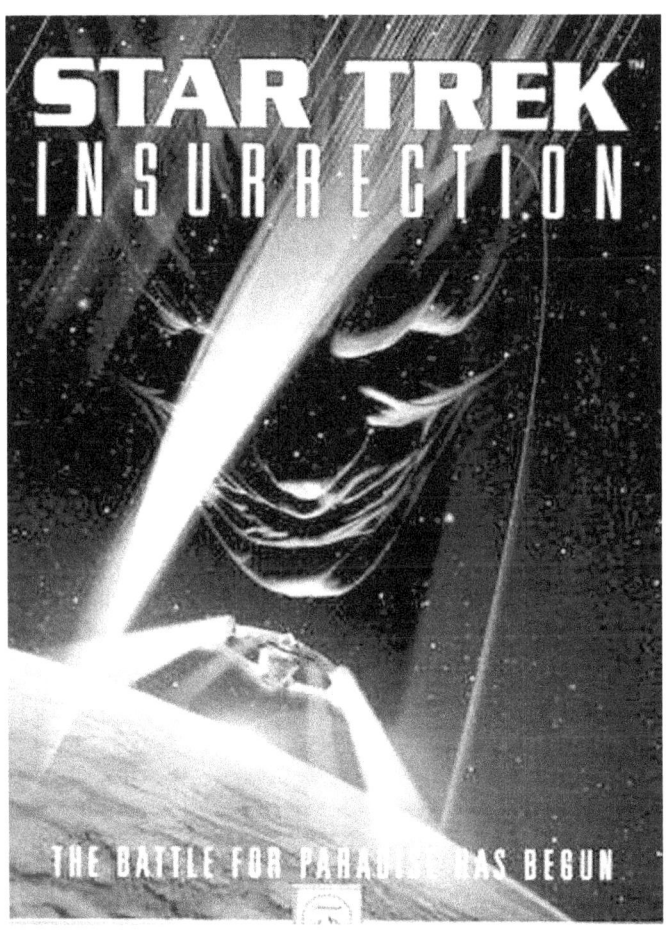

Guión: Michael Piller
Música: Jerry Goldsmith
Productor asociado: Patrick Stewart
Director: Jonathan Frakes

Intérpretes:
PATRICK STEWART: Jean-Luc Picard
BRENT SPINER: Data
LEVAR BURTON
MARINA SIRTIS
JONATHAN FRAKES

El androide Data parece haber perdido la razón y se muestra incontrolable. Sin embargo, un nuevo problema aparece para Picard cuando tiene que hacer frente a la invasión de un pacífico mundo, en donde 600 habitantes parecen haber encontrado la fuente de la eterna juventud. Desde la fundación de la Federación ha sido objetivo primordial no interferir en el desarrollo de otras civilizaciones o grupos, pero ahora Picard debe decidir entre asistir impasible a la destrucción de los residentes en Ba'Hu o desobedecer esa ley férrea. La razón para la invasión es sencilla: una vez en posesión de ese elixir de larga vida millones de habitantes de otros planetas se beneficiarían de ese asombroso descubrimiento. Para Picard solamente hay una elección: rebelarse contra la flota estelar y dirigir la insurrección que salvará el paraíso. También tiene otro aliciente, pues hay una guapa nativa que le acepta sus piropos y entre los dos se desarrola una intensa química que se traduce en un profundo amor. El problema es que una vez solucionada la invasión Picard debe decidir entre el Enterprise o seguir con la chica, y aquí ya no tiene duda: el Enterprise debe continuar viajando por el Universo bajo su mandato.

Meritoria y muy correcta continuación de la saga, aunque la complejidad y costo de los efectos especiales condicionó su continuidad. En el año 2000 ni siquiera se había iniciado un nuevo filme y todo el mundo se temía que si se retrasaba mucho el rodaje de la siguiente secuela los actores empezarían a estar ya demasiado envejecidos, tal y como asistimos a los de la primera generación. Bien, ahora sabemos que hubo continuidad.

STAR TREK: NÉMESIS (2003)

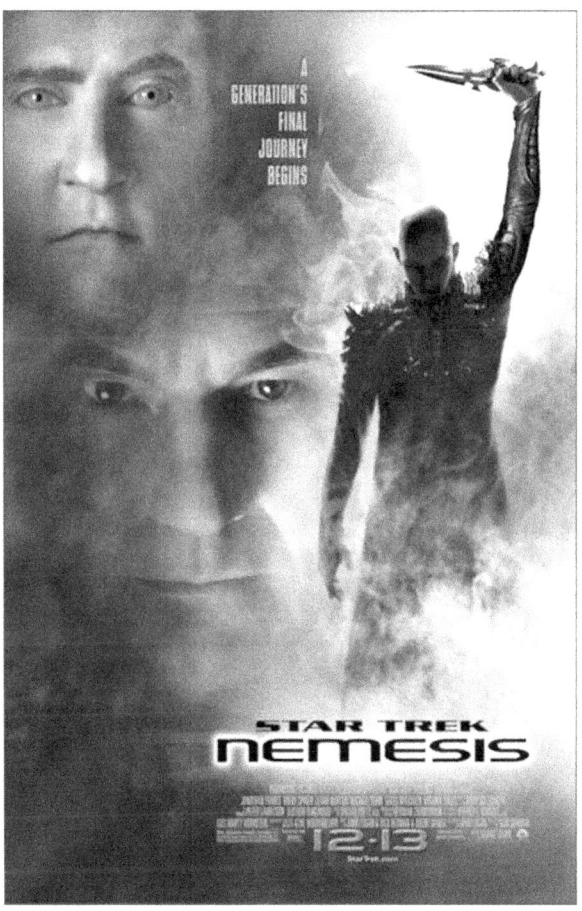

Director: Stuart Baird
Productor: Rick Berman
Guión: John Logan

Intérpretes:
PATRICK STEWART: Jean-Luc Picard
JONATHAN FRAKES
LEVAR BURTON BRENT
SPINER MICHAEL DORN
WHOOPI GOLDBERG
MARINA SIRTIS

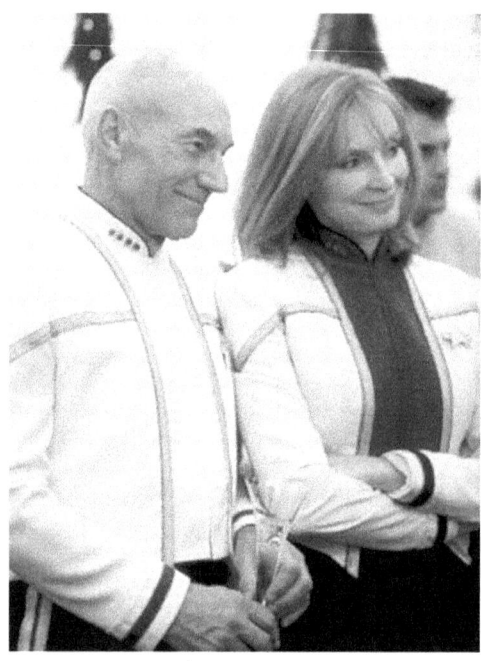

El Capitán Jean- Luc Picard y la tripulación de la nave especial Enterprise son enviados en una misión diplomática para iniciar un tratado de paz con los Romulanos. Pero al llegar a su planeta, la tripulación debe enfrentarse a una amenaza que puede producir la destrucción del planeta Tierra y Picard se enfrenta a su más peligroso adversario, un enemigo sorprendente llamado Shinzon, casi un clon de sí mismo.

Con un guión escrito por John Logan, a quien recordamos por el remake de "La Máquina del Tiempo" y "Gladiador", y basado en una historia en la que colaboró nuestro amigo Data, nos llevan ahora a lo que pretende ser el afianzamiento de la saga, casi ya con 40 años desde que se estrenó.

Tan importante es este fenómeno cinematográfico, que dispone de su propio parque temático en Las Vegas y se considera que ha vendido ya al menos 3.500 millones de dólares en objetos de merchandising.

En esta ocasión, el filme avanza tediosamente durante el primero 30 minutos, lo que nos hace temer lo peor. Afortunadamente, y justo cuando empiezan a relampaguear los fáser y Picard toma el timón de la nave, la acción nos devuelve a los mejores momentos de Star Trek. Sin apenas escuchar la emblemática música de fondo y asistiendo embelesados a la boda entre Jonathan y Marina, nos sobrecogemos cuando la tripulación del Entrepise tiene que librar una de sus batallas más duras de la historia, en la cual se inmola nada menos que Data, aunque afortunadamente ya nos presentan a su hermano gemelo. Disfruten, amigos trekis, pues la saga continúa.

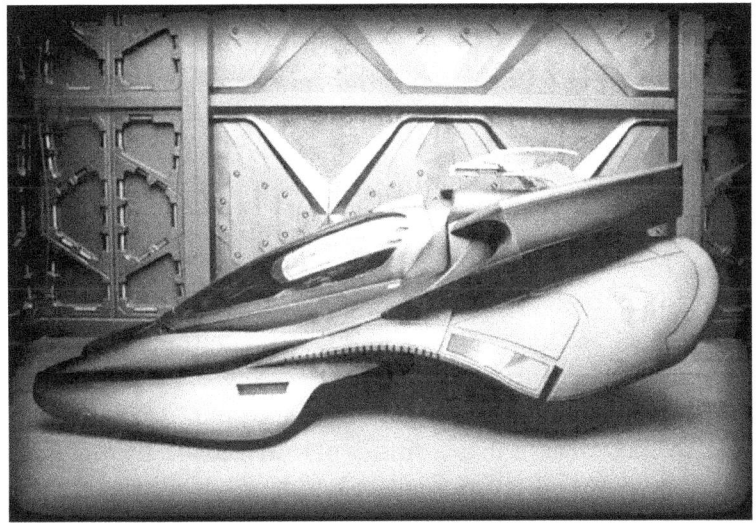

STAR TREK 2009
126 min.
Director: J.J. Abrams
Guión: Roberto Orci, Alex Kurtzman

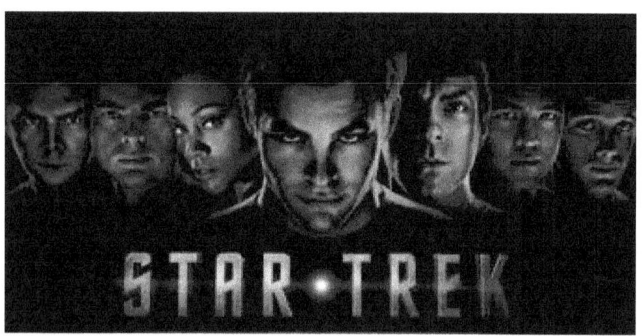

Intérpretes: Chris Pine, Zachary Quinto, Leonard Nimoy, Eric Bana, Bruce Greenwood, Karl Urban, Zoe Saldana, Simon Pegg, John Cho, Anton Yelchin, Winona Ryder, Jennifer Morrison

El destino de la galaxia descansa en las manos de amargos rivales en la Starfleet Academia. Por uno lado, James T. Kirk (Pine), un granjero nacido en Iowa, delincuente y con espíritu aventurero. Por el otro, Spock (Quinto), quien creció en una sociedad que se basa en la lógica y rechaza todo tipo de emociones. Cuando los instintos más feroces se encuentran con la calma de la razón, una insospechada y poderosa unión entre ambos jóvenes es la única fórmula para liderar la tripulación de la nueva nave espacial Enterprise hacia peligros inimaginables.

J.J. Abrams consideró que los acontecimientos y lugares extraordinarios de la película serían mucho más verosímiles dándoles dimensión y escala real: "No quería que todo fuera a base de pantallas verdes e imágenes generadas por ordenador. Quería construir tanto como pudiera, lo que implicaba un proceso realmente complicado". Para conseguirlo Abrams volvía a formar equipo con Roger Guvett de Industrial Light & Magic.

Aunque el equipo se planteó la posibilidad de desplazarse a Islandia para rodar el mundo glacial del planeta Delta Vega, finalmente decidieron hacerlo en los exteriores de la soleada California. Fue en el parking del estadio Dodger, de unos 15 por 40 metros, que se rellenó con "nieve", hecha de papel biodegradable, y con las masas glaciares esculpidas y completamente móviles. Para recrear el planeta Vulcano la producción se decantó por el parque natural Vasquez Rocks en Agua Dulce. Tras muchos debates, se tomó la decisión de rodar Star Trek en pantalla ancha anamórfica. Todos querían que esta película pareciese tan enorme como el propio espacio, y la pantalla ancha ofrecía esa sensación expansiva y cinemática que Trek nunca había tenido antes.

Zoe Saldana

Zoe Saldana nació en New Jersey y creció en Queens, Nueva York. Cuando tenía 10 años, Su familia se trasladó a la República Dominicana, donde vivieron durante los próximos 7 años.

A los 17 años, Zoe y su familia se mudaron a los Estados Unidos donde comenzó a actuar con el grupo de teatro para ofrecer mensajes positivos para los adolescentes con temas relacionados con el abuso de sustancias y sexo.

Su primer papel en la pantalla grande fue "El ritmo del éxito" (2000).

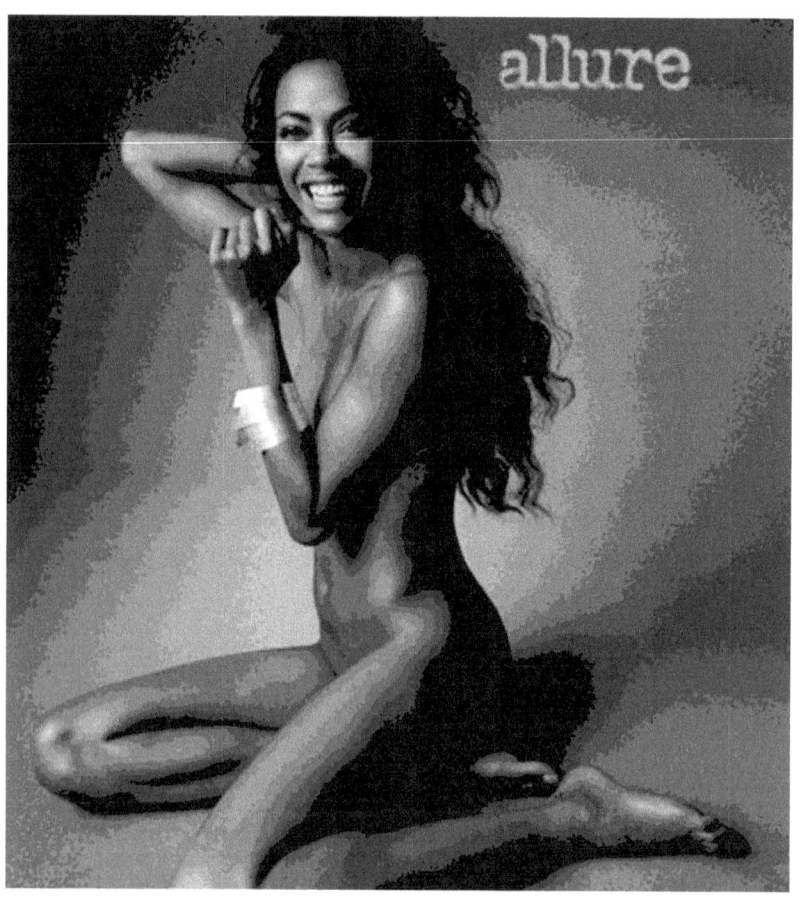

STAR TREK: EN LA OSCURIDAD
Star Trek Into Darkness (2013)

Director: J.J. Abrams
Guión: Alex Kurtzman, Damon Lindelof, Roberto Orci
Intérpretes: Chris Pine, Zachary Quinto, Zoe Saldana
Música: Michael Giacchino

La nave Enterprise ha sido enviada a un planeta clase M en el sistema de Nibiru para observar una civilización primitiva. El capitán James T. Kirk viola la Primera Directiva, cuando el primer oficial Spock pone en peligro su vida, y esto provoca que se muestre el Enterprise a la civilización del planeta durante el rescate y sea degradado.

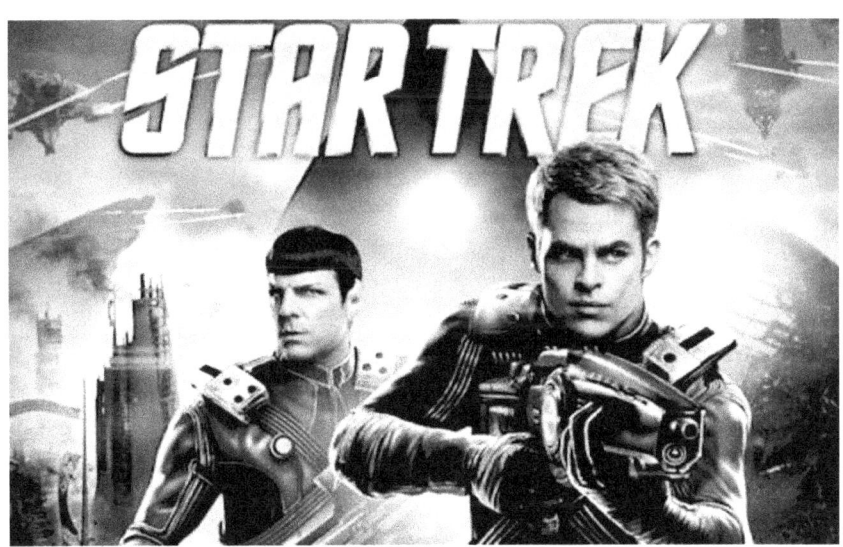

En esta duodécima entrega de la saga Star Trek y secuela de la película de 2009 Star Trek, fue la última vez que Nimoy retrató al personaje de Spock antes de su muerte en 2015.

Después del lanzamiento de Star Trek, Abrams, Burk, Lindelof, Kurtzman y Orci acordaron producir su secuela y los efectos visuales de Into Darkness fueron creados principalmente por IL&M y se convirtió a 3D durante su etapa de post-producción.

El filme Into Darkness fue un éxito financiero y recibió críticas positivas de los críticos. Sus ganancias brutas de más de $ 467 millones en todo el mundo y la convirtieron en la entrada de mayor recaudación de fondos de la franquicia Fue nominada al oscar a los mejores efectos visuales.

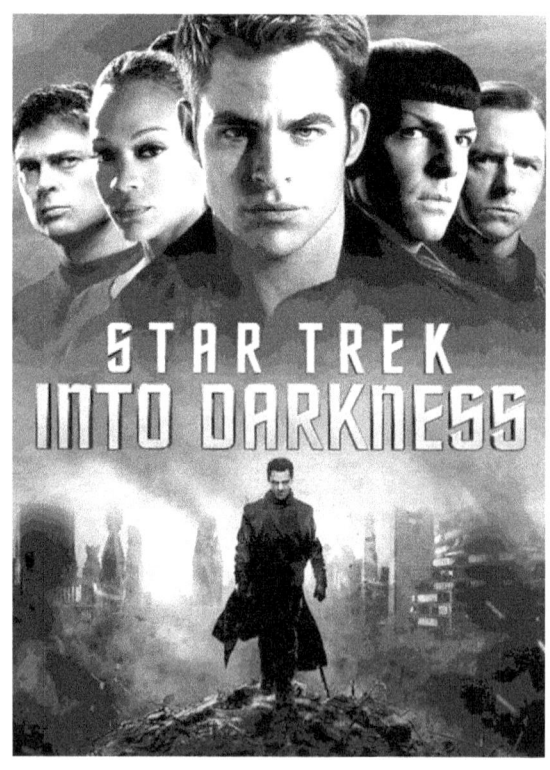

STAR TREK MÁS ALLÁ
Star Trek Beyond (2016)

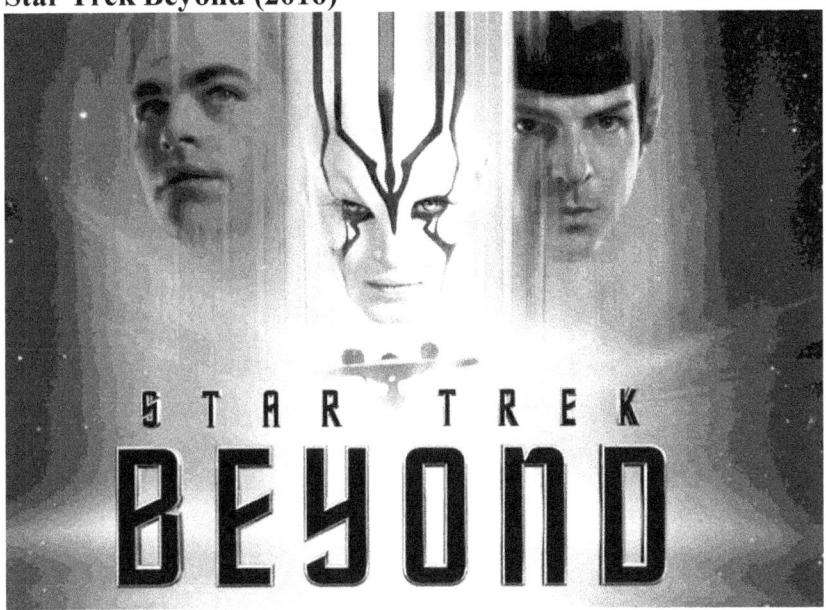

Director: Justin Lin
Escrita por: Chris Pine y Zachary Quinto
Producida por: J.J. Abrams, Roberto Orci y Lindsey Weber

Intérpretes:
Chris Pine
Zachary Quinto
Karl Urban
Zoe Saldana

Es la decimotercera película de la saga Star Trek, y fue estrenada el 22 de julio de 2016. Secuela de Star Trek: en la oscuridad y tercera de la nueva trilogía

En su estreno logró recaudar más de 90 millones de dólares lo que la convierte en la película con mayor recaudación en su primer fin de semana de toda la franquicia.

La tripulación del USS Enterprise, liderada por el capitán James T. Kirk, llega a la base estelar Yorktown para un permiso de desembarco y abastecimiento de la nave. El capitán recomienda a Spock como nuevo capitán del Enterprise. Mientras tanto, Sulu se reúne con su esposo y su hija, Scott trabaja para mantener la nave en funcionamiento, y Spock y Uhura terminan amigablemente su relación; Spock también recibe la noticia de la muerte del embajador Spock (su "yo" de la realidad alterna) en Nuevo Vulcano.

La Enterprise es enviada a una misión de rescate después de que una cápsula de salvamento apareciera en el espacio desde una nebulosa cercana. La superviviente, Kalara, afirma que su nave está varada en Altamid, un planeta dentro de la nebulosa. La nave cae en una emboscada de multitud de naves pequeñas en formación similar a un enjambre que agujerean el casco del Enterprise, atacan a la tripulación y cogen algunos prisioneros.

Star trek más allá es una conclusión satisfactoria para finalizar una trilogí, aunque para algunos no fue la mejor, quizá porque esperaban una ruptura con las otras dos. Sin embargo, es posible que se pretendiera precisamente esto, que fuera una continuación y no un nuevo desarrollo que hubiera decepcionado a quienes esperamos precisamente lo contrario, que la saga continúe. Los personajes brillan realmente en esta película, así como los nuevos. Las secuencias de acción son también muy emocionantes y entretenidas. Y la historia está bien escrita, con ella sin momentos aburridos.

STAR TREK: Discovery
Serie TV 2017

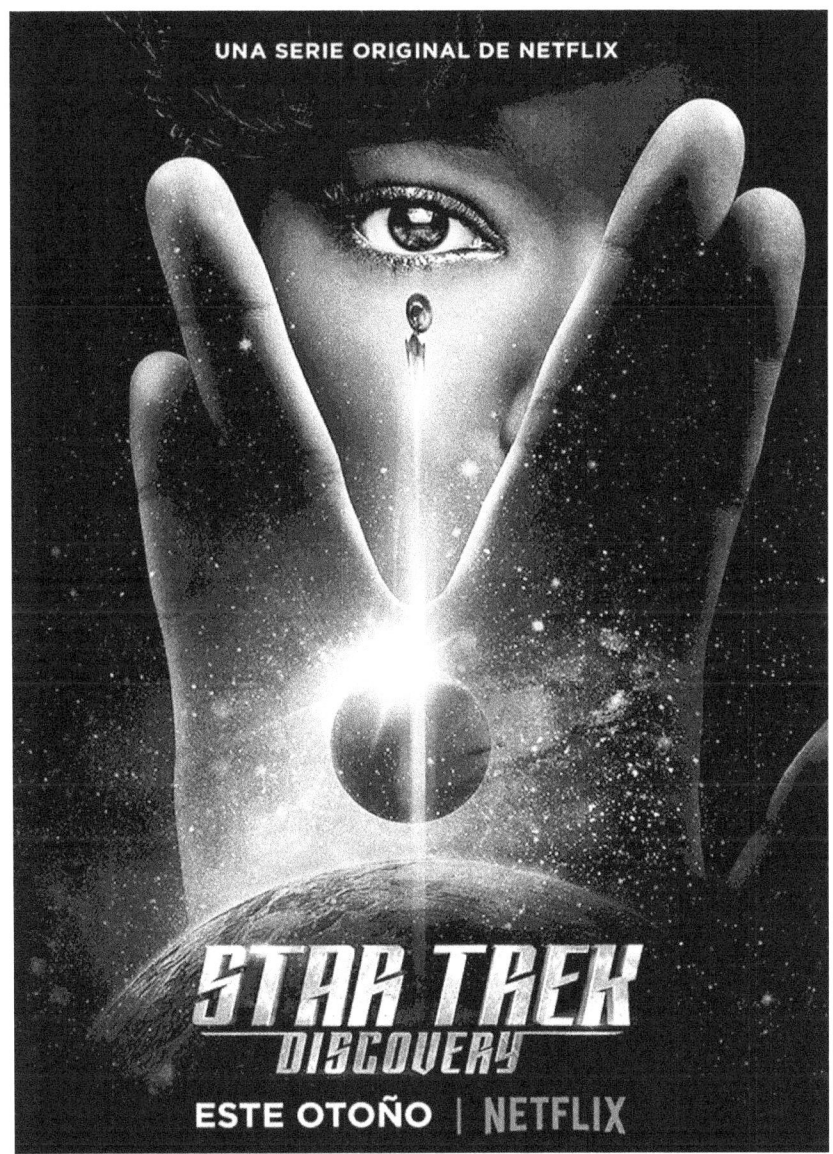

Dirigida: Bryan Fuller y Alex Kurtzman

Intérpretes:
ANTHONY RAPP
DOUG JONES
SHAZAS LATIF
MICHELLE YEOH

Discovery es una serie de televisión estadounidense cocreada por Bryan Fuller para la CBS, la primera serie producida específicamente para ese servicio, y la primera serie de Star Trek desde "Star Trek: Enterpriese" la cual finalizó en 2005. Se estrenó en la cadena CBS en otoño de 2017.

La serie introduce nuevos personajes a la franquicia de Star Trek y no estará relacionada con la película de 2016 Star Trek Beyond.

Los nuevos personajes en el universo de Star Trek continuarán con la búsqueda de nuevos mundos y nuevas civilizaciones, dentro de la nave espacial USS Discovery, manteniendo la característica reflexión de la serie sobre temas contemporáneos a través del prisma de la ciencia ficción.

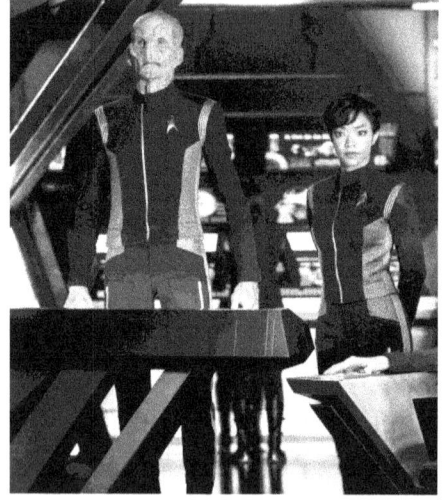

PARQUE TEMÁTICO STAR TREK

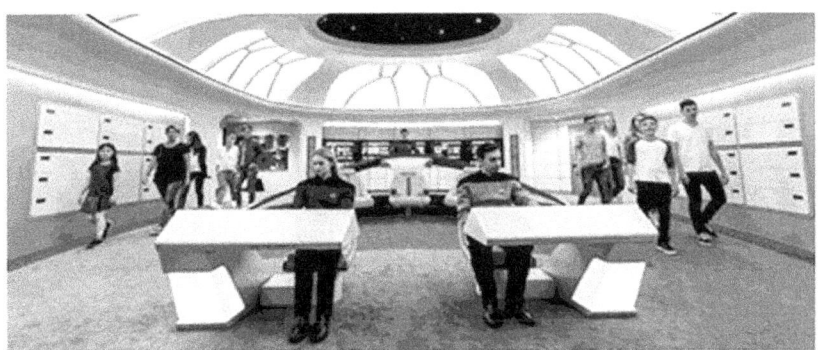

La Oficina de Turismo de Jordania acaba de anunciar la creación del primer parque temático del mundo basado en la exitosa película Star Trek. El proyecto cuenta con el apoyo del monarca jordano, será ecológico y su presupuesto supera los 700 millones de euros.

Los fans de una de las sagas de ciencia ficción más exitosa del mundo, Star Trek, están de enhorabuena. El Reino Hachemita de Jordania construirá un parque temático en la ciudad costera de Aqaba en el que el capitán Spock, el Enterprise, etcétera serán los protagonistas de los decorados del mismo.

El complejo cuenta con un presupuesto de 714 millones de euros y ocupa un espacio de 74 hectáreas en Aqaba, al sur del país y además de las zonas de ocio típicas de cualquier parque temático, dispone de un hotel de cuatro estrellas y varias tiendas. A nivel de recursos energéticos las instalaciones buscan ser lo más ecológicas posible. Disponen de diversas fuentes de energías renovables y cuenta con un centro de sensibilización sobre las mismas, donde se informa de los beneficios de la energía solar, eólica, etcétera, además de otras prácticas como la recolección de agua de lluvia para su uso a posteriori.

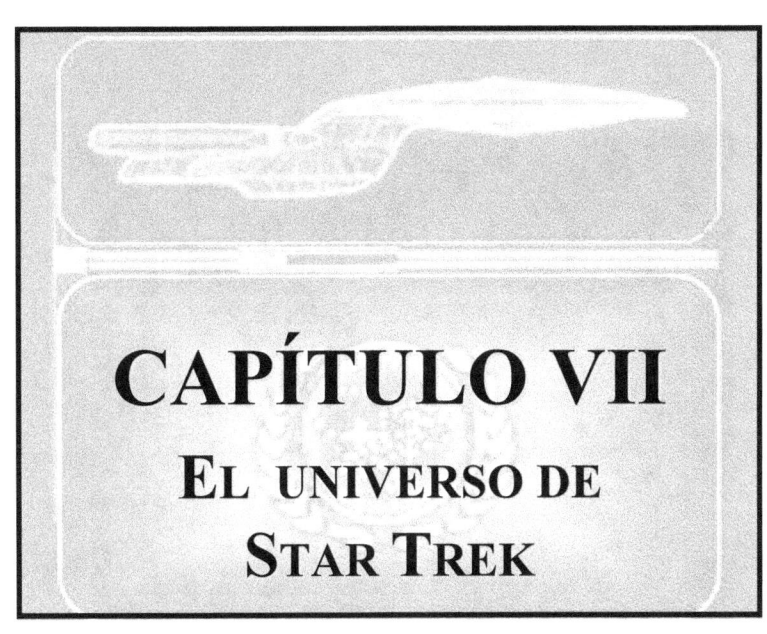

CAPÍTULO VII
EL UNIVERSO DE STAR TREK

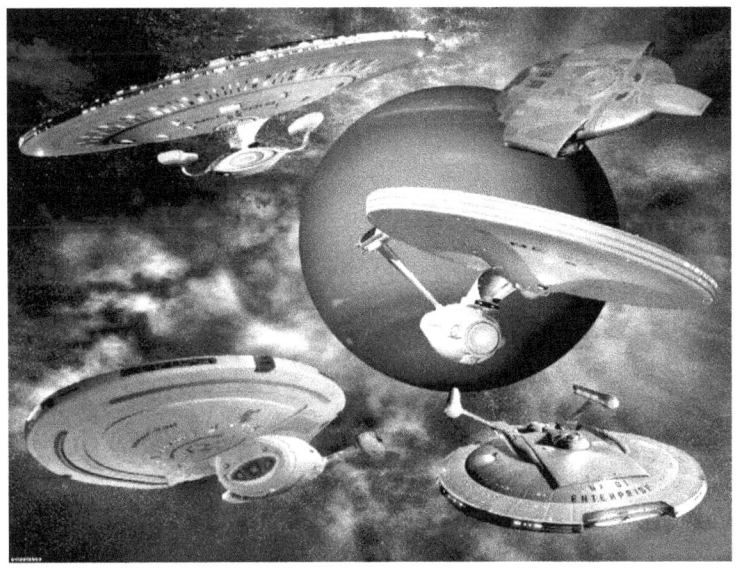

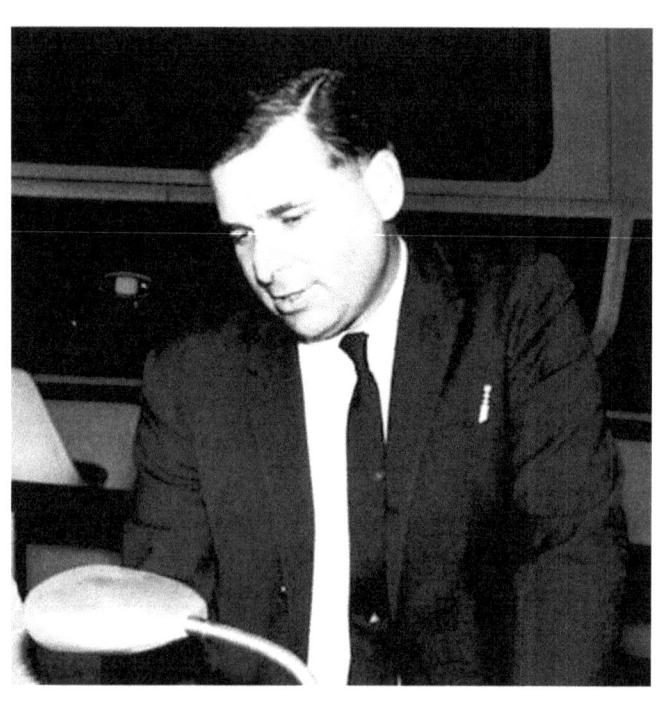

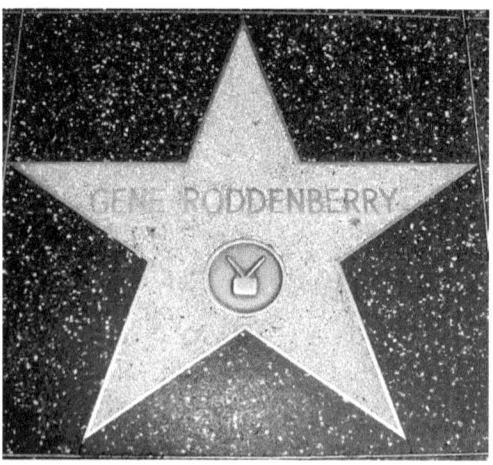

EL CREADOR DE STAR TREK: GENE RODDENBERRY

Gene Roddenberry consiguió realizar su mayor sueño, ser enterrado en el espacio que tanto amó. Una vez fallecido, su cuerpo fue incinerado por deseo propio y sus cenizas transportaas en un satélite espacial europeo en el año 1997 y diseminadas en el espacio profundo. Digno epitafio mortuorio para una persona de gran imaginación que había hecho de los viajes espaciaes figurados toda su vida.

Este niño gigante de mente prodigiosa nació en El Paso, Texas, el 19 de agosto de 1921, aunque sus padres se trasladaon al poco tiempo a Los Ángeles, en donde comenzó sus estuios de derecho, abandonándolos después por los de ingeniería. Durante la Segunda Guerra Mundial se alistó en la aviación con el grado de teniente, pilotando 89 veces un mítico B-17 y realiando acciones valerosas que le hicieron ganar la Medalla del Aire y la Cruz por Vuelos Distinguidos. Su afición a las novelas le sirvió para realizar sus primeras experiencias como escritor durante su estancia en el ejército, consiguiendo publicar varios de sus relatos cortos en algunas publicaciones de la época.

Después de la guerra siguió ejerciendo como piloto de aviones civiles hasta que ingresó como policía en el departamento de Los Ángeles, intercalando su labor como escritor en la editorial de la misma policía con el de experto en bandas callejeras.

Sus novelas cortas pronto alcanzan cierto prestigio y consigue un trabajo como guionista en la serie de televisión "Have Gun Will Travel", en colaboración con otros compañeros. La casualidad hizo que durante su trabajo como escritor de televiión conociera a algunos de los que posteriormente serían sus compañeros de Star Trek, entre ellos a DeForest Kelley para el que escribió "333 Montgomery Street", a Gary Lockwood en "The Lieutenant", y a Leonard Nimoy. También conoció a la actriz de color Nichelle Nichols y a Edward Milkis, quien sería posteriormente uno de los primeros productores de Star Trek.

Después elaboró guiones para "Police Story" y uno para una serie piloto que llamó "Star Trek", el cual fue rechazado inicialmente por la NBC. Pero Gene reformó parcialmente el sofisticado guión, lo hizo algo más juvenil y pidió que actuase un tal William Shatner. Lo demás es una historia que ya dura casi 40 años.

"Bueno, al único que no le gustó ese primer capítulo de Star Trek fue a mi padre, que se dedicó a pedir perdón a todos

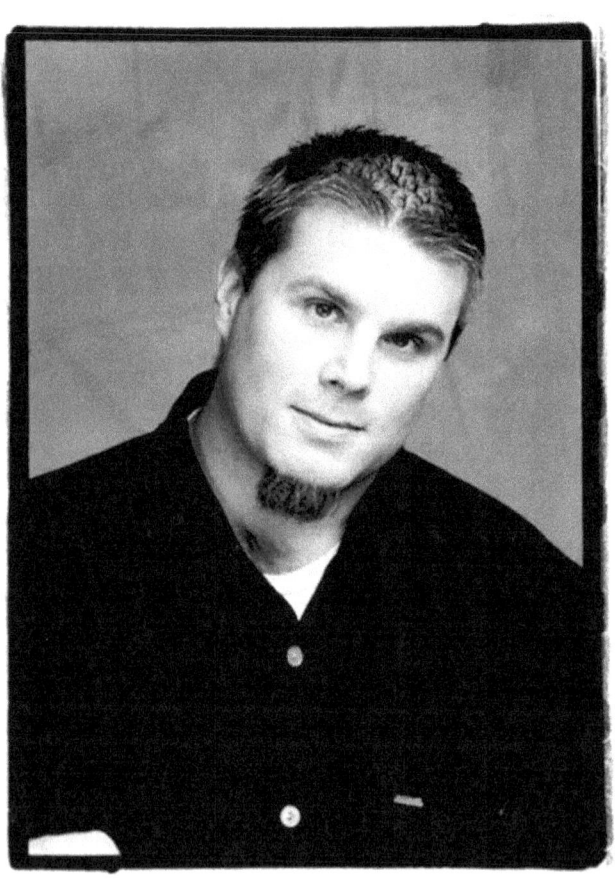

Roddenberry hijo

nuestros vecinos, ya que estaba convencido de que las aventuras del espacio eran unas tonterías enormes y que su hijo debería escribir solamente historias del Western americano."

Pero a los dos años la serie de televisión bajó los índices de audiencia y los productores decidieron cancelarla, especialmente porque el coste económico de cada capítulo era muy alto, con tantos decorados y efectos especiales, por supuesto bastante más altos que rodar una escena del Oeste. Afortunadamente los fans no opinaron lo mismo y las numerosas cartas de protesta que iban llegando a la emisora todos los días, crearon una inquietud en los espectadores por verla que antes no existía. Cuando el director de la Paramount le llamó a su despacho para decirle que la serie iba a continuar y le mostró la avalancha de peticiones procedentes de todo el mundo, Gene no daba crédito a lo que veía. Por si fuera poco, había nacido al mismo tiempo un merchandising sobre los personajes de la película que desbordaba las apetencias de los fans. La NBC, simultáneamente, puso en marcha una serie de dibujos animados basada en Star Trek que ganó un Emmy en 1974. Pero Gene no estaba tan convencido de la longevidad de Star Trek y elaboró otros guiones para la televisión, entre ellos "Genesis II", "Spectre" y "The Questor Tapes", aunque ninguno de ellos pasó del episodio piloto.

El éxito de "La guerra de las galaxias" motivó a Gene a escribir el guión de la primera película sobre Star Trek para el cine, aunque la idea no agradó en un principio a la Paramount. La película por fin se rodó, no gustó a casi nadie, pero recaudó el suficiente dinero como para realizar una segunda parte: "Star Trek, la ira de Khan." Desde ese momento, Gene pasaría a ser simplemente un consejero en la continuidad de la saga de Star Trek, delegando los nuevos guiones a Harve Bennett, al que ayudaron mucho Leonard Nimoy y William Shatner. Posteriormente volvió a trabajar elaborando "Star Trek: la Nueva Generación", serie que comenzó con un episodio de dos horas de duración que tuvo un presupuesto de un millón de dólares por capítulo, algo inédito hasta entonces en televisión. Gene fue el productor ejecutivo, pero no se contó con ninguno de los actores anteriores, lo que motivó las hostilidades entre ambos. Las conferencias de prensa que concedieron en esa época estaban marcadas todas por el mismo signo: *"No se puede llamar Star Trek a lo que no es Star Trek."* Para asombro de todos, la serie llegó a tener el mismo éxito que la anterior y las breves apariciones como artistas invitados de los emblemáticos actores acabó con las discordias.

En 1985 Gene puso su mano en el boulevard de las estrellas de Hollywood y en 1990 le concedieron el premio Jack Benny.

Murió el 24 de octubre de 1991 en Santa Mónica, California, durante una visita rutinaria a su médico. Su hijo ha continuado su labor.

NAVES, PUENTES Y LANZADERAS

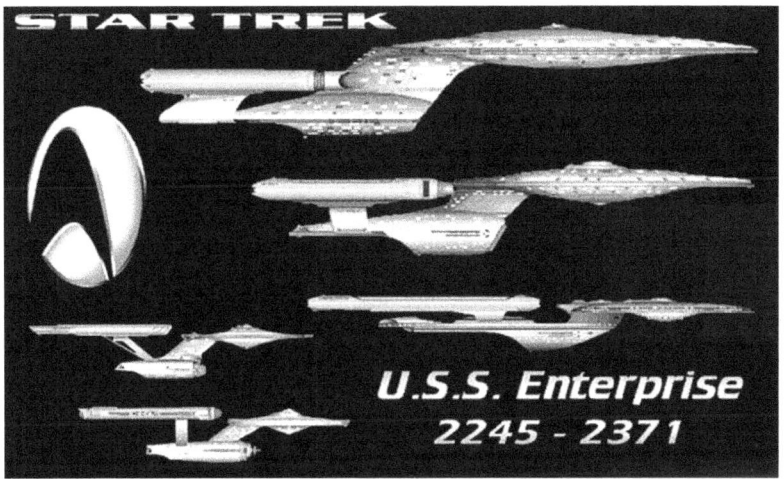

A lo largo de su andadura, y puesto que la historia nos traslada varios siglos al futuro, el Enterprise ha evolucionado lo mismo que su armamento, encontrándonos con diseños en general sumamente acertados.

NCC-1701 Enterprise

La primitiva nave Enterprise fue obra de Matthew Jefferies y Duck Guzmán quienes habían presentado multitud de bocetos previos a Gene Roddenberry, tanto de la parte externa como de todo el interior, poniendo especial cuidado en el puente de mando, lugar neurálgico de las películas ya que allí se realiza la mayor parte de la trama.

Obviamente, la nave futurista no tenía que parecerse ni por dentro ni por fuera a ningún otro diseño terrestre, ya que dado que la que la acción se situaba unos siglos más adelante se daba por hecho de que las naves espaciales, cuando existieran, deberían ser muy diferentes a los diseños actuales, tan aparatosos. Para lograr una cierta coherencia, se recurrió a técnicos aeroespaciales para que aconsejaran sobre el diseño, llegándose a la conclusión de que la parte externa debería tener cierta forma aerodinámica, no porque fuera necesaria en el espacio, sino porque obviamente debía aterrizar de manera continuada en planetas con atmósfera y eso exigía poca resistencia al aire y al roce atmosférico. El interior, mucho más amplio y cómodo que las naves que hoy día existen, enormemente claustrofóbicas, debería ser como el puente de mando de un gran buque de guerra: el capitán en el centro dominando toda la instrumentación y el resto de los oficiales a su alrededor, cada uno controlando su propio sistema informático.

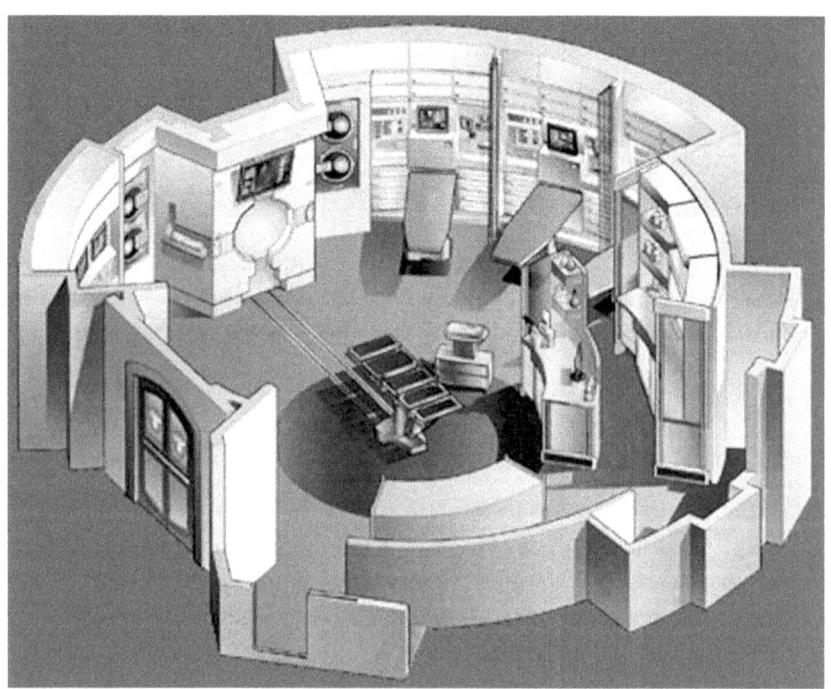

Enfermería

Al frente, una gran pantalla desde la cual se dominase todo el mundo exterior.

Pero no todos estuvieron de acuerdo con los diseñadores y hubo quien pidió simplemente algo sencillo y sin tantas complicaciones, a lo que se opuso seriamente Gene, que deseaba dar un toque científico muy serio a la serie. El Enterprise sería, finalmente, como una pequeña ciudad espacial, dotada por ello de numerosos elementos de confort y ocio.

En 1964 la primera maqueta del Enterprise estuvo terminada y estaba realizada en plástico fundido y medía nada menos que cuatro metros de longitud, los imprescindibles para que, una vez en la pantalla, tuviese la apariencia de una gigantesca nave. Ese primer prototipo se encuentra expuesto en el Museo del Espacio de Washington y pertenece a la Institución Smithsonian.

Esta primera nave llevaba inicialmente el número de registro NX-01 (igual que en la serie Enterprise), tenía 190 metros del perímetro (en el filme) y se le calcula un peso de 80.000 toneladas, permitiendo albergar una tripulación de 87 personas. Estaba equipada con cañones láser, cargadores de plasma en torretas de artillería y torpedos fotónicos. Aunque tenía un casco polarizado laminado y retráctil bastante resistente, no podían subir escudos adicionales.

Los transbordadores podían mover a 6 pasajeros, además del piloto que eran lanzados usando un brazo magnético, los cuales descendían a través de una bahía de bombeo, por debajo del casco de la nave. Eran usados para viajar de nave a nave y hasta la estación de transporte. La velocidad, que no podemos cuantificar con nuestros datos, era sub-warp. Respecto a la comida, solían resolverlo con reproductores de proteínas y simuladores muy sabrosos de pastas o bebidas.

Para depurar el aire y los residuos humanos empleaban una cámara Decon con un gel fosforescente.

USS ENTERPRISE NCC-1701 A

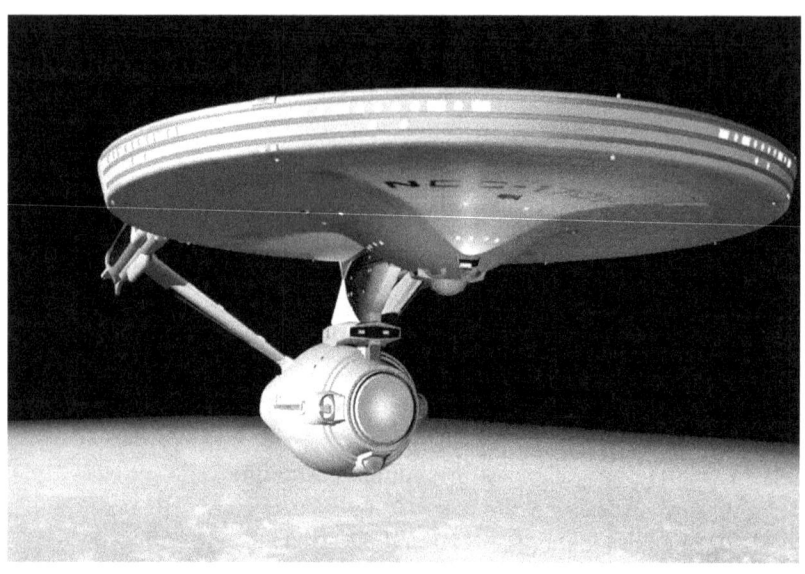

El USS Enterprise, matrícula NCC 1701-A, fue lanzado en el 2245 desde el San Francisco Yard en órbita de la Tierra. Su primer capitán fue Robert April, al que siguió Christopher Pike, personaje que dio paso al que ya supone un icono en la serie, el Capitán James Tiberius Kirk, quien realizó una misión de exploración que duró cinco años, desde 2264 hasta 2269. No obstante, el capitán Pike realizó las 2 primeras misiones de cinco años de exploración y el capitán April una de cinco años.

El sistema de armamento consistía en 4 bancos frontales de fáseres y 2 tubos frontales de torpedos de fotón. Este buque disponía ya del transportador de materia que hacía innecesario el primitivo sistema de ascensores, convirtiéndose así en un eficaz sistema para mover a la tripulación hasta lugares remotos y traerles de vuelta con la misma rapidez.

Los equipos se cambiaron muchas veces hasta que dejó el servicio en 2285 y fuera usada para las fases de entrenamiento de la Academia.

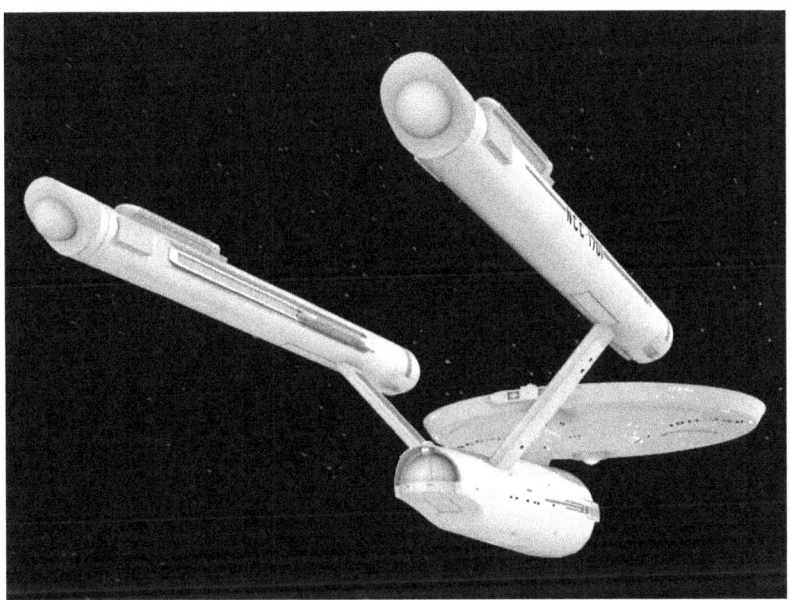

Tenía fáseres y 2 tubos frontales de torpedos de fotón. Este buque disponía ya del transportador de materia que hacía innecesario el primitivo sistema de ascensores, convirtiéndose así en un eficaz sistema para mover a la tripulación hasta lugares remotos y traerles de vuelta con la misma rapidez.

Los equipos se cambiaron muchas veces hasta que dejó el servicio en 2285 y fuera usada para las fases de entrenamiento de la Academia.

Fue destruida en el espacio en las proximidades de Génesis para derrotar el sector Mutara de los Klingons en 2285.

Tenía una longitud de 288,6 m; 127,1 m de ancho; una altura de 72,6 m, y podía alcanzar los 8 warp.

Había 22 oficiales, 43 funcionarios y 382 auxiliares.

Una rèplica de clase Constitución y su tripulación tuvieron un rol importante en la conferencia de paz en Kithomer. Al poco tiempo, la nave fue decomisada. Fue desechada en 2479 y reconstruida como NCC-1701-G, empleándose parte de su tecnología en el Voyager.

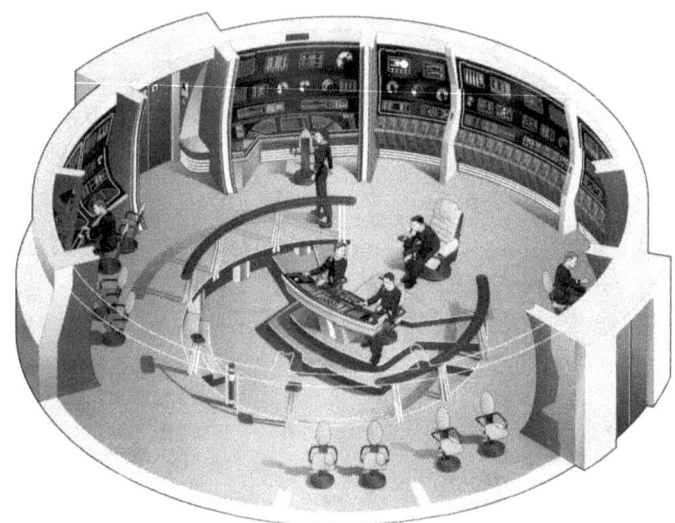

Puente de mando 1701 A

Hay un número importante de sucesos en la historia de Star Trek para los que no hay referencias confiables de tiempo. En los casos seguros había pistas suficientes para que pudiéramos sugerir fechas arbitrariamente para algunos sucesos en el cuerpo principal de esta cronología. En otros casos, sin embargo, la gama de fechas posibles es demasiado amplia, o hay demasiada poca evidencia y se corre el peligro de dar falsa información. Nosotros pensamos que estas notas serían de interés general para los aficionados a Star Trek, y esperamos que quizá ellos puedan servir algún día como trampolines para escritores de futuros proyectos de Star Trek. Ya sabemos que tanto "Star Trek: La Nueva Generación", como "Enterprise", han acabado momentáneamente de filmar nuevos capítulos para la televisión.

Sin embargo y cuando toda parecía presagiar un final irremediable para la saga, la nueva trilogía y la serie de televisión, demostraron que seguía teniendo un público incondicional que ya abarca a varias generaciones.

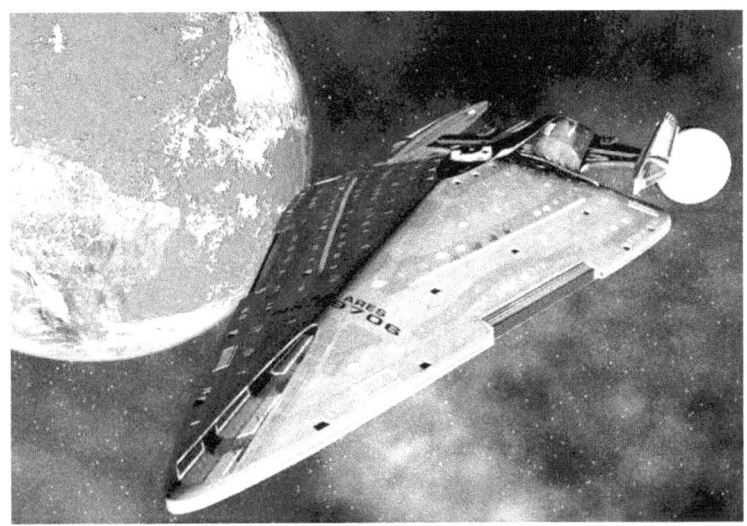

USS Titán

USS ENTERPRISE NCC-1701-B (EXCELSIOR)

Año de lanzamiento: 2293 Primer
capitán: John Harriman Tipo:
Explorador
Capacidad tripulación: 750 oficiales, 130 visitantes, 9.800 personas para evacuación
Dimensiones: Largo: 511.25 metros, ancho: 195.64 metros Peso: 2.350.000 toneladas
Capitán: John Harriman.

En su día significó una auténtica revolución en cuanto a diseño y a equipamientos, pues eran rápidas y poseían buen armamento, así

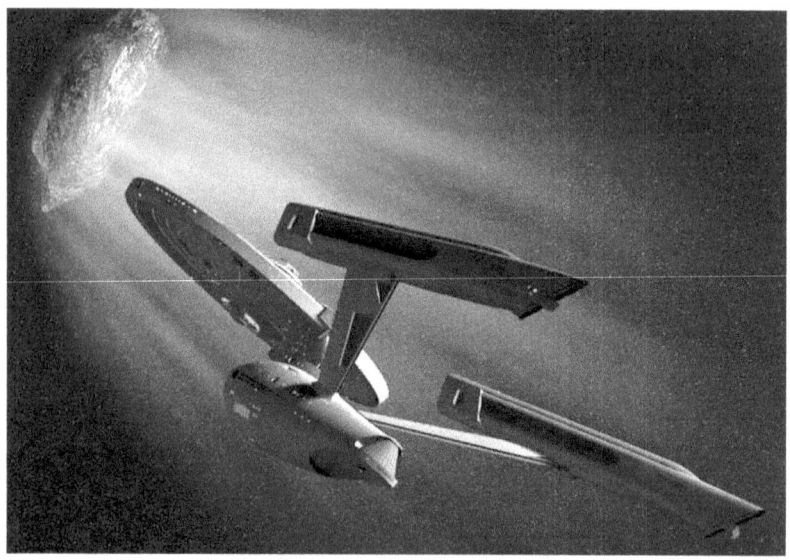

como equipos científicos y un confort poco usual para su tripulación. Remodeladas desde el año 2265, la última versión de 2293 constituyó un digno colofón.

El U.S.S Enterprise NCC 1701-B entra en servicio bajo el comando del Capitan John Arriman, siendo ayudado por Sulu, mientras que James T. Kirk, Montgomery Scott y Pavel Chekov son invitados especiales a la ceremonia de lanzamiento.

Durante su primer vuelo, el Enterprise B responde a un llamado de ayuda proveniente de 2 naves de refugiados El-Aurian. Una de las naves es destruida al chocar con un anillo de energía de flujo temporal conocido como el Nexus. El Enterprise rescata a la tripulación de la segunda nave, incluyendo al Dr. Tolian Soran, quien fue momentáneamente absorbido por el Nexus antes de ser rescatado. También es rescatada una refugiada El- Aurian llamada Guinan, quien sirviera posteriormente en el Enterprise D como cantinera del Ten Forward.

USS ENTERPRISE NCC-1701 C

Clase: Ambassador.
Año de lanzamiento: 2344. Primer capitán: Rachel Garrett.

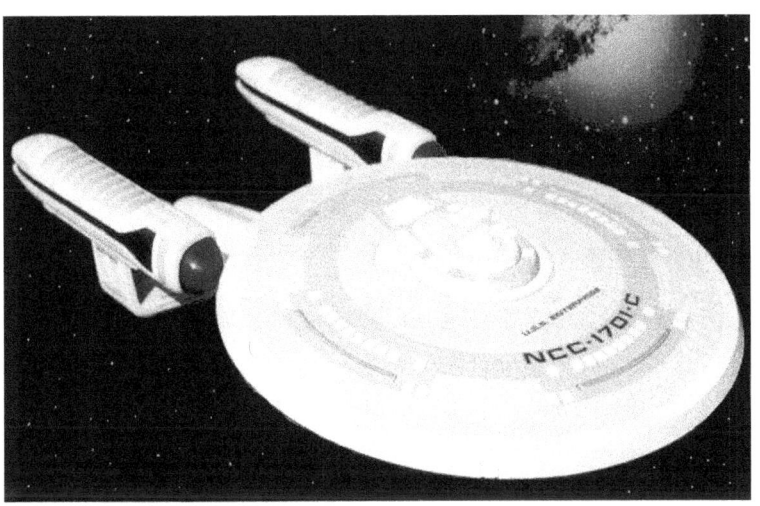

El Enterprise C solamente se ha visto en La Nueva Generación, en el episodio Y*esterday's Enterprise*. Fue casi destruido defendiendo un puesto Klingon del ataque Romulano en Narendra III, siendo la entrega de asistencia y ayuda por parte de las naves de la Federación la clave de la manutención de las relaciones amistosas entre la Federación y el Imperio Klingon.

Un pequeño grupo de tripulantes del destruido Enterprise C son capturados después de la batalla en Narendra III, entre ellos una mujer llamada Natasha Yar, aparentemente la misma mujer que sirvió a bordo del Enterprise D como Oficial de Seguridad hasta su muerte en 2364, a los 27 años.

USS ENTERPRISE NCC-1701-D

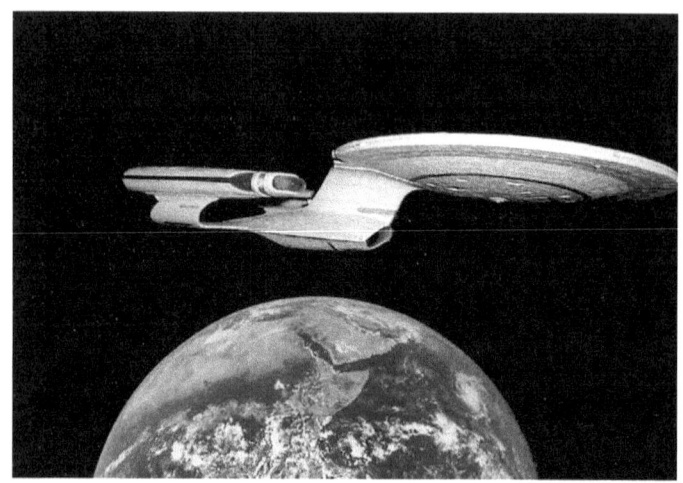

NCC 1701-D

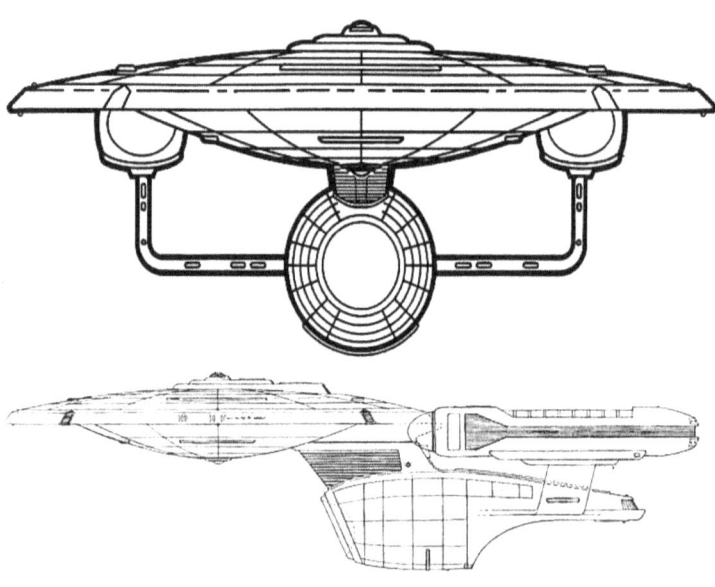

La quinta nave en llamarse USS Enterprise, fue la NCC 1701- D Clase Galaxy, lanzada en 2363 desde la base en Marte Utupia Planitia Yards. Le fue dado el mando al capitán Jean-Luc Picard, para realizar misiones de exploración y diplomacia en lo profundo del espacio. El platillo se podía desprender, dejando a la sección restante para realizar misiones de combate o peligrosas. Ambos módulos eran entonces autónomos y el platillo puede aterrizar en la superficie de cualquier planeta, tal y como vimos en "Star Trek: Generación".

El USS Enterprise NCC 1701-D fue destruido en el 2371 al ser atacado por un ave de presa Klingon, que destruyó el Contenedor Antimateria. Afortunadamente, el comandante William T. Riker logró salvar a la tripulación al separar el platillo y aterrizar algo estrepitosamente en Veridian III.

USS ENTERPRISE NCC 1701-E

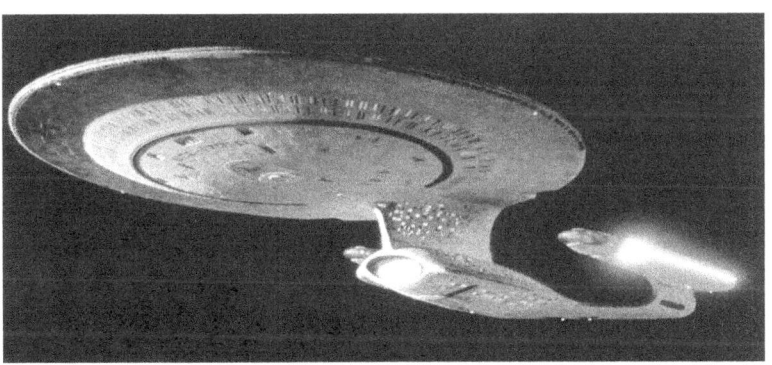

La sexta nave denominada como USS Enterprise fue la Clase Sovereign, matricula NCC 1701-E, lanzada en 2372 bajo el mando del capitán Jean-Luc Picard. Se trata de una de las mejores naves jamás construidas, con 700 metros de largo y 24 cubiertas. En el 2373 fue parcialmente asimilada por los *Borg* en su intento de invadir al planeta Tierra.

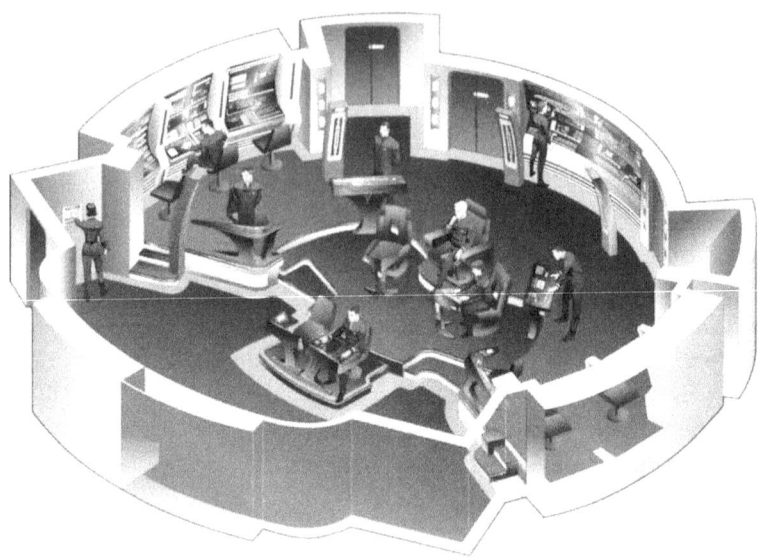

Puente de mando

Con la excepción del Teniente Worf, en ese momento asignado a la Estación Deep Space 9, toda la tripulación del anterior Enterprise D fue asignada al Enterprise E.

ESTACIÓN DS9 (ESPACIO PROFUNDO NUEVE)

Año de lanzamiento: 2351.
Se trata de una base minera construida en la órbita de Bajor durante la ocupación cardasiana. La estación se trasladó cerca de un agujero de gusano que la condujo hasta el Cuadrante Delta de la galaxia, bajo las órdenes del capitán Benjamín Sisko de la Federación Unida de Planetas. Empleada para explotar los recursos minerales del planeta, la Flota Estelar tomó el control de la administración de la estación, a la que llamaron Deep Space 9 (el nombre cardassiano era Terek Nor). Inicialmente era simplemente un lugar vacío, con la mayoría de los sistemas estropeados o

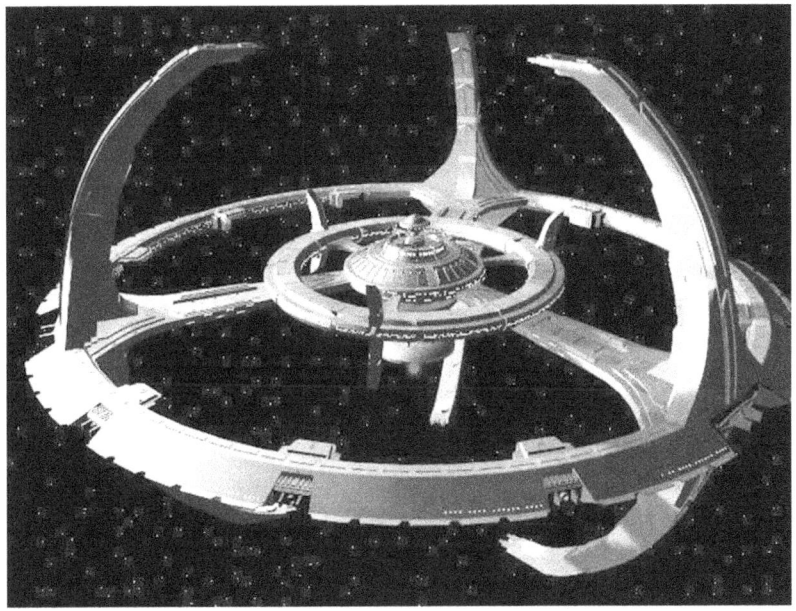

modificados. Una vez remodelada contaba con un Centro de Operaciones, un área comercial conocida como Promenade, puertos espaciales y bahías de servicio para recibir naves espaciales de todos los tamaños. Además, posee un anillo habitacional.

USS VOYAGER NCC-74656

Clase: Intrepid, lanzada en 2371.

El USS Voyager, matricula NCC-74656, dirigido por la capitana Janeway, posee circuitos bio-neurales en sustitución de los procesadores ópticos tradicionales. Tiene 15 cubiertas, siendo realmente una pequeña nave que puede ser perfectamente operada por sólo 100 tripulantes. Con capacidad para aterrizar en pla netas de clase M y luego volver al espacio, consigue mantener una velocidad warp de 9.975.

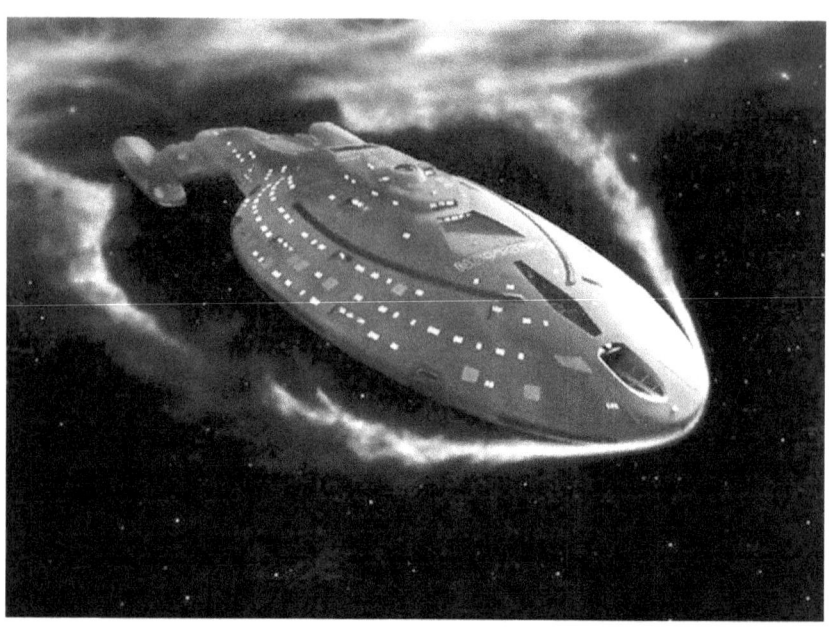

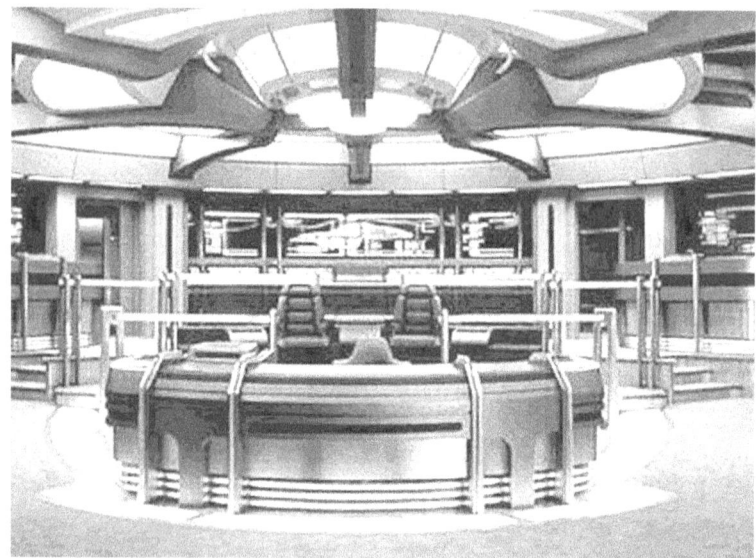

El Voyager actualmente se encuentra en el Cuadrante Delta, llevado allí por Caretaker, al igual que la nave Maquis que perseguían.

Como armamento posee bancos de fáseres y tubos de torpedos de fotón.

DEFIANT, NX 74205

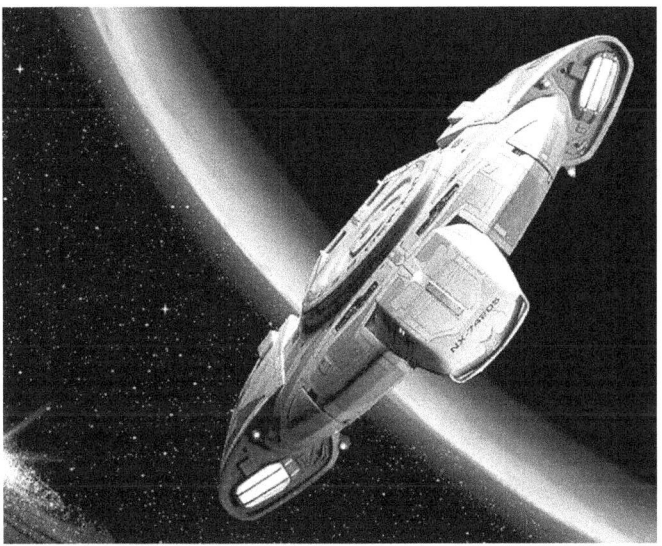

La Clase Defiant, NX 74205, oficialmente clasificada como nave de escolta, comenzó su andadura en el 2366 como una nave pequeña, pero perfecta y de gran potencia, intentando ser usada como defensa contra los *Borg*. La Defiant sería el comienzo de la nueva Flota de Combate de la Federación, siendo asignada en 2371 a Espacio Profundo Nueve para defenderla de la amenaza de los Jem'Hadar. Equipada con un dispositivo de ocultamiento prestado por los Romulanos, posee pocas comodidades para la tripulación, con una escueta enfermería y sin posibilidad de albergar familias a bordo. Su capitán es Benjamin L. Sisko.

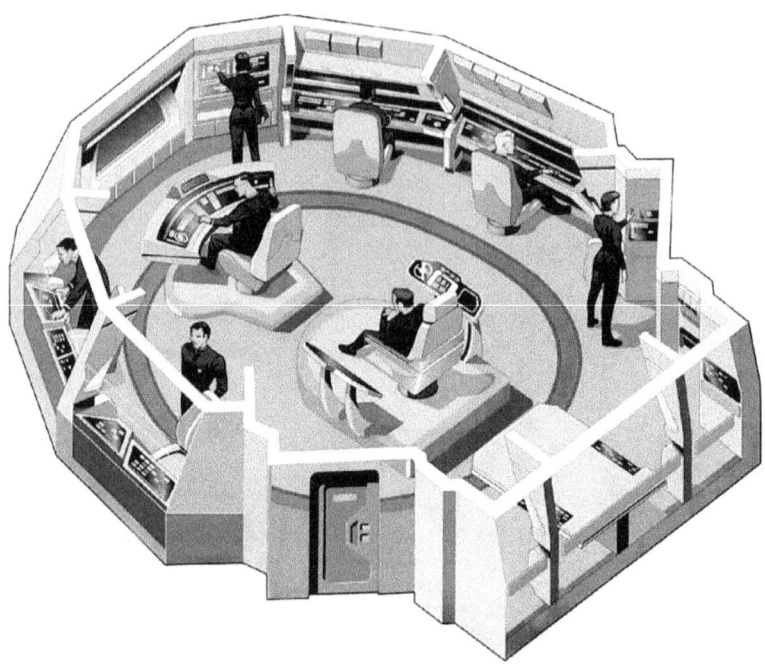

Puente de mando Defiant

Esta nave de escolta fue construida en Utopía Planitia (Marte), en el año 2367. Tiene 20 Oficiales y 30 auxiliares, posee 6 cubiertas, y unas medidas totales de 117 m de largo, 100 de ancho y 20 de altura. Su velocidad máxima es de 9.8 warp y se la considera como la primera nave que es capaz de ocultarse. Sus enemigos son los *Borg* y para combatirlos cuenta con un fáser multiobjetivo, además de torpedos fotón quantum.

El sistema de armamento posee 8 bancos de fáseres, capaces de disparar pulsos armónicos de energía controlados por ordenador y que pueden cambiar de frecuencia y modulación para poder penetrar los escudos *Borg*. Su potencia es un 12,5% mayor que los fáseres comunes. Tiene igualmente 4 bancos de torpedos, 2 frontales y 2 traseros, utilizando torpedos Quantum.

SHUTTLEPOD

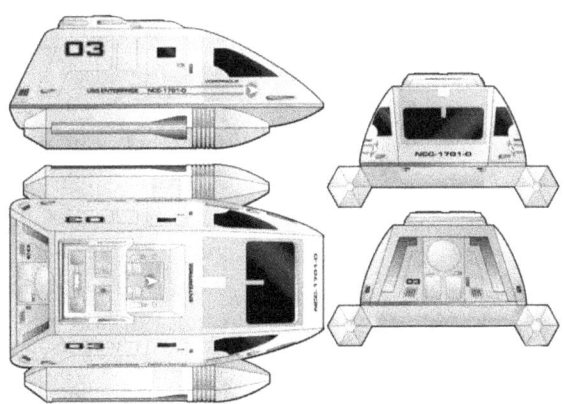

Pequeñas naves de exploración, capaces de descender a los planetas y repeler el ataque de naves enemigas. Poseen una limitada capacidad para dos pilotos, así como un dispositivo de transporte.

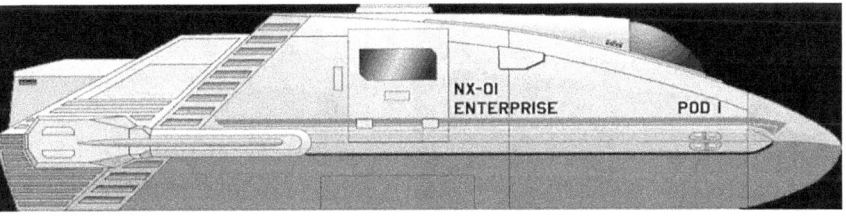

USS TITÁN

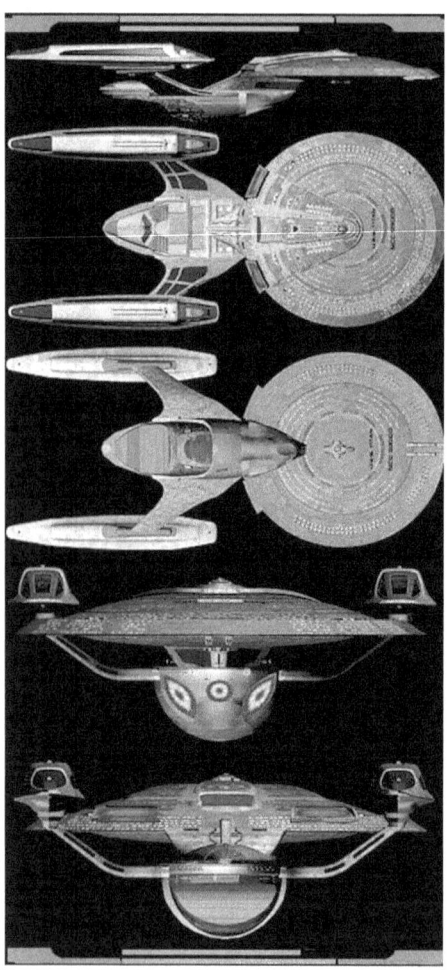

Diseño poco afortunado con los lanzatorpedos situados debajo del cuerpo principal y amplios alerones superiores que deberían proporcionar mayor estabilidad en los vuelos atmosféricos. El oficial Riker iba asumir su mando después de haberse casado con la consejera Deanna Troi. Anteriormente sus tripulantes habían librado una gran batalla contra seis cruceros cardasianos, quedando afectada en un 75%, siendo auxiliada por el USS Ragnarok que impidió su destrucción. Debido a los severos fallos en su nave, el general McGyver del USS Titan dejó el comando de la batalla al coronel del USS Ragnarok.

CRUCERO CONSTELLATION

Crucero ligero de la Flota Estelar, fabricado entre los años 2283 y 2295. Fue creada con la intención de que llevara a cabo misiones de exploración, científicas y de diplomacia. Sus capacidades bélicas son limitadas, aunque podía plantarle cara a determinadas naves de guerra del Imperio Klingon y Romulano de la época.

Este tipo de naves contaba con un tamaño menor al habitual y cuatro barquillas de curvatura en lugar de las dos clásicas, con lo cual ganaba maniobrabilidad, velocidad y autonomía. Sin embargo, a causa de su deficiente diseño en el núcleo de curvatura, fueron apartadas en favor de otras naves más modernas.

En el año 2300 y sucesivos, las naves de clase Constellation que todavía quedaban en servicio tuvieron ciertas mejoras, con las cuales pudieron volver al servicio cumpliendo misiones de abastecimiento a colonias y de patrulla.

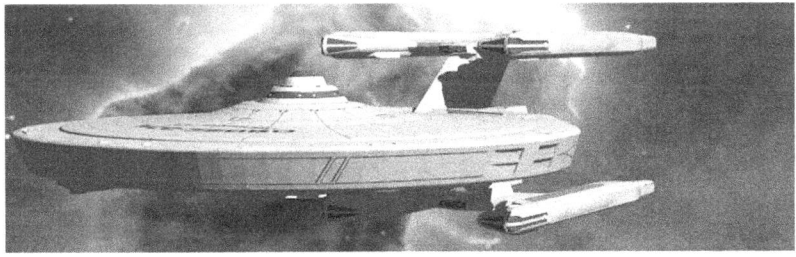

PÁJARO DE PRESA KLINGON

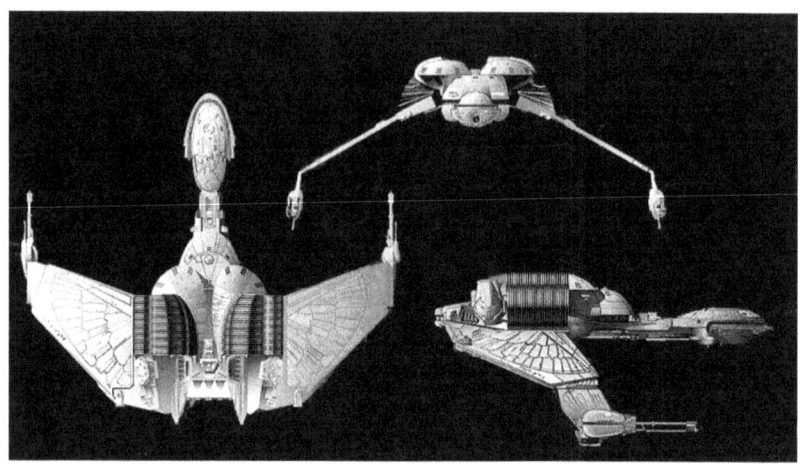

Dotados del eficaz sistema de camuflaje, solamente detectado levemente por los escáneres más avanzados, a lo largo de su historia ha sido la nave más temida por la Federación. Con sus amplias alas movibles podía pasar rápidamente de la velocidad de ataque a la de la luz, e incluso viajar en el tiempo, tal y como vimos en "Star Trek: Misión, salvar la Tierra".

La Clase K'Vort se caracterizaba por su considerable tamaño, y aunque perdió alguna de las habilidades que siempre han destacado en un Pájaro de Presa, mejoró la velocidad y maniobrabilidad, así como su armamento. Durante décadas, ha sido la cabeza visible de las fuerzas imperiales Klingons.

PÁJARO DE PRESA ROMULANO

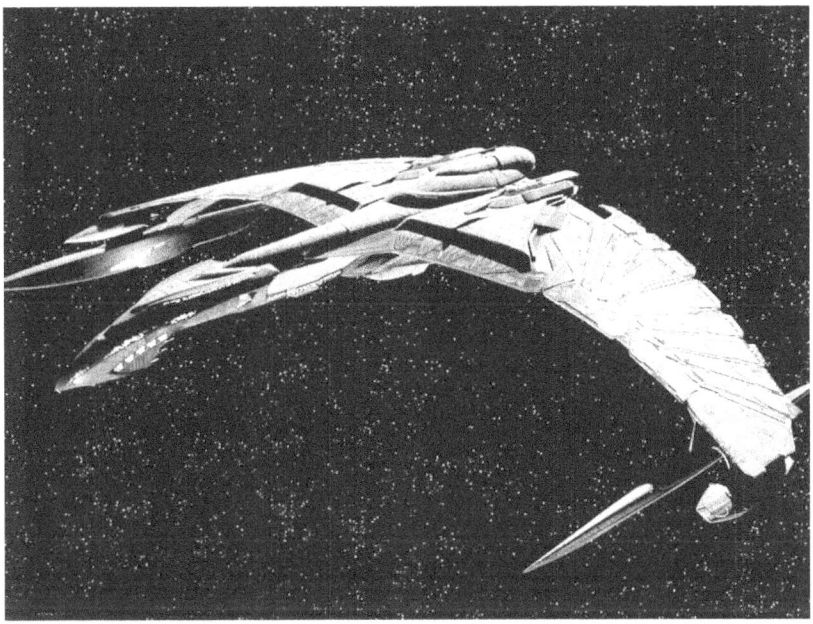

Prácticamente invencible, incluso para la federación, salvo que se le engañe. El primer encuentro con una nave de esta clase, data de la fecha 2152, más de 100 años antes del encuentro que tendría la Federación con su sucesora en el año 2266.

FERENGI

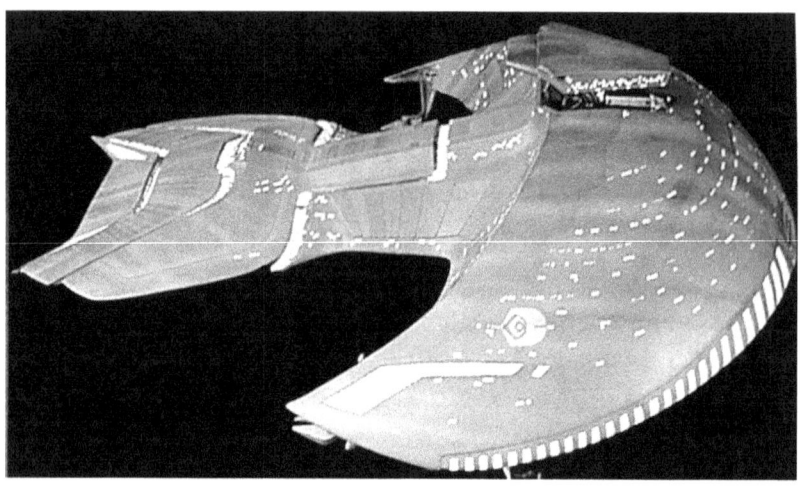

Con potentes escudos y un eficaz sistema de ataque, conseguía desbaratar rápidamente los sistemas defensivos del Enterprise, aunque poseía menos capacidad orbital y resistencia.

ROMULANA

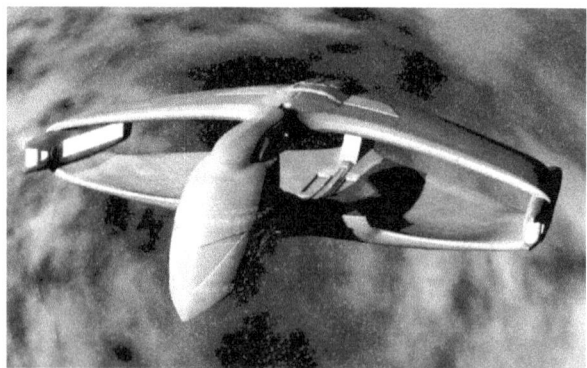

Lenta y de armamento antiguo.

NAVES BORG

Cubo

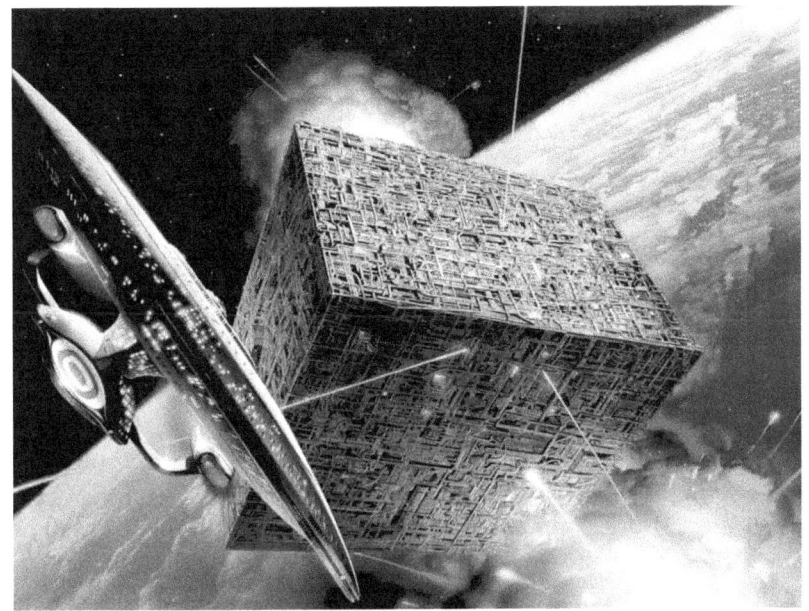

Esfera

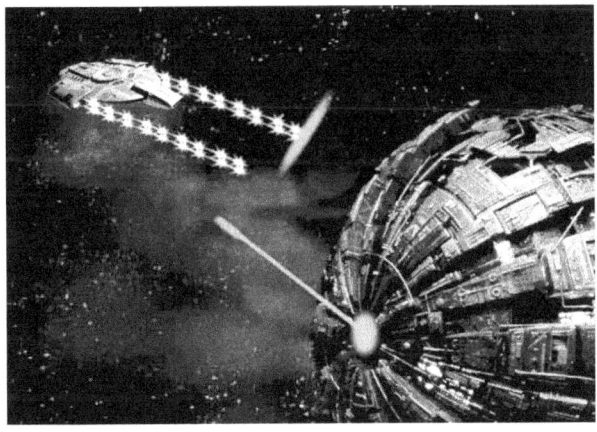

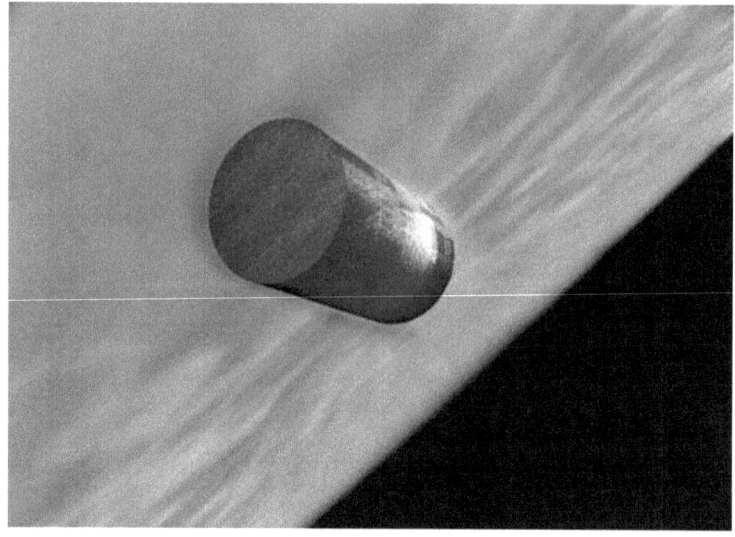

Nave

La nave Borg es un enorme cubo (también un cilindro o esfera), que tiene gran resistencia contra los ataques y dispone de un gran poder ofensivo, capaz de destruir cualquier nave en un combate abierto. Consigue alcanzar altas velocidades warp y mantenerlas durante un prolongado espacio de tiempo, lo que hace que sea muy difícil perseguirla o eludirla. El diseño del cubo está totalmente descentralizado, de manera que puede sufrir serios daños sin tener ningún problema de control.

En el interior de cada cubo Borg hay una esfera, de dimensiones también considerables, que está diseñada especialmente para casos de emergencia en que sea necesario abandonar la nave principal antes de que estalle ('Star Trek: Primer contacto').

Protegidas todas las naves Borg por escudos casi imposibles de traspasar, solamente mediante el acceso a su interior se pueden anular sus defensas.

OTRAS NAVES Y ESTACIONES

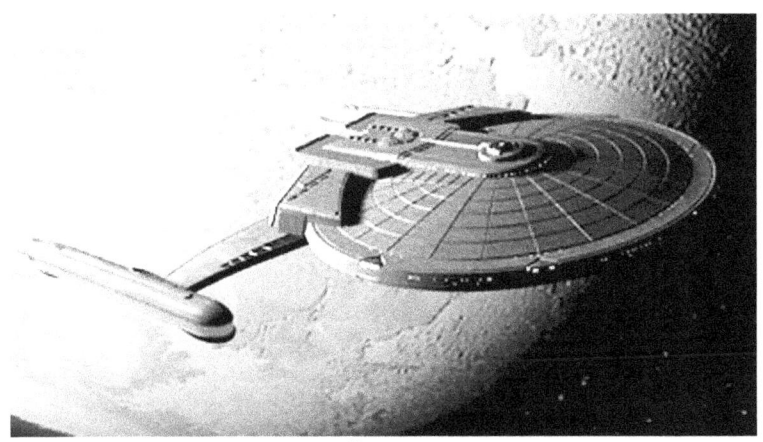

Centaury

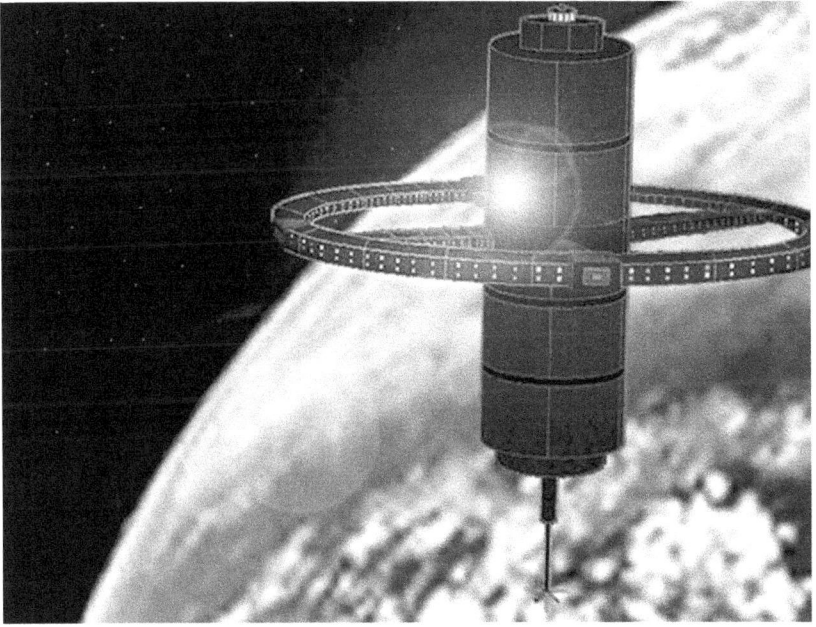

Estación espacial

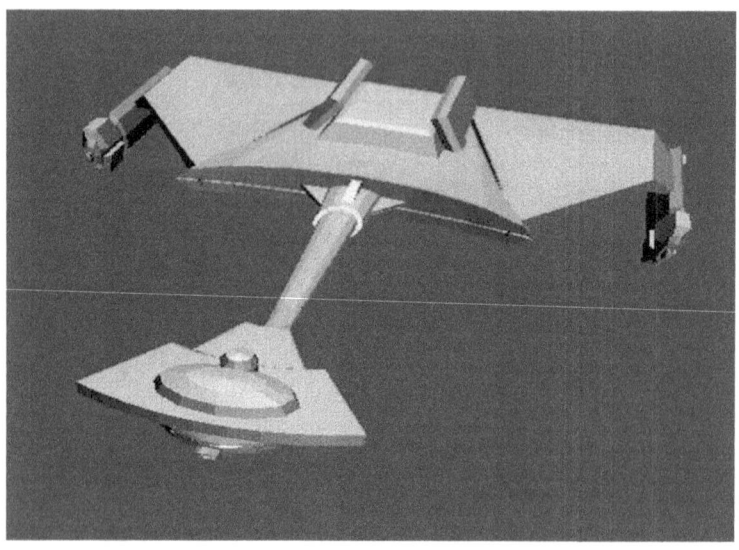

Nave Klingon

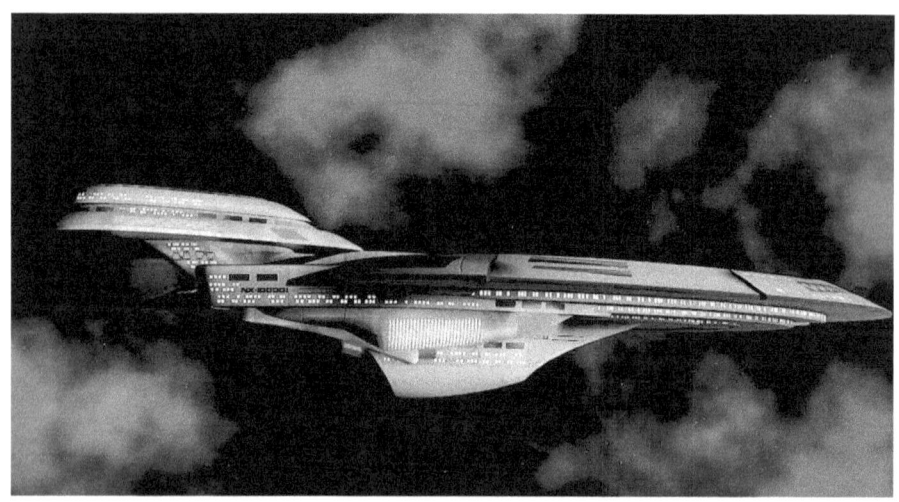

Concorde

Razas

EL COLECTIVO BORG

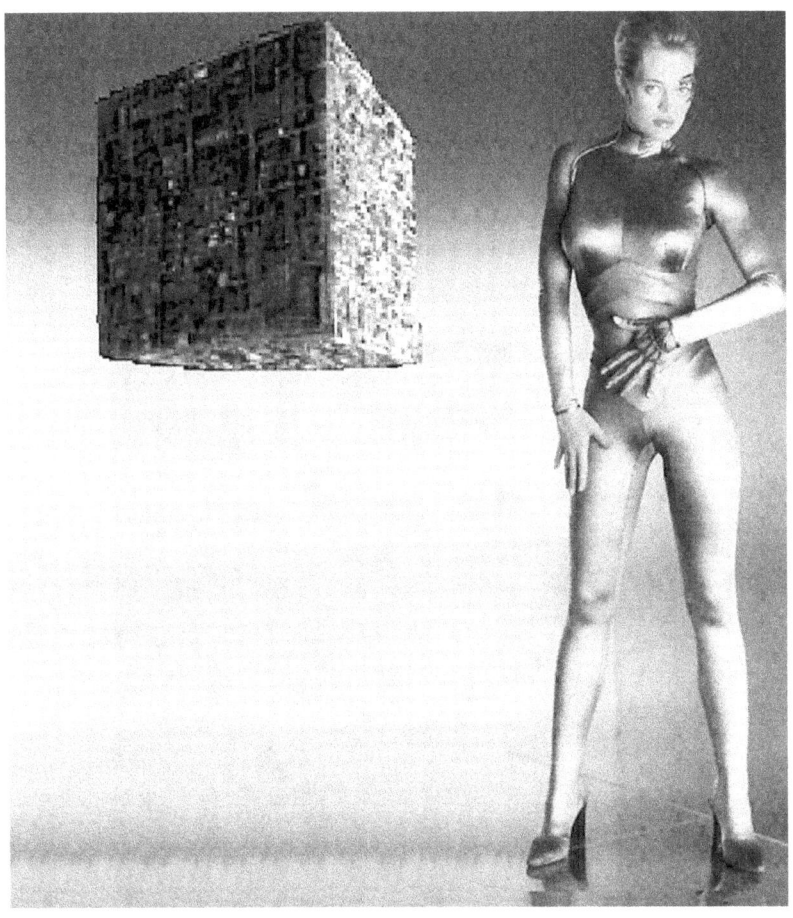

El Borg es una especie que inicialmente era totalmente biológica, pero que pudo evolucionar hacia formas de vida más perfectas y menos vulnerables, adaptando un conjunto de implantes cibernéticos a su cuerpo, técnica que los mantiene unidos como si se trataran de un único ser. Poseen una conciencia colectiva, aunque ello se puede convertir en su talón de Aquiles. Todos piensan como un sólo individuo y cualquier intento de separar un Borg del colectivo, sea deliberadamente o accidentalmente, significa, con casi toda seguridad, su muerte.

Cuando el colectivo asigna una tarea a un 'Drone' (un Borg), este obedece ciegamente y su trabajo solamente se verá interrumpido si en algún momento observa que puede estar en peligro el colectivo. Además, su muerte física no ocasiona ningún tipo de dolor, por lo que hasta entonces es capaz de comunicar al resto de miembros lo que sucede y esperar nuevas ordenes.

REINA BORG

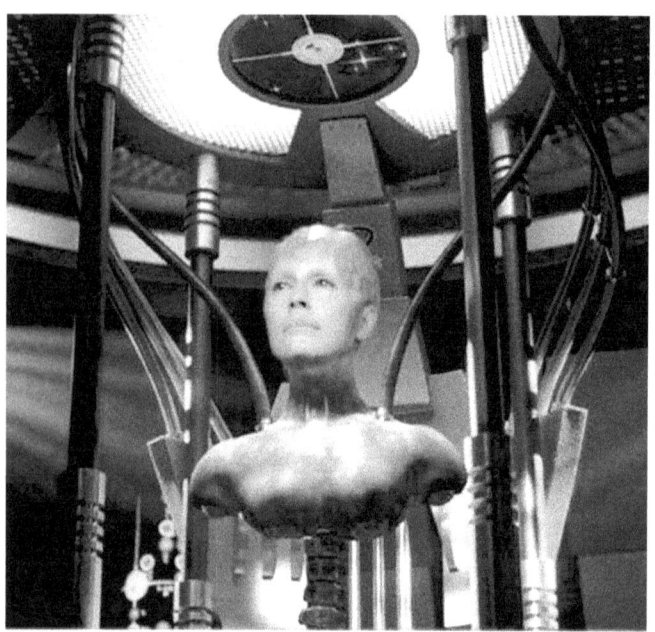

Esta bella y enigmática hembra, la reina del colectivo Borg, es la conciencia y guía de su raza. Habitante de Unimatrix Uno en el cuadrante Delta, posee una individualidad que a su propio colectivo le está vedada, teniendo la facultad de poder separar su cabeza y columna vertebral del resto de su cuerpo.

Su destrucción es casi imposible, pues otra similar ocupará su lugar en poco tiempo, llegándose a la conclusión que tiene varios miles de años. En 2373 se impuso como objetivo alterar la historia de la Tierra para asimilar la Humanidad, aunque la tripulación del USS Enterprise E se lo impidió.

El origen del Borg hay que buscarlo en el Cuadrante Delta de la galaxia, del que se tienen pocos datos, pero que es la causa de no pocas desapariciones. Seguiría siendo una incógnita si allí no se encontrarse la nave USS Voyager, que trata de regresar al espacio de la Ffederación lo antes posible.

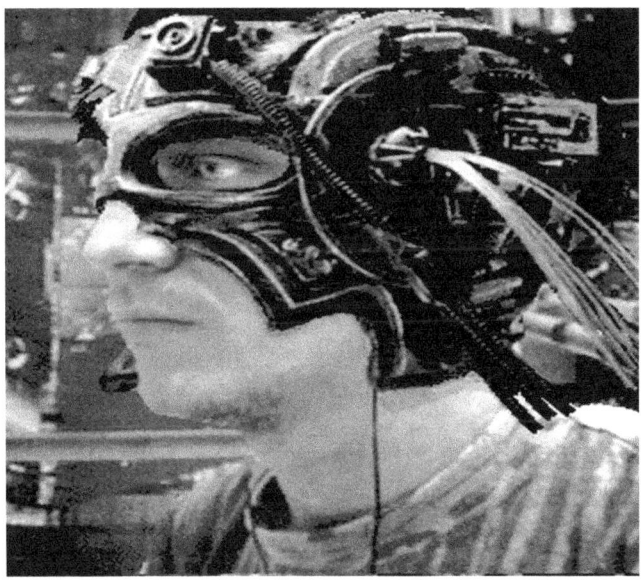

El primer encuentro entre El Borg y la Federación lo realizó anteriormente la nave USS Enterprise al mando de Picard, cuando fue transportada por Q cerca de un cubo Borg. Desde entonces la Federación, consciente de su inferioridad bélica, ha tratado de estudiar sus naves para poder crear un arma más eficaz contra sus defensas. De conseguirlo, podría frenar las eventuales incursiones Borg en su espacio.

Equipados con diferentes hardware que les permite realizar tareas diferentes, cada uno está equipado con un sofisticado mecanismo de comunicación subespacial, el mencionado Colectivo Borg, que les otorga un grado de inteligencia notable, siendo esto aprovechado para adaptarse rápidamente a diferentes tácticas. Programados para conquistar mundos enteros, asimilando las civilizaciones y su tecnología, fueron los responsables de la casi extinción de la raza El-Aurianos durante el siglo XXIII.

Después del primer encuentro con la federación en 2365, la teniente Comandante Shelby intentó crear una defensa estratégica contra un posible ataque, siendo el resultado la nave USS Defiant, un prototipo armado para esta contingencia, siendo puesta a prueba un año después, cuando una nave Borg entró en el espacio de la Federación, en camino hacia la Tierra. Aún sin terminar, la nave no pudo resistir su ataque y el Capitán Picard fue capturado y asimilado dentro del colectivo, siendo conocido mas tarde como Locutus de Borg, proveyendo a los Borg de nuevas tácticas para el ataque.

La flota estelar envió el grueso de su tropa -40 naves y 11.000 personas al encuentro con la esperanza de detenerlos, pero solamente cuando Picard es rescatado sus planes de asimilación se vieron detenidos por el momento.

En 2368 dos naves Borg de menor envergadura entraron en territorio de la Federación, estrellándose una de ellas en la luna del sistema Argolis. Uno de los sobrevivientes Borg es conducido al Enterprise D y tratado de manera de que pierda su individualidad por el personal de la nave. Denominado como Hugh, se le introduce un nuevo programa para crear en el colectivo Borg un cortocircuito en sus conciencias. Cuando es rescatado por otra nave Borg, una vez entre los suyos les proporciona el sentido de la conciencia individualista, logrando que el resultado sea dramático haciendo que los que cambiaran sean insuficientes y no sean también aptos para realizar tarea alguna.

KLINGON

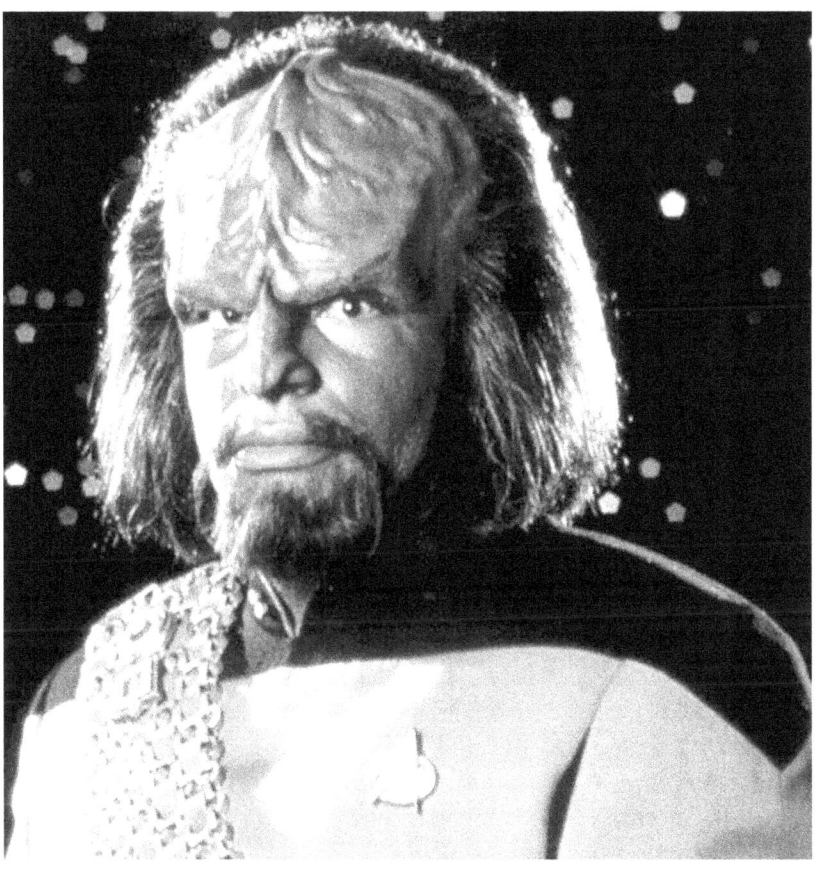

Nación fundada hace aproximadamente 1500 años por Kahless "El Inolvidable", quien unió a su pueblo contra la tiranía de Molor.

El imperio Klingon indudablemente ha sido una raza violenta y sangrienta, como por ejemplo en la batalla de Tong Vey en la que el antiguo emperador Sompek ordenó la destrucción de una ciudad entera. Sin líder conocido desde 2069, su poderío aumentó en 2369 con la llegada de Kahless.

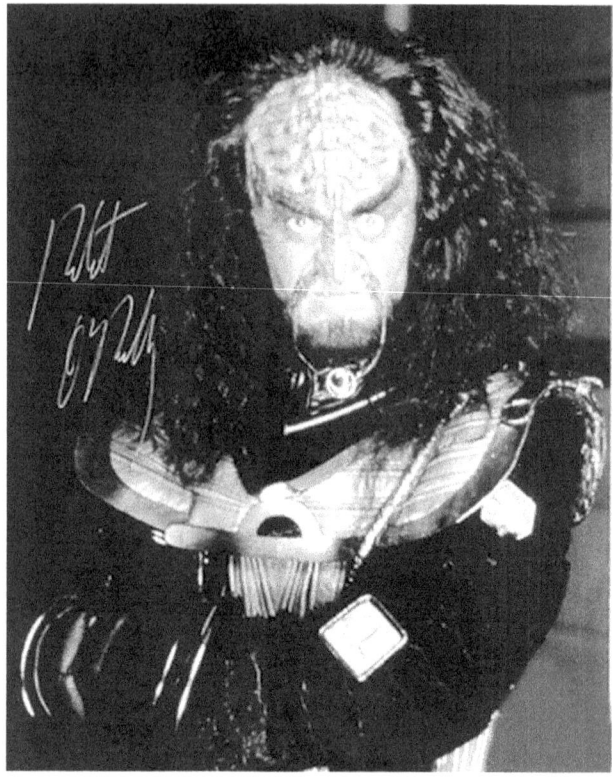

El primer contacto bélico con el Imperio Klingon y la Federación dio lugar a un desastroso evento que ocasionó cerca de un siglo de hostilidades entre las dos potencias. Aunque las tentativas de paz fueron numerosas, las negociaciones, siempre delicadas, se rompieron siempre antes de llegar a un acuerdo. Los Klingons emitieron un ultimátum a la Federación para retirarse de las áreas en disputa reclamadas por ambos, pero la guerra siguió con mayor intensidad.

Las hostilidades con otros pueblos también eran frecuentes, pero cesaron parcialmente en el planeta Ongania, el único planeta clase M de la región, en donde estaban los onganianos, una forma de vida no corpórea que impusieron el Tratado de Paz Onganiano a las dos partes, poniendo fin a las interminables guerras.

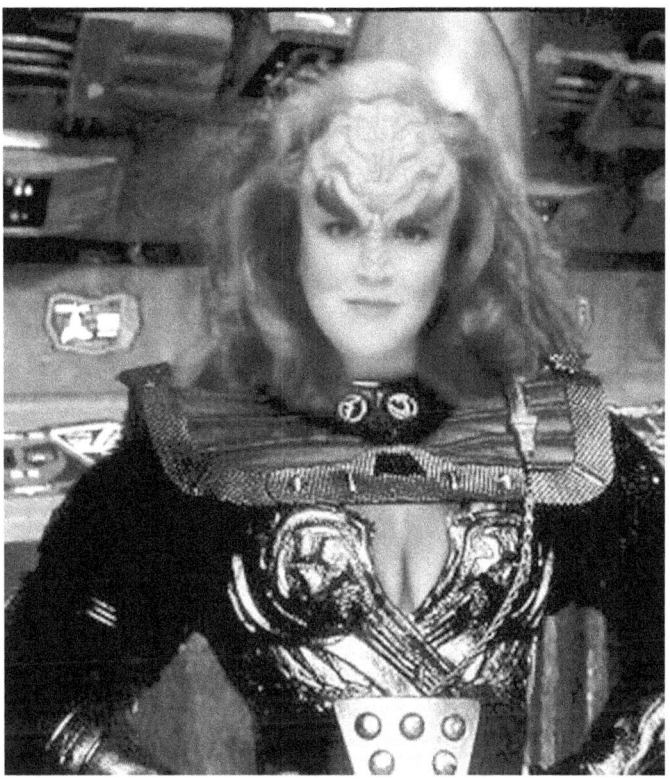

Los Klingons entraron también en una alianza con el Imperio Romulano en 2268, resultando de este acuerdo la adquisición de tecnología militar y de vuelos espaciales, proveyendo los romulanos a los Klingons de cruceros de batalla. Esta tecnología les permitió crear en 2280 sus Pájaros de Presa equipados con el dispositivo de ocultamiento. Una de sus primeras incursiones fue para aniquilar a los Tribales, a quien consideraban una amenaza ecológica.

A raíz de la explosión de la luna Praxis en 2293, las tentativas de paz con la Federación gracias a Gourkon se reanudaron, pero todo se acabó cuando el canciller fue asesinado.

Culturalmente, estos humanoides tienen fama de buenos guerreros, gente tradicional que antepone el honor ante todas las

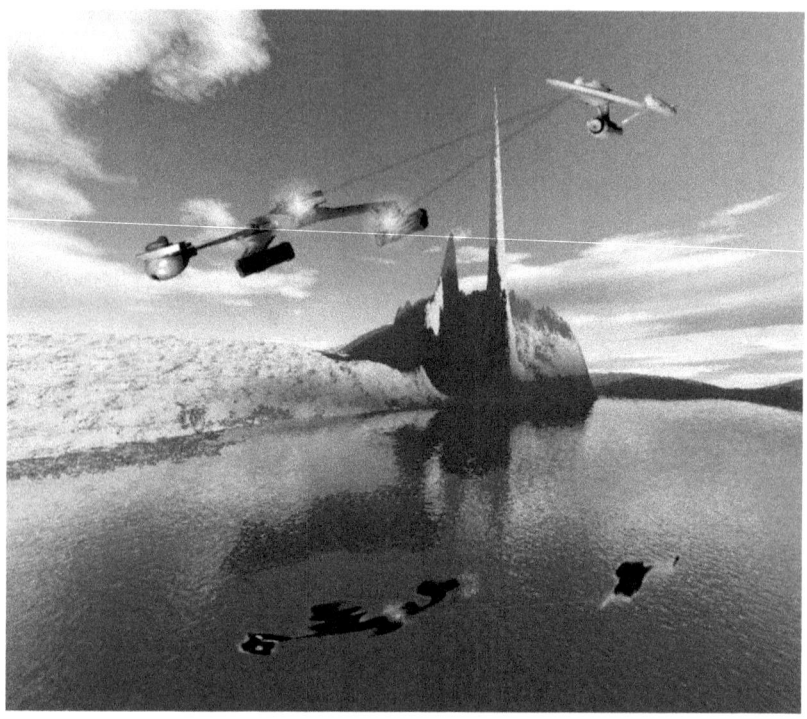

cosas. En sus costumbres una muerte honorable es una muerte en batalla, y si no es así lo lamentarán siempre. En tal caso, los sobrevivientes celebran un rito de liberación del espíritu pues creen en una vida después de la muerte, aunque el entierro no es una ceremonia habitual. El cuerpo de los Klingons tienen ciertas cualidades que ellos llaman Brak'ul y que les proporcionan gran resistencia en combate. Están tan convencidos de que la muerte es un bien, que no se han preocupado de desarrollar una medicina eficaz.

La tradición dice que *"El hijo de un Klingon es un hombre el día que pueda obtener una espada primero"*. También existe otra tradición llamada R'uustai, mediante la cual se unen dos familias formando una sola. Psíquicamente se cree que poseen el instinto de mirar a su oponente a los ojos y descubrir si éste tiene la intención de querer matarlo.

Poseen un dialecto propio muy sencillo y eficaz, creado por el lingüista Mark Okrand, y que ahora es objeto de interés por los aficionados. Los creadores le pusieron este nombre en honor del Teniente de la Policía de los Ángeles Wilbur Clingan, amigo de Gene Roddenberry, quien sirvió en las filas con él.

FERENGI

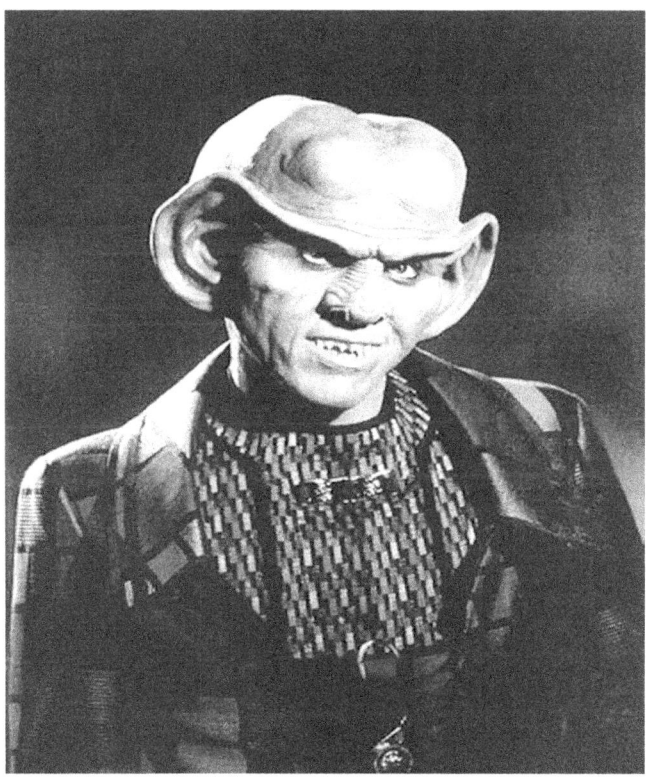

Ferengi Quark

Sofisticada civilización humanoide que se mantuvo en secreto para la Federación hasta su descubrimiento en el planeta Delphi Ardu en el año 2364. Originarios del planeta Ferenginar, en el siglo XXIV adquieren la cultura de los viajes espaciales, pero necesitaron más de 10.000 años para formar la Alianza Ferengi. Desde entonces adquirieron la habilidad para viajar por el espacio comprando tecnología de velocidad Warp.

Su extraño código de honor sigue los principios morales del capitalismo, pues tienen el concepto del trabajo y del ahorro similar, aunque no les impide la explotación de sus trabajadores, lo que les ocasiona que no tengan seguro de salud, ni vacaciones.

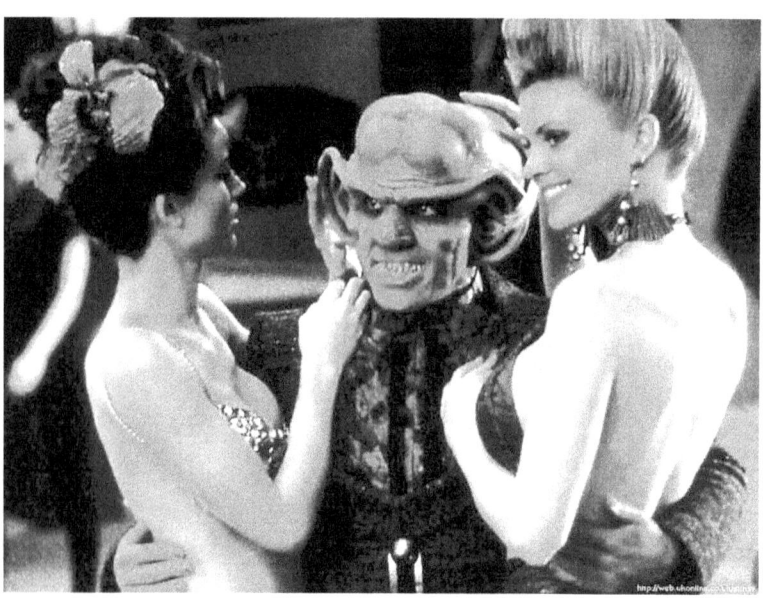

De todas maneras, y como contrapartida, anular un contrato es impensable y supone una ofensa para las leyes y negocios que convierte en un paria al infractor.

Mantienen a sus hembras ciertamente marginadas, en sus hogares, haciéndolas dependientes de su marido e impidiéndolas obtener ganancias, hablar o viajar con extraños. Por ello, los varones Ferengi encuentran a las mujeres humanas muy atractivas.

Sus orejas son la característica principal de su raza, siendo estas más grandes en los hombres que en las mujeres, resultando curioso que sea su centro sexual más estimulante.

Cuando un joven Ferengi se hace adulto y se prepara para vivir en su propia casa, subasta sus tesoros de infante.

Poseen cierta habilidad para los negocios con los humanos desde que hicieron contacto con la Federación, sirviendo como puente para establecer relaciones comerciales también con los Karema, aunque su peculiar frase de "nunca preguntes si lo puedes tomar", obliga a recelar de ellos.

Su planeta Ferenginar es de clase M y allí se encuentra el Mercado Sagrado y la Torre de Comercio. Poseedor de un clima muy húmedo, durante el siglo XXIV sufrieron un declive en su economía producida por una inflación imparable.

ROMULANOS

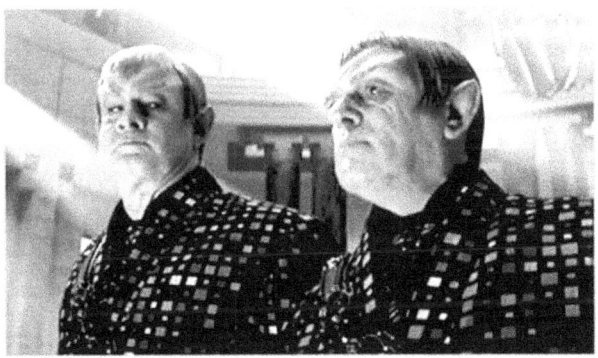

Proceden del planeta Vulcano, lugar desde donde evolucionaron en una etnia diferente. Con el tiempo, su carácter se convirió en la oposición a las costumbres caóticas y violentas anteriores a la llegada de Surak y sus seguidores al poder en Vulcano, por lo que decidieron marcharse del planeta para ser libres emocionalmente, estableciéndose en el sistema Romulus y Remus.

Hasta ahora se les consideran aislacionistas, y con una estructura hermética y secreta, al menos hasta que comenzaron los conflictos con la Federación en el año 2160. En muchas ocasiones han conseguido permanecer al margen de los conflictos de las otras razas y civilizaciones, incluso en aquellos próximos al sector de la galaxia que les corresponde.

Separados voluntariamente de la Federación por la Zona Neutral, en un acuerdo determinado en el Tratado de Algernon en el año 2160, tienen el compromiso de no establecer bases y de no circular naves por esa zona. Esoles ha llevado frecuentemente a varios conflictos con la Federación por la violación de ambas partes de dicha zona.

A causa de ciertas alianzas con los Klingon, ambas civilizaciones comparten conocimientos tecnológicos, entre ellos el uso de los Pájaros de Presa invisibles, armamento que les ha permitido incluso conspirar contra los mismos Klingon e intentar apoderarse de Vulcano aprovechando las iniciativas de algunos pacifistas ideólogos que intentaban unificar ambas razas.

Su carácter es extremista, con accesos intensos de tristeza o de alegría, no ocultando nunca su enfado. En su defensa les podemos considerar como honorables y educados, salvo cuando hablan del Dominio, a quien consideran como la mayor amenaza para el Cuadrante Alfa de la última centuria. Para impedirlo intentaron destruir la Estación Espacio Profundo Nueve, para no dejar testigos, pero les falló el dispositivo de camuflaje de su Pájaro de Presa.

Ahora el planeta Romulus es un lugar de imponente belleza y gloria, siendo un lugar visitado con frecuencia por Spockpara promover la paz y la reunificación de los romulanos y los vulcanos. Liderado por Pretor, se mantiene el pacto con la Federación Unida de Planetas sobre que toda negociación se establecería por los canales subespaciales y que cualquier invasión sería tomada como un acto hostil o de guerra.

VULCANOS (Vulcanianos)

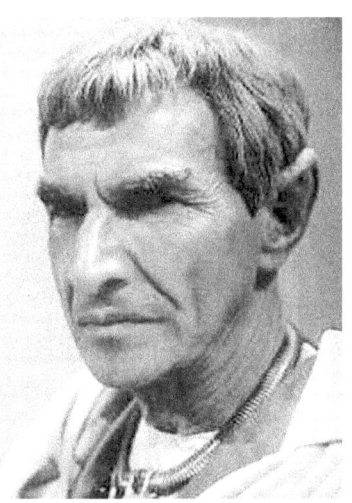

Nativos del planeta Vulcano, se les considera desde hace 2.000 años como una raza apasionada envuelta en frecuentes guerras. Esa fue la razón para que el político/filósofo Surak introdujera la doctrina de la lógica, con la que se eliminaban los sentimientos y las emociones de las mentes vulcanas. Su doctrina fue muy bien aceptada por la mayoría, aunque una minoría emigró entonces a Romulus y Remus, disconforme con el nuevo orden impuesto por la lógica. No obstante, esas doctrinas se han mostrado efectivas, pues desde entonces los vulcanos han vivido en paz. Precisamente fue una nave vulcana la que estableció el primer contacto entre los terrestres y las razas del espacio exterior, acto que daría lugar a la Unión Federal de Planetas.

De aspecto fuerte y expresión seria, como corresponde a la dureza de las condiciones climáticas del planeta, mantiene ciertas similitudes con los humanos, aunque su lógica y sentimientos se encuentran muy reprimidos. Ello origina cierta explosión interna que se manifiesta cada siete años, el Pon far, un estado fisiológico durante el cual los vulcanos masculinos sienten la quemazón de la sangre vulcana, alterando su comportamiento y que sólo se sacia realizando el acto sexual

Poseen un agudo don de la telepatía a través de contacto físico y su longevidad alcanza los trescientos años, con un estado de salud óptimo que solamente se ve alterado por la demencia senil.

HUMANOIDES

Procedentes del planeta Tierra y del resto de los planetas de clase M, poseen características físicas y mentales similares, tal y como comprobamos con los Klingons y Vulcanos, descendientes todos de una antigua raza muy avanzada que habitó la galaxia hará más de cuatro billones de años. Esta raza desapareció, pero su ADN permaneció sólido y capaz de traspasarse sin alteraciones a otras razas.

Cuando se extinguió a causa de una sangrienta guerra, los supervivientes sufrieron una regresión que les llevaría nuevamente a la era primitiva, por lo que tuvieron que evolucionar de modo diferente según el planeta que les albergaba. Esta adaptación les permitió mejorar la raza y llegar a la Era Espacial cuando otras razas apenas había superado la Edad Media.

BETAZOIDES

Originarios del planeta Vetaste (Betazed) de clase M, esta exquisita raza pertenece ya a la Federación, siendo uno de sus mejores exponentes la bella Deanna Troi. Con un aspecto en todo similar a los terrestres, suelen vivir sin problemas hasta los 80 años, entrando entonces en un lento declive hasta los 120. Las mujeres menopáusicas, al contrario que las humanas, ven aumentado su apetito sexual, lo que supone un aliciente para entablar relaciones con ellas. El periodo normal de gestación de una Betazoide es de 10 meses, y con frecuencia algunas embarazadas pueden darse cuenta de lo que piensan sus bebés no nacidos aún.

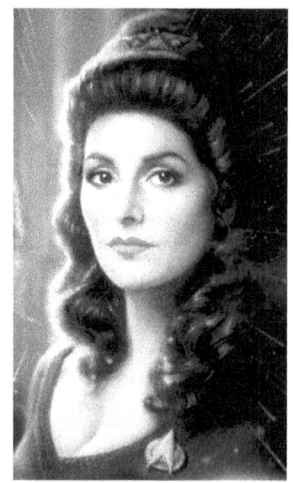

Entre las diferencias están su capacidad para presentir los acontecimientos y para establecer comunicaciones telepáticas; es por ello que suelen ocupar puestos de consejeros. Esta habilidad telepática a veces acarrea problemas para vivir en sociedad, ya que tienen que acostumbrarse a escuchar los ruidos de las mentes de los integrantes de su pueblo. Sin embargo, no pueden leer la mente de los Ferengis y de los Dopterian por su forma cerebral de cuatro lóbulos.

CARDASSIANOS

Proceden del planeta Cardassia y tienen un aspecto similar al de los reptiles, aunque humanoide. La pobreza en recursos de su planeta les obligó a efectuar incursiones periódicas a otros lugares, conquistando incluso planetas habitados.

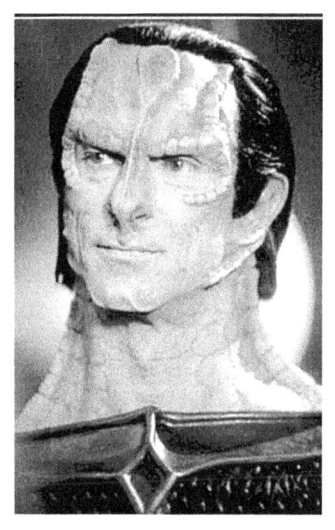

Cuando los cardassianos cumplen los 10 años de edad, se les extrae sin anestesia un molar para incluirlo en la Oficina de identificación. Anteriormente se les introduce desde los cuatro años ciertas técnicas mentales para lograr que obtengan la famosa memoria fotográfica de este pueblo. Los rituales funerarios son muy estrictos, considerando un deshonor para el difunto y su familia que no lo tenga.

En su cultura una edad avanzada es sinónimo de poder y dignidad, pero los varones se comportan muy irritables durante sus relaciones sexuales. Ello no les impide que la familia sea muy importante, viviendo en algunas casas varias generaciones de una misma familia. Aficionados a beber jugo de pescado, detestan el frío.

Su carácter bélico y colonialista, les ha ocasionado frecuentes conflictos con la Federación, pues siempre emplean métodos crueles, usando el saqueo sistemático y la tortura con los habitantes de los planetas invadidos. Como resultado de sus conquistas, en el año 2366 anexionaron el planeta Bajor a su imperio, aunque tres años después los habitantes de Bajor lograron expulsarles, conquistando la base Cardassiana Deep Space Nine.

En 2367 lograron un armisticio entre Cardassia y la Federación, pero pronto surge un conflicto cuando en 2369 inventan un arma metagénica que debe ser anulada por el capitán Picard, la doctora Crusher y el jefe de seguridad Worf. Esto les supone una humillación y mediante una alianza con el Dominio en 2373 Gul Dukat toma el poder de la Unión Cardasiana, aunque posteriormente lo pierde.

SHELIAK

Una de las formas de vida más extrañas entre las denominadas como humanoides. Clasificados como R-3, se les considera gente muy recluida que evitan el contacto con la Federación siempre que sea posible. Para evitar nuevos conflictos se estableció en 2255 el Tratado de Armans, mediante el cual se les cedió

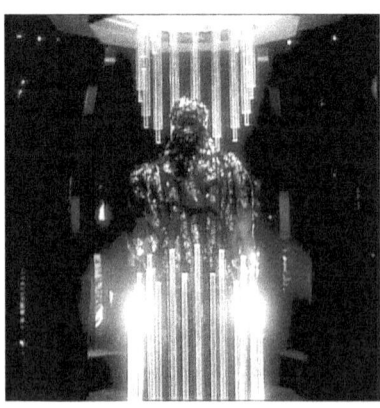

el planeta Tau Cygma V. Durante un siglo no hubo más contactos con ellos, hasta que demandan a la Federación que los colonos de Tau Cygma V abandonen el planeta. Consideran a los humanos como inferiores y se refieren a ellos mismos como "Los Miembros" y su gobierno es llamado "La Corporación".

ANDORIANOS

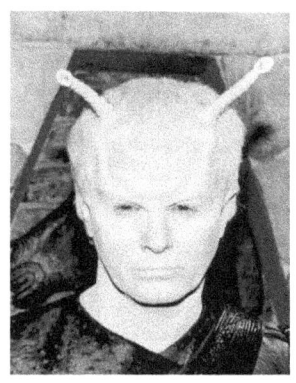

Esta antigua civilización proviene del planeta Andoria y se la describe como una raza apasionada y violenta.

Su aspecto físico característico, de color azul suave y dos antenas en el cráneo, les hace especialmente interesantes, lo que no ha impedido que sean miembros de la Federación Unida de Planetas, habiendo participado en la llamada Conferencia de Babel en 2267 a bordo del USS Enterprise. A esta reunión acudieron el Embajador Gras y el miembro del personal Thelev, acompañados por otros dos personas.

EL-AURIANOS

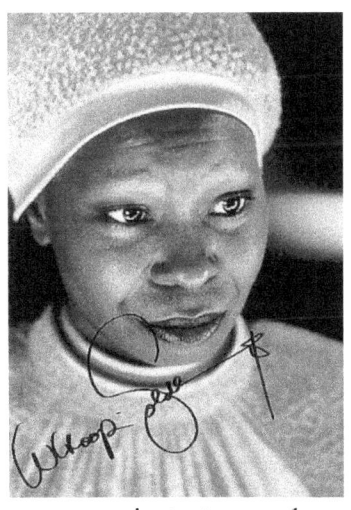

Procedentes del planeta El-auria, destruido por los Borg en el año 2296, se trata de una raza de aspecto humanoide cuyo promedio de vida es de unos 400 años, razón por la cual les cuesta entablar relaciones sentimentales con razas menos longevas. Uno de sus miembros más populares es Guinan, la encargada del bar de la sala de recreo del USS Enterprise-D, quien posee además ciertos poderes mentales y físicos desde que quedó atrapada por unos instantes en la anomalía espacio temporal denominada Nexo, durante el rescate de la nave Lakul por parte del Enterprise-B.

El otro nativo igualmente popular es Soran, quien fue el causante de la muerte del capitán Kirk al intentar lograr abrir una brecha en el tiempo, logrando así la inmortalidad.

CONTINUUM Q

Son quizá la raza más poderosa, unidos entre sí sólidamente por una sociedad secreta que les mantiene a salvo de los intrusos. Fuertemente dirigidos y controlados entre ellos, poseen unos intensos poderes mentales que les hace potencialmente peligrosos. Uno de sus miembros, denominado como Q, fue en el pasado un humano reconvertido relegado al 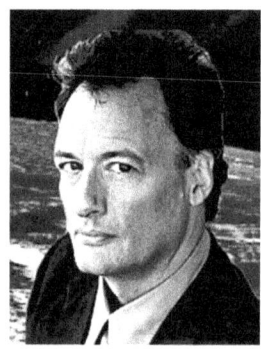 Enterprise-D, debido al uso poco apropiado que hacía de sus poderes. Al comprender Q a los humanos durante el periodo que fue uno de ellos, el Consejo del Continuo Q le devolvió sus poderes.

De aspecto físico agradable, suelen ser muy peligrosos, tal y como se demostró en el episodio de la serie clásica "El Señor de Gotos". Este ser resultó ser el hijo díscolo de una pareja de seres Q altamente poderosos.

ANDROIDES

De los tres modelos de androide conocidos y creados a partir de los estudios realizados por Nonian Soon (basados en los diseños positrónicos de los androides descritos en las novelas de Isaac Asimov del siglo XX), Data es la versión más perfeccionada. Otro de ellos, denominado como Lore, realmente era un androide defectuoso, pues al ser muy humano poseía la cualidad del egoísmo y la avaricia, siendo desactivado por Nonian Soon al considerarlo demasiado

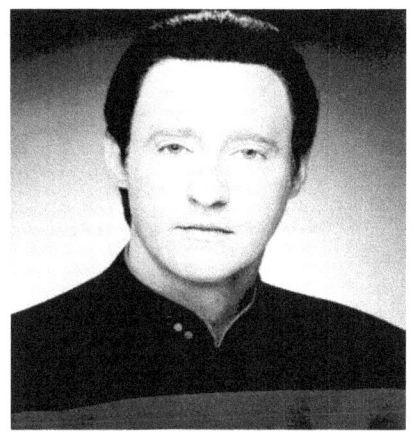

peligroso. Data, sin embargo, ha intentado alcanzar sentimientos humanos y por ello posee el rango de teniente del Enterprise. Es acreedor de los mismos deberes y privilegios que los humanos y hasta tuvo una hija que fue destruida.

SHINZON

Shinzon es un clon de Picard creado por ingenieros biológicos romulanos para ser utilizado como parte de un plan para atacar la Federación. Abandonado por sus propios aliados, fue acogido por los Remanos, convirtiéndose después en el nuevo Pretor. Cuando se enfrenta a Picard, le ofrece un tratado de paz entre los dos pueblos, pero realmente desea el poder total, apoyado en un arma de un inmenso poder destructivo, el Scimitar. Después de un enfrentamiento, muere a bordo del Scimitar.

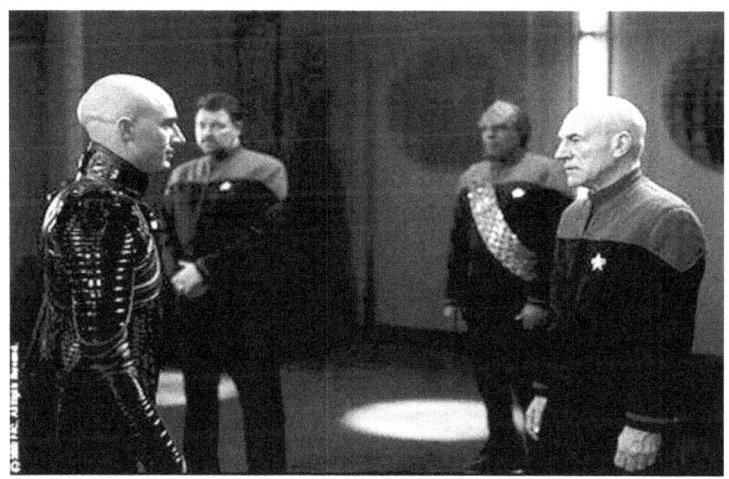

UNIFORMES, INSIGNIAS Y ARMAS

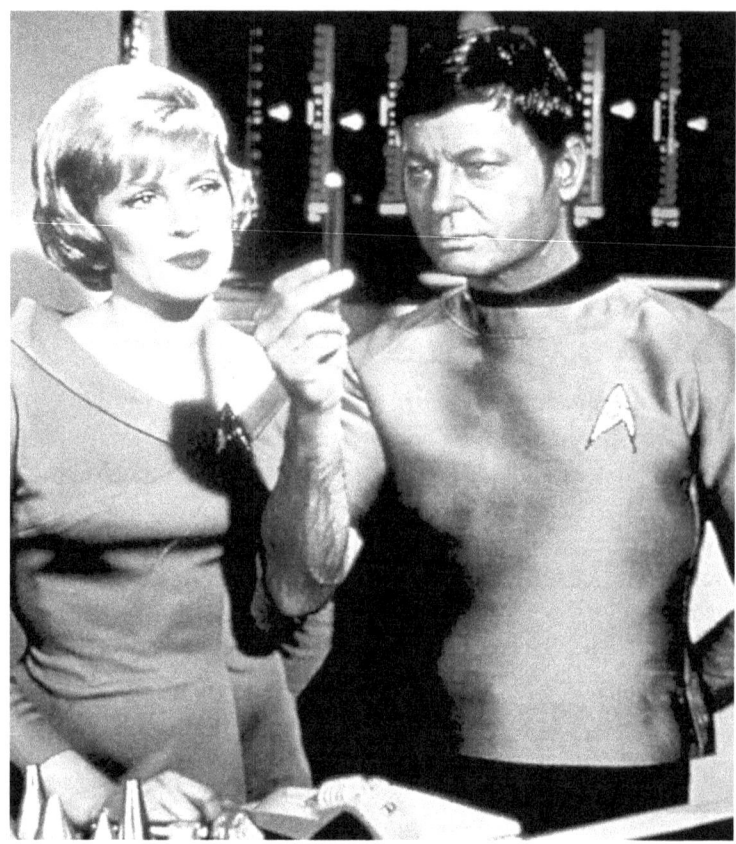

Este uniforme es el que se utilizó en "Star Trek: La Serie Original" y en la primera entrega cinematográfica. Compuesto por botas, pantalones negros y camiseta de color amarillento- ocre, solía ofrecer diversas tonalidades dependiendo de la sección a la que se pertenezca: mostaza, mandos; azul para los sani tarios y científicos; y rojo para los ingenieros, comunicaciones y el cuerpo de seguridad.

Las mujeres solían llevar una sugestiva minifalda del mismo color que la parte superior, aunque se trataba de una sola pieza.

Posteriormente, en las películas protagonizadas por la tripulación a las órdenes de Kirk, se utilizó un uniforme compuesto por pantalones negros con una fina línea roja vertical, situada en el lateral de las perneras, y una chaqueta roja.

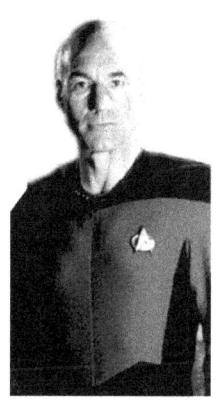

El rango se define de dos maneras, por las insignias situadas en la manga izquierda y el cierre de la chaqueta, así como por el color de la franja situada en la hombrera derecha, que puede ser: blanco para el mando, amarillo para los ingenieros, gris para comunicaciones y seguridad, azul para los científicos y verde para la sección de medicina.

La insignia es metálica, pero todavía no se utiliza para las comunicaciones, dependiendo de un pequeño aparato. Posteriormente, la insignia que reproduce el logotipo de la Federación, de oro y platino, tiene ya funciones de comunicador y localizador. Este comunicador permite un contacto verbal entre la tripulación de las naves espaciales. Elaborado con una carcasa de duranium, metalizada con oro y plata, posee una célula STA (subspace transceiver assembly), un elemento que incorpora un convertidor de voz y un emisor de campo subespacial de baja gama. Las ondas de sonido son captadas por un chip, encriptadas por el ECA y transmitidas al STA. El uso del comunicador se activa pulsándolo, poseyendo un código personal para evitar usos indebidos. También emplean el tricorder, un escáner manual muy útil, capaz incluso de abrir puertas electrónicas.

Este es el tipo de uniforme que se utilizó ampliamente en Star Trek: La Nueva Generación, volviendo de nuevo a un traje ajustado, como un mono de trabajo, consistente en suéter negro y rojo, pantalón negro y zapatos del mismo color. Las diferencias están en la camiseta, la cual varía su color dependiendo del

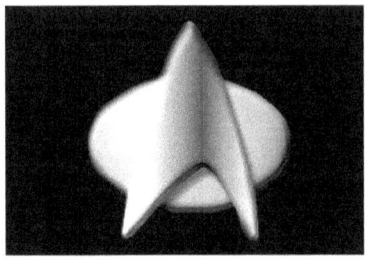 cargo: roja para el mando, amarilla para seguridad y científicos, y azul para la sección médica, pudiendo llevar escotes las mujeres, tal y como vemos en Troi. Aunque el uniforme femenino tenía en principio una minifalda, no tan corta como la anterior, pronto fue sustituida por pantalones. La insignia de la Federación Unida de Planetas no es metálica, sino de tela y está bordada en la parte superior izquierda del pecho. Su arma preferida es el Fáser, el cual es inagotable pero debe recargarse continuamente.

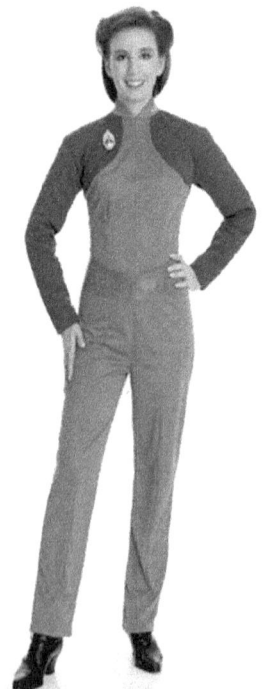

Espacio profundo

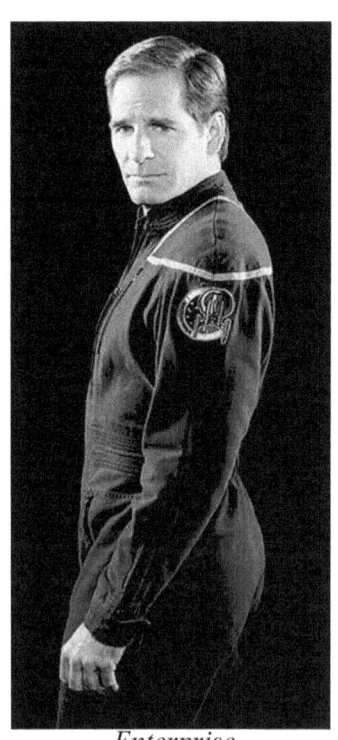

Enterprise

MISCELÁNEA

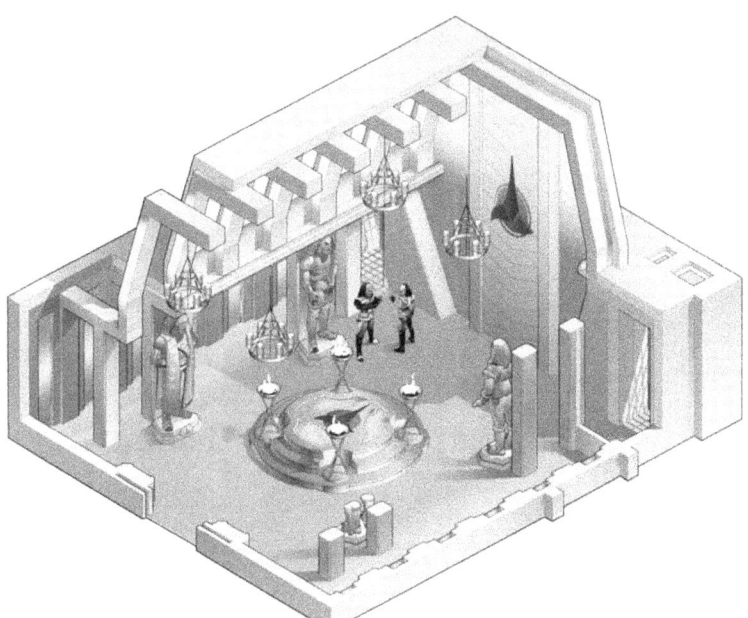

Interior nave Klingon

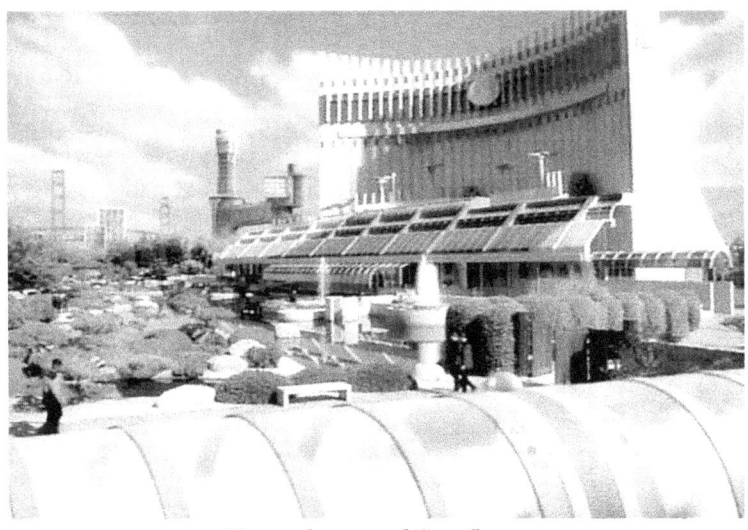

Cuartel general Starfleet

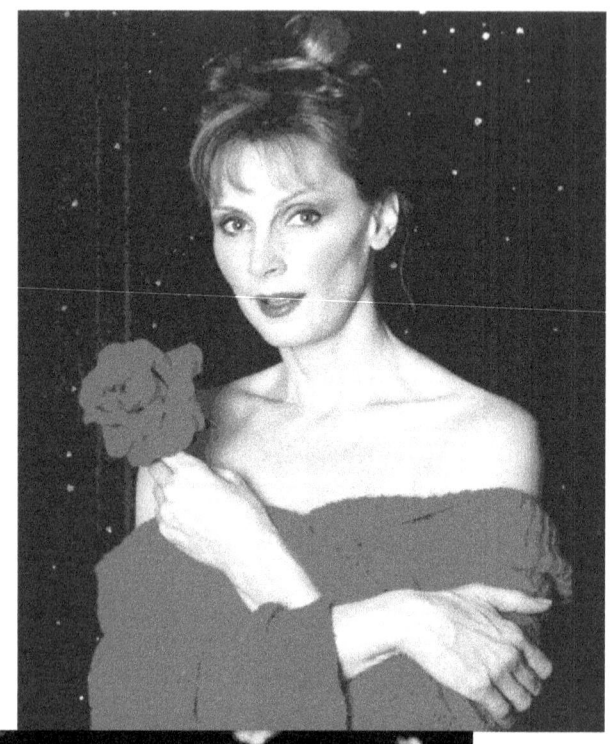

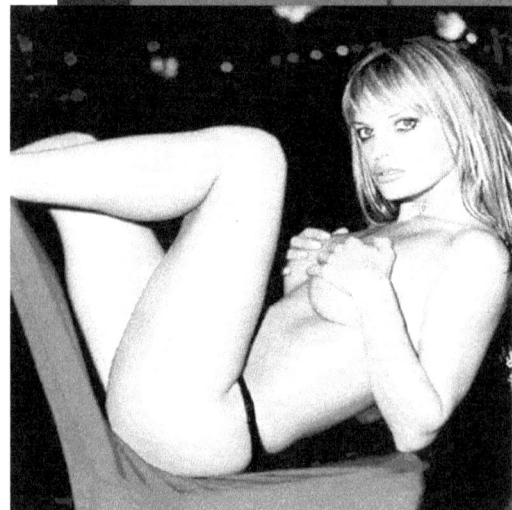

Jolene Blalok

Star Trek   El universo de Star Trek

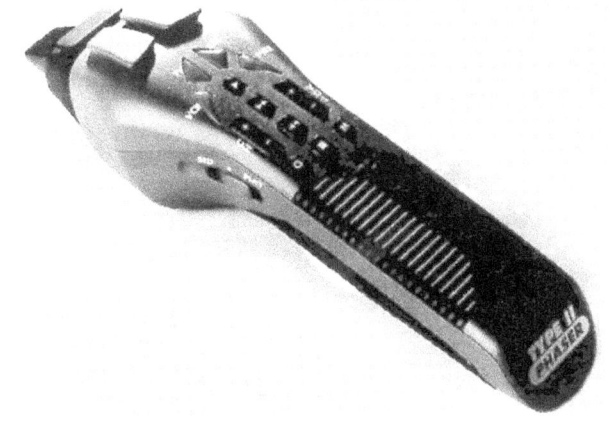

Fáser

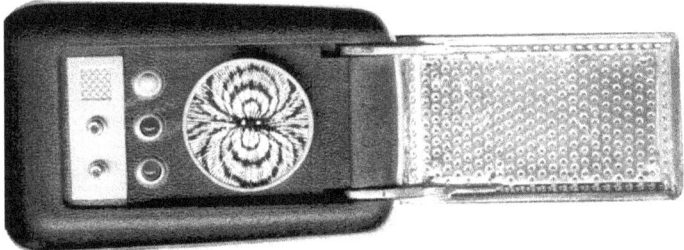

Comunicador

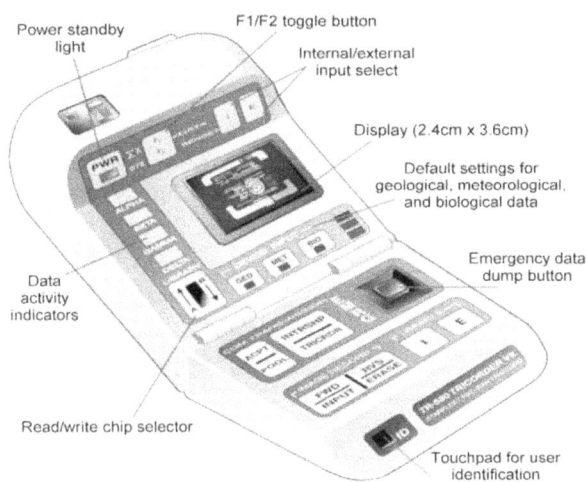

Tricorder

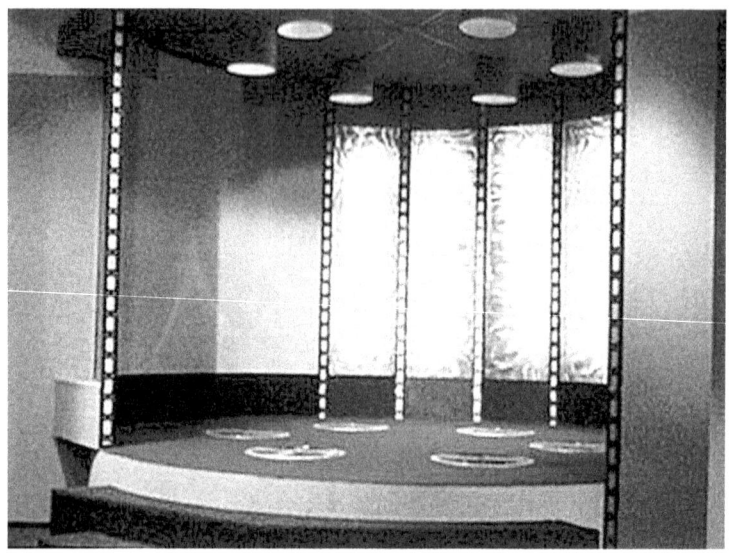

Transportador

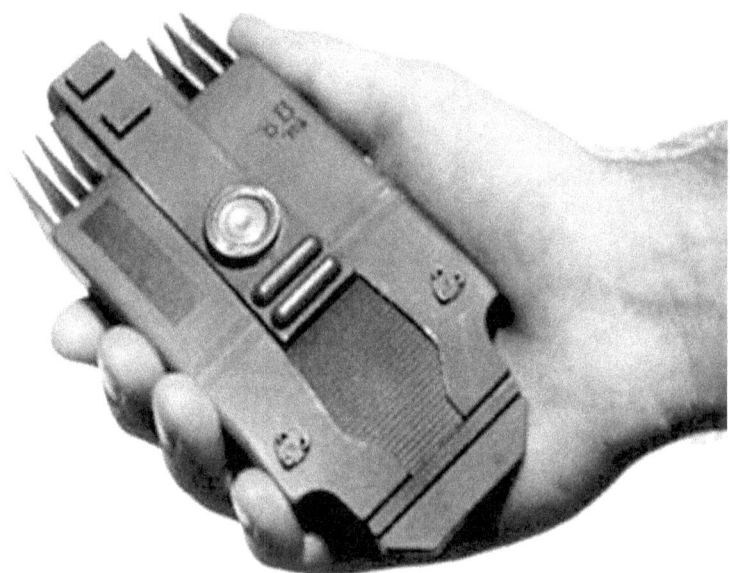

Comunicador Klingon

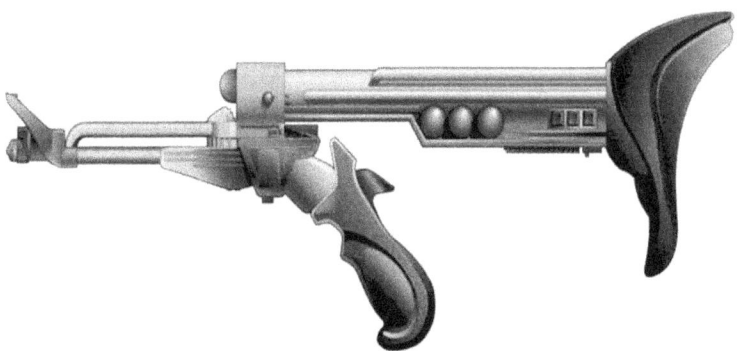

Disruptor Klingon

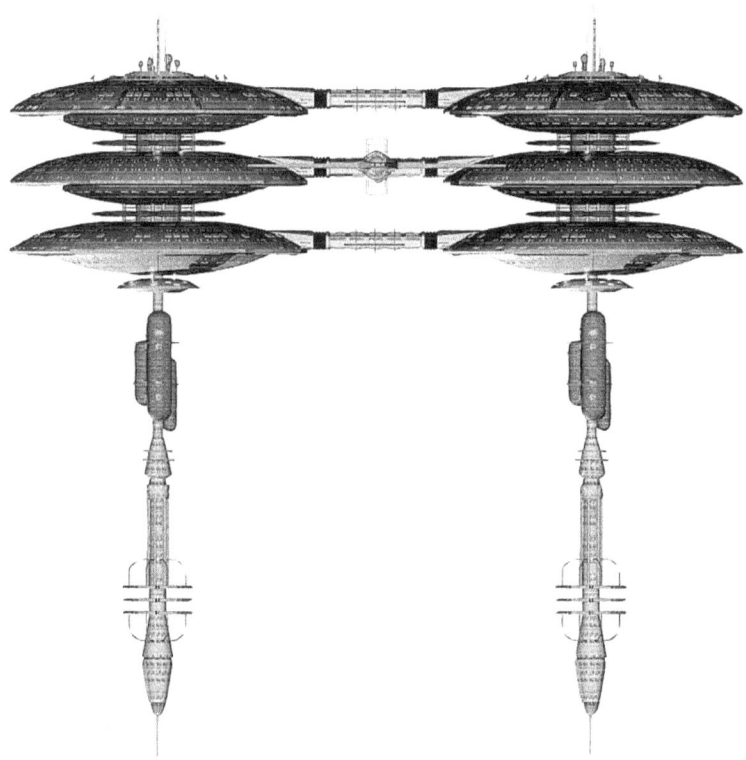

Estación Júpiter

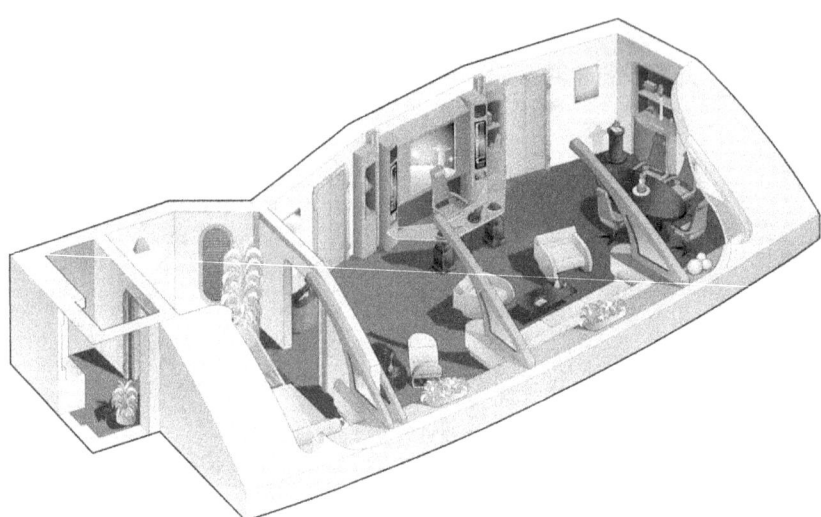

Cuarto de Picard

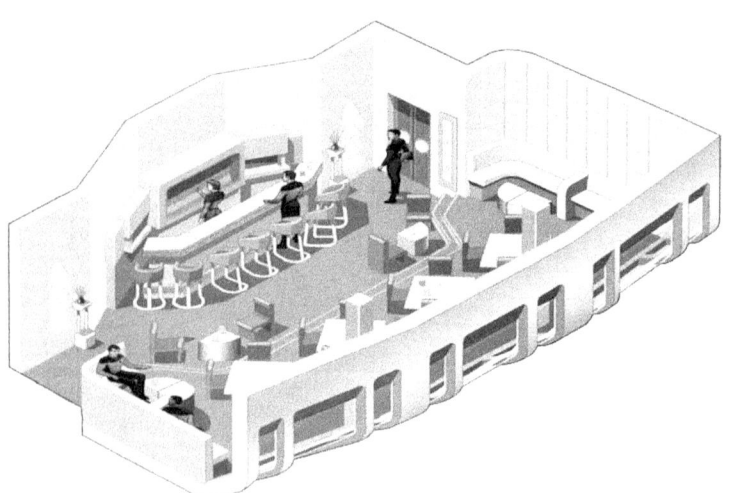

Bar Enterprise

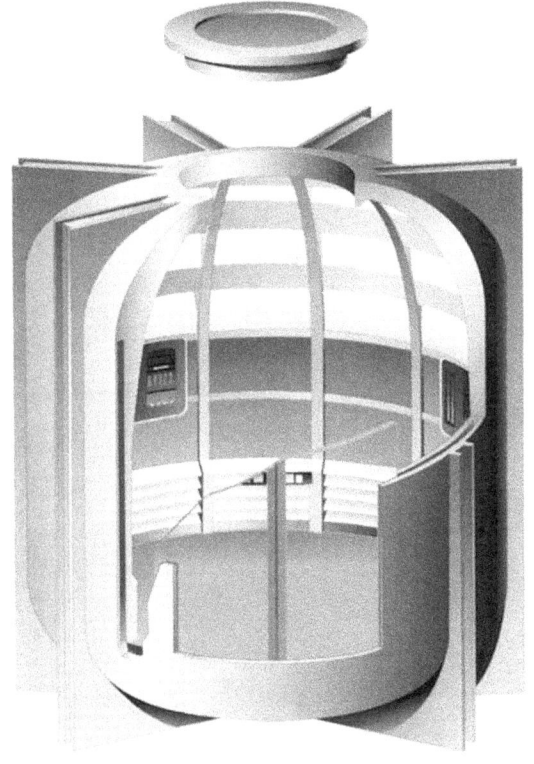

Turbolift

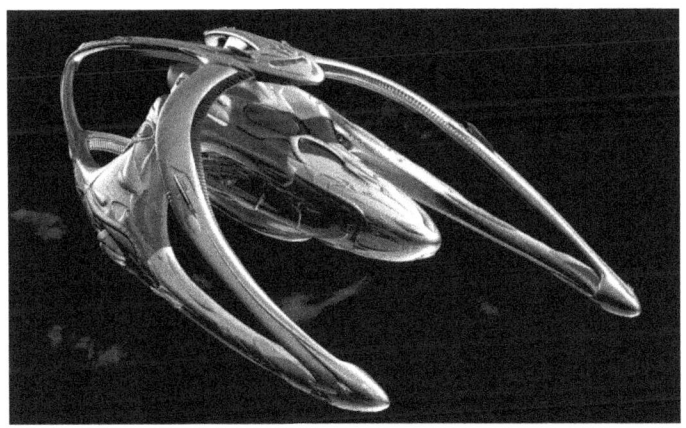

OTROS LIBROS DE EDICIONES MASTERS

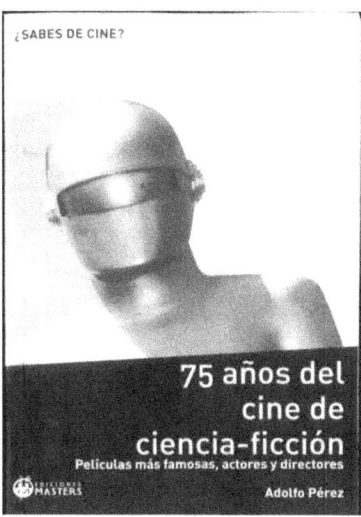

75 AÑOS DEL CINE DE CIENCIA FICCIÓN

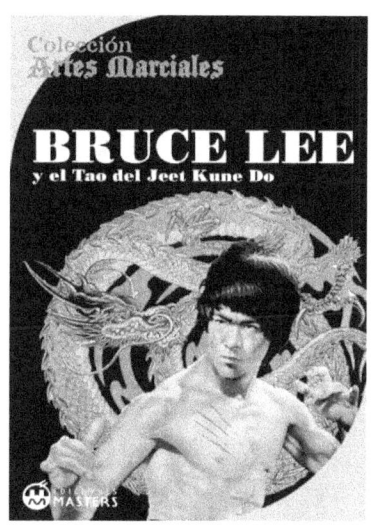

BRUCE LEE y el Tao del Jeet Kune Do

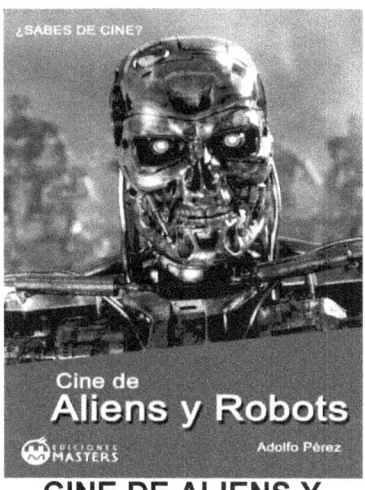

CINE DE ALIENS Y ROBOTS

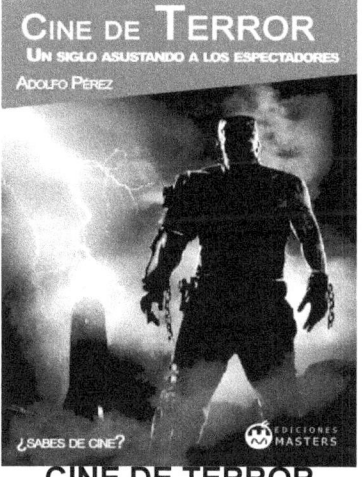

CINE DE TERROR

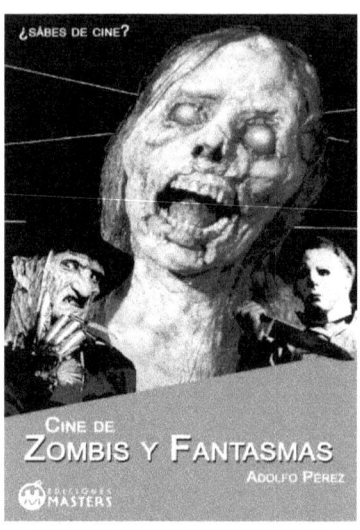

CINE DE ZOMBIS Y FANTASMAS

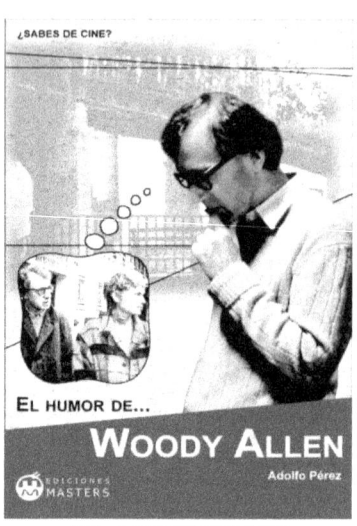

EL HUMOR DE WOODY ALLEN

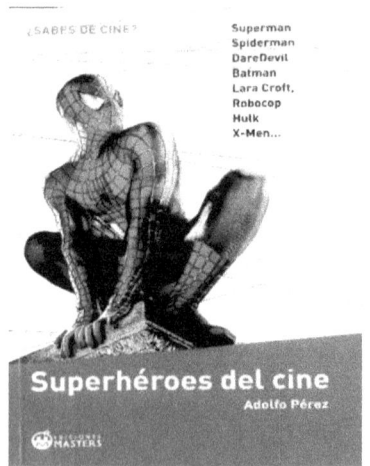

SUPERHÉROES DEL CINE

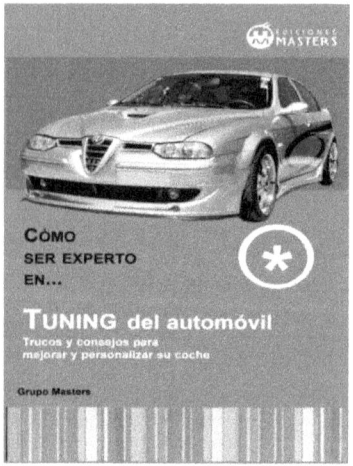

TUNING DEL AUTOMÓVIL

www.ingramcontent.com/pod-product-compliance
Lightning Source LLC
Chambersburg PA
CBHW051624170526
45167CB00001B/48